발언 I

김종철 칼럼집
2008. 5. ~ 2012. 8.

녹색평론사

책머리에

여러 해 동안 신문과 정기간행물 지면에 썼던 글(이른바 칼럼)들을 모아서 책으로 묶어낸다. 자신이 쓴 글들을, 그게 무엇이든, 무조건 모아서 책으로 펴낸다는 것은 그리 좋은 일이 아니라고 평소에 자주 주위 사람들에게 말해온 터에 염치없이 이런 책을 불쑥 펴내려니 적잖게 망설여지는 게 사실이다. 그럼에도 불구하고, 결국 책을 내기로 결심한 것은 이 책의 간행 자체가 또다른 형태의 '발언'이 될 수도 있겠다는 생각이 들었기 때문이다.

상당한 기간에 걸쳐 여러 지면에 칼럼이란 것을 쓰면서 내가 줄곧 생각해온 것은 지식인에게 있어서 '발언'이란 무엇인가 하는 것이었다. 즉, '발언'한다는 것이 지식인의 피할 수 없는 책임이자 운명이라고 한다면, 지금 이 사회 속에서 동시대인들과 더불어 살아가고 있을 뿐 아니라 그들이 마련해준 정신적·물질적 토대 덕분에 어떻든 그럭저럭 지식인 행세를 하고 있는 나는 무엇에 관해서 어떻게 발언해야 하는가, 그리고 그 발언은 무슨 사회적 의미가 있는가 하는 생각이 늘 뇌리를 떠나지 않았다.

칼럼이라는 제한된 지면이지만, 나는 이 글들 하나하나를 나름대로 심혈을 기울여 썼다. 그리고 칼럼을 쓰는 동안 매일 매일 발간되는 국내외 신문, 뉴스매체들을 훑어보는 일이 어느덧 내 생활의 가장 중요한 부분이 되었다. 왜냐하면 '발언'을 위해서는 우선 세상 돌아가는 형편에 주목('경청')하는 게 전제돼야 하기 때문이다. 세상사에 대해서 끊임없이 귀를 열어 경청한다는 것은 '발언'이 갖추고 있어야 할 기본적 윤리이다(그러나 발언과 경청은 시간적 선후관계에 있는 게 아니라 동시적으로 발생하는 '사태'라고 할 수 있다).

실제로 농민, 노동자, 생활인들의 '현장'이 논밭과 공장 혹은 시장인 것처럼, 지식인에게 가장 중요한 '현장'은 뉴스매체일 수밖에 없다. 그래서 나는 끼니를 거르는 일은 있어도, 신문이나 뉴스매체를 거르고 지나가는 날은 있어서는 안된다는 생각으로 하루하루를 보내왔다. 그리하여 일정하게 구독하는 몇몇 국내 신문들을 열심히 들여다보고, 인터넷을 통해서 외국 언론매체들의 주요 기사, 논평들을 읽는 데 골몰하다 보면 오전 몇 시간이 순식간에 지나가고 만다.

물론 신문을 들여다보는 게 싫고 속상할 경우가 허다하고, 또 자신의 정신건강을 위해서 신문읽기를 중단해야 하지 않을까 하는 고약한 생각이 불쑥불쑥 찾아들기도 한다. 그러나 잘났든 못났든 결국은 한 사람의 '지식인'으로서 생을 마칠 생각을 포기하지 않는 한, 그럴 수 없다는 것을 나는 잘 안다.

오늘날 언제까지 계속될지 모르는 온갖 불의와 부조리를 어쩔 수 없이 감내하며, 늘 야만적인 폭력과 불안과 위험에 노출된 채 거의 노예 같은 삶을 강요당하며 살고 있는 수많은 내 이웃들의 처지를 생각하면, 어떻든 삶의 고통스럽고 누추한 '현장'으로부터 비켜나서 개인적으로는 큰 불편 없이 살아가는 나 같은 인간이 신문읽기까지 그만두고, 그리하여 세상사에 대한 관심을 끄고 딴전을 피운다면(그러고서도 지식인 행세를 하겠다면), 그것은 범죄행위이다.

생각해보니, 내가 '칼럼'이라는 형식의 글을 쓰기 시작한 것도 꽤 오래되었다. 문학평론을 한답시고 유치한 글을 쓰던 1970년대 중반에 신문에 왕왕 글을 썼지만, 사회적 현안이나 시사적인 문제를 주로 거론하는 '칼럼'은 1980년 봄, (대구의) 〈매일신문〉의 요청으로 쓰기 시작한 게 아마 처음이었을 것이다. 그때 군인들이 실제로 무슨 음모를 꾸미고 있는지도 모르고 계엄통치하에서 나는 겁도 없이 '민주화'에 관한 얘기를 집중적으로 썼다. 예를 들어, 당시 정당성 없는 권력이 시민들의 환심을 사기 위해서였겠지만 컬러텔레비전 확대 정책을 강하게 밀어붙이고 있었는데, 나는 흑백텔레비전과는 비교할 수도 없이 막대한 전력 소모를 초래할 컬러텔레비전 보급보다도 더 긴급하고 중요한 것은 '민주화의 이행'이라고 썼다. 그런 글을 쓰는데도 신문사에서도 별말이 없었고, 어디서 따로 연락이 오지도 않았다. 그래서 속된 말로 점점 간이 커져서 꽤 강하게 민주주의의 중요성을 논하는 글들을 계속 썼으나, 결국 그해 5월 광주에서 무슨 일이 있었는지를 뒤늦게 알고 난 이후에는 기고를 중단할 수밖에 없었다. 중단이라기보다, 살아있기도 버거운 그 절망의 나날 속에서는 무엇인가를 쓸 엄두를 낸다는 것 자체가 불가능했다.

그리고 여러 해가 지나 노태우 정권이 들어선 뒤 이번에는 〈영남일보〉의 요청으로 상당 기간 칼럼을 썼다. 그때 쓴 것 중 '간디의 물레'라는 글이 있었는데, 그것은 나중에 누군가의 눈에 뜨여 고등학교 국어교과서에 실리게 되었다. 이후 아마 교과서 개정 전까지 우리나라 고등학생 상당수가 그 글을 학교에서 읽었을 것이다. 그런데 당시 그 책을 만든 사람들이 내게 그 교과서와 함께 교과지도요령이 적힌 교사용 지침서를 보내주어서 읽어보니, '간디의 물레'라는 글의 주제는 무엇이며 문체는 '건조체'이다, 등등 설명이 붙어 있었다. 나는 그때까지 내가 쓰는 글의 문체가 어떻게 분류될 수 있는지 생각해본 적이 없었다. 그런데 국어교과서의 편자들에게는 그게 '건조한' 문장이었던 모양이다. 나는 약간 당황했지만, 다시 생각해보니 '건조체'라는 게 그리 나쁠 것도 없었다. 그것은 쓸데없는 군더더기가 없고 (내가 가장 싫어하는) 감상적이거나 '감성적인' 수식어가 별로 없다는 이야기일 수도 있으니까 말이다(그때 이후 내가 쓰는 문장이 별로 달라졌을 거라고 생각은 하지 않지만, 실제로 극히 제한된 신문 지면에 '칼럼'이라는 것을 계속해서 쓰다 보면 언어를 최대한 경제적으로 써야 한다는 강박적 요구가 있기 때문에 확실히 문장이 '건조'하고 직설적으로 되는 경향이 없지 않다).

여기에 묶어내는 것은 그동안 〈시사IN〉, 〈한겨레〉 그리고 〈경향신문〉에 썼던 글들이다. 분량 문제로 1, 2권으로 나누어 펴내기로 했고, 글들은 발표 연월순으로 배치했다. 다만 1권의 서두에 배치한 '거짓언어와 성장논리 속에서 — 나의 한국 현대사'라는 글은 〈프레시안〉에 썼던 글을 제목과 본문 일부를 수정해서 수록한 것이다. 그 밖의 다른 글들은 대개 발표될 때의 모습 그대로 두었지만, 드물게 해당 지면 편집자에 의해서 원래의 원고 상태와 조금 다르게 수정, 발표된 표현들 중 (나 자신이 그 수정의 이유를 납득할 수 없었던) 일부는 지금 기억을 되살려 가급적 원래 원고 상태로 회복시켰다.

어쨌든 보잘것없는 글들이지만, 딴에는 힘껏 쓰느라고 썼다. 이미 지나간 사건·사태를 언급한 글들이 대부분이지만 지금 다시 읽어도 별로 시효가 끝난 것 같지는 않다는 나름대로의 판단이 서지 않았다면 나는 감히 이것들을 책으로 묶겠다는 용기를 내지 못했을 것이다.

지금 우리에게 가장 절박한 과제는, 말할 것도 없이, 자연과 사회적 약자를 끊임없이 파괴하고 희생시키지 않고는 한순간도 지탱할 수 없는 이 비인간적인 시스템을 어떻게 벗어날 것이며, 그리하여 조금이라도 더 인간적이고 지속가능한 사회를 어떻게 만들어낼 것인가 하는 것이다. 그 문제를 안고 이 암울한 시대를 비통한 심정으로 견뎌내고 있는 사람들에게 무엇보다 필요한 것은 정신적 교감의 공동체일 것이다. 실은 이 변변찮은 책을 펴내는 궁극적인 이유도 그러한 교감의 공동체에 대한 그리움 때문이다.

생각해보면, 제한된 한계 내에서나마 (비교적 자유롭게) '발언'하면서 살아갈 수 있다는 것은 이 사회 전체로 보면 극소수에게 허락된 '특권'이라고 할 수 있다. 과연 내가 그러한 특권을 누릴 자격이 있는지는 스스로에게 계속해서, 아마 죽을 때까지, 물어봐야 할 문제이다. 그동안 소중한 지면을 쓰도록 기꺼이 허락해주신 여러 언론사 편집자들께 이 자리를 빌려 심심한 감사의 뜻을 표한다.

2015년 12월
김종철

목차

III. 노예를 위한 변명

IV. 원자력과 민주주의

V. 성장시대의 종언

거짓언어와 '성장'논리 속에서

나의 한국 현대사

고전적인 교양소설 《빌헬름 마이스터의 수업시대》에서 괴테는 인간이 인간답게 살기 위해서 매일 반드시 실천해야 할 것으로 몇 가지를 꼽았다. 날마다 좋은 음악을 듣고, 좋은 시 한 편을 읽고, 훌륭한 그림을 하나 보고, 그리고 가능하다면, 이치에 맞는 말 몇 마디를 해야 한다는 것이었다.

젊었을 적에 이 구절을 처음 대했을 때, '이치에 맞는 말 몇 마디'라는 표현에 한참 시선이 머물러 있었던 기억이 난다. '가능하다면'이라는 단서까지 붙이면서 괴테가 이런 말을 한 이유는 무엇이었을까? 내게는 18세기 독일사회의 '후진성'이라는 현실 속에서 괴테가 느꼈을 좌절, 고통, 외로움을 짐작하는 것이 어렵지 않았다. 적어도 내게는 괴테의 그 표현은 위선적이고, 기만적이며, 기회주의적인 거짓언어가 넘치는 사회 속에서 오랫동안 고통을 느껴온 사람만이 쓸 수 있는 것으로 느껴졌던 것이다. 그런 의미에서 괴테는 나의 동시대인이었다.

되돌아보면, 우리 세대가 영위해온 삶은 거짓언어의 숲 속에서 끝없이 헤매는 파행의 연속이었다. 6·25 전란 직후 먼지가 풀풀 나는 황량한 길바닥이었지만, 거기서 아무것도 모르고 뛰어다니며 놀던 철없는 어린 시절은 그런대로 행복했다. 그러나 중학교 1학년이 끝나가던 3월 어느 날(당시는 4월에 새 학년이 시작되었다), 이 행복의 시간은 결정적으로 무너지기 시작했다. 그날 종례시간에 담임선생님은 우리에게 신신당부 간곡히 말씀하셨다. "어느 정부든 자기 국민에게 나쁜 짓을 하는 정부가 있을 리 없다. 내일 투표는 ○○○에게 찍도록 부모님들께 잘 말씀드려라." 그리고 이튿날 오후부터 사람들이 웅성거리기 시작했고, 저녁 무렵 성난 사람들이 파출소를 불태우고, 엄청난 시위대가 거리를 뒤덮었다. 밤이 되자 어둠 속에서 총탄 소리가 요란하게 들렸다. 대한민국 역사에서 전쟁 이후 정부가 자신의 국민을 향하여 최초로 총격을 가한 사태가 발생한 것이다. 1960년 3월 15일, 자유당 정부가 저지른 대규모 부정선거에 항의하여 궐기한 내 고향 마산 사람들이 겪은 일이다.

이상하게도, 3·15에 대한 내 기억 속에 언제나 가장 뚜렷하게 남아 있는 것은 그때 담임선생님이 하셨던 거짓말이다. 물론 선생님은 자신이 원해서 거짓말을 한 것이 아니었다. 평범한 교사가 상부의 지시를 고분고분 따르지 않을 도리는 없었을 것이다. 그러나 어린 제자들 앞에서 교활한 논리로 거짓말을 실제로 함으로써 선생님은 결국 신용을 잃었고, 우리들은 벌써 어린 나이에 스승을 존경할 수 없는 불쌍한 존재가 되어버렸다. 가장 끔찍한 것은 그러한 거짓말의 궁극적인 결과였다. 즉, 우리들 중에서 그 이후 자신의 인생행로에서 거짓언어

의 일상화를 당연지사로 받아들이지 않는 사람이 거의 없었다
는 점이다.

고등학교에 들어가서는 더 끔찍한 장면에 마주쳤다. 초여름
어느 날 가뭄 때문에 고생하는 농촌을 돕기 위해서 우리들은
각자 양동이 따위를 들고 교외로 대열을 지어서 가고 있었다.
그때 어디선가 난데없이 출현한 군용 지프차에서 내린 뚱뚱한
육군 장교가 우리들 곁에서 걷고 계시던 선생님을 불러세워
놓고는 느닷없이 지휘봉으로 마구 구타를 하는 것이었다. 나
중에 듣기로는, 학생들의 어지러운 대열이 그의 비위에 거슬
렸다는 것이다. 그 군인은 5·16 쿠데타 직후 국가재건최고회
의 시절, 지역 계엄사령부 최고 책임자였다. 쿠데타를 일으킨
군인들의 명분은 국가의 기강을 바로잡는다는 것이었다. 그런
데 그들은 제자들이 보고 있는 앞에서 스승을 구타하는 방법
으로, "나라에 청신한 기풍을 진작시키고자" 하였다.

이 일로 해서 나는 그 이후 콩으로 메주를 쑨다고 해도 군
사정권이 하는 말을 믿지 않게 되었다. 군인들에 의한 통치는
기본적으로 몰상식, 무교양, 극단적인 무례에 토대를 둔 것임
을 그들 자신이 명확히 드러내고 있었기 때문이다.

실제로 군사통치하에서 내게 가장 견디기 어려웠던 것은 그
강압적 통치방식 이외에 끊임없이 되풀이되는 몰상식한 짓들
을 보고 살아야 하는 데서 오는 고통스러움이었다. 예를 들어,
1970년대 초 나는 공군 장교로 사관학교에서 교관생활을 하고
있었는데, 졸업식 때마다 오로지 대통령의 눈을 즐겁게 하려

는 목적으로 봄도 되기 전에 길가의 개나리꽃들을 활짝 피우기 위해서 꽃나무들과 병사들을 행사 몇달 전부터 끊임없이 괴롭히는 장면을 반복해서 보아야 했다. 그런가 하면 지방 도시에서는 전국체육대회라도 열리게 되면, 그날 대통령이 지나가기로 되어 있는 길가에는 새벽부터 뿌리 없는 생나무들이 급히 심어졌다가 며칠 후에는 대개 말라 죽어버렸다. 이런 종류의 거짓행동과 어리석은 짓은 전국 어디서나, 어떤 학교, 어떤 직장에서나 일상다반사였다.

무엇보다 참을 수 없는 것은 이른바 장발단속이었다. 멀쩡한 젊은이들의 머리칼이 국가기관의 자의적인 판단에 따라 길거리에서 함부로 잘리는, 터무니없는 만행이 장기간 계속되었다. 장발단속은 어떠한 법률에 의거한 것도 아니었다. 단순히 최고 권력자의 개인적인 취향에 거슬린다는 게 이유의 전부였다.

내가 1970년대 중반 어느 지방 대학에 일자리를 얻어 근무하던 때, 학생들의 부탁으로 저명한 작가 한 분을 초청하여 강연회를 개최한 적이 있었다. 그는 내가 대학시절부터 흠모해 왔던 이 나라 최고의 작가 중 한 사람이었다. 두어 시간 동안 문학과 역사와 정치에 관한 강연을 들으면서 학생들과 나는 모처럼 진지한 사색의 즐거움을 누렸다. 그런 강연회 끝에 저녁식사를 하기 위해 시내로 나와 같이 걷고 있었는데 갑자기 그분이 보이지 않았다. 살펴보니 길 건너편에서 경찰의 장발단속에 걸려들어 그분이 '닭장'에 막 실리고 있는 게 아닌가.

그분은 몇해 동안 미국에 머물다가 막 귀국한 때였다. 그래서 그런지 당시 세계적인 유행대로 장발이었고, 얼핏 보면 젊은 학생과 같은 옷차림을 하고 있었다.

나는 이 돌발적인 사태에 당황하여 다급히 경찰관들에게 쫓아가 이분이 어떤 분인지, 무슨 일로 여기에 왔는지를 설명하고, 제발 풀어달라고 '애걸'하였다. 그리하여 그분을 경찰서로 끌려가는 위급상황에서 가까스로 구출할 수 있었다. 그날 저녁 그분과 나는 근처의 음식점으로 들어가기는 했으나 밥을 먹지 못했다. 작가는 창백한 얼굴로 침묵하고 있었으나, 말할 수 없는 모욕감과 수치심으로 온몸을 떨고 있었다.

박정희시대는 참으로 누추하고 야만적인 시대였다. 작가는 불온한 글로 인해 탄압을 받거나 감옥에 갈 수도 있다. 그것은 작가로서 명예일 수도 있다. 그리고 어쩌면 전제적 권력은 그렇게 탄압함으로써 자신도 모르게 그 작가에게 경의를 표하는 것일지도 모른다. 그러나 한 나라 최고 수준의 작가가 장발단속에 걸려 '닭장차'에 실린다는 것은 실로 기막힌 코미디이자 누추하기 짝이 없는, 그리고 가장 야만적인 형벌이라고 하지 않을 수 없다. 그날 내가 경험한 일은 일선 경찰에 의해 별생각 없이 자행된 사소한 사건일지 모르지만, 나는 그 일은 박정희시대의 본질을 집약적으로 드러내는 극히 상징적인 사건이라고 생각한다.

박정희시대란, 적어도 내가 이해하는 한, 비극적인 시대는 결코 아니었다. 비극이란 원래 위대한 정신의 위대한 몰락에 관계하여 일어나는 인간적 드라마이다. 박정희시대는 '위대성'과는 전혀 인연이 없는 치졸하고 천박한 정신이 지배하는 시대였다. 박정희 정권은 농촌 사람들을 전부 바보 취급하면서 '잘살아보세'라는 유치한 노래를 밤낮으로 틀어놓고 듣기를 강요했고, '새마을운동'으로 농촌을 살린다면서 토착적 민중문화를 가차 없이 파괴하고, 민중의 지속가능한 삶의 근본 토대인 공동체들을 급속히 해체시켰다.

그리고 이 농민문화의 파괴와 공동체의 해체는 '경제성장'이라는 이름으로 정당화되었다. '경제성장'이라고 하면 모든 것이 허용되는 사회, '경제성장'이라는 명분 앞에서는 역사도 문화도 전통도 헌신짝처럼 내던질 준비가 되어 있는 사회, 그리하여 깊이도 영혼도 없는 사회, 다시 말해서 오늘날 우리에게 너무도 친숙한 한국사회의 기본성격이 박정희시대를 통해서 군건히 정립된 것이다.

1979년 10월 어느 새벽, 잠에서 덜 깬 상태에서 대통령이 죽었다는 소식을 이웃집에 사는 방송국 기자 가족에게서 들었다. 순간적이지만 나도 모르게 눈물을 흘렸다. 결국 죽음이 모든 것을 해결하는구나 하는 허망한 느낌에 돌연히 휩싸였기 때문이다. 고등학교 1학년 때 우리들의 선생님이 군인으로부터 구타당하던 것을 본 이후, 학생, 군인, 교원으로 쭉 살아오면서 나는 한순간도 마음 편할 날이 없었다는 생각이 들었던 것이다. 군대생활을 하는 동안은 말할 것도 없지만, 대학의 교사가 되어 학생들을 가르치는 동안에도 끊임없이 감시받고 있다는 느낌에서 헤어날 수 없었고, 글을 쓸 때도, 글이 발표되고 나서도 늘 불안감을 떨쳐버릴 수가 없었다. 또, 그런 '비굴한' 자신이 말할 수 없이 혐오스러운 것은 말할 것도 없었다. "이제는 해방이다"—독재자 박정희의 사망 소식을 들은 날, 나는 종일 들뜬 기분이었다. 그러나 그것도 잠깐이었다. 1980년 5월 이후, 절망의 날들이 계속되었다. 군사 깡패들에 의한 야만적인 통치하에서 기꺼이 감옥으로, 공장으로, 야학교사의 길로 가는 학생들을 지켜보는 것은 참으로 고통스러웠다.

나는 무엇이 어디서부터 근본적으로 뒤틀리기 시작했는가를 골똘히 생각하기 시작했다. 그렇게 해서 한동안 어렵게 구한 외국 서적과 잡지들을 들여다보다가 아무래도 책들을 좀 자유롭게 볼 수 있는 환경이 필요하다는 생각이 들었다. 그리하여 미국 뉴욕주립대학 대학원의 입학허가를 얻었다. 그런데 미국에 도착하여 공부하기 시작한 지 몇 달도 안되었을 때, 나는 뜻밖에 어떤 충격적인 경험을 했다.

그것은 따지고 보면 매우 단순한 경험이었다. 내가 입학하여 공부하기 시작한 그 대학에는 교수와 대학원생을 위한 여러 개의 훌륭한 도서관이 있었는데 대개 내가 이용한 도서관은 인문·사회 분야 도서들이 집중되어 있는 중앙도서관이었다. 그 도서관의 규칙에 의하면 대학원생에 대한 도서 대여기한은 6개월이었다. 나는 도서관에 따라 규칙이 다를 것이라고는 생각하지 못하고, 한번은 법과대학 도서관에서 빌린 책을 별로 읽지도 않고 가지고 있다가 어느 날 문득 살펴보니 대여기한

이 한 달밖에 안되고, 그 규정에 따르면 이미 내가 열흘 이상 기한을 넘겼다는 것을 발견했다. 더욱 놀란 것은 기한이 넘으면 하루 10달러씩 벌금을 부과하기로 돼 있다는 규정이었다.

부랴부랴 법과대학 도서관에 반납을 하러 가서 설명을 했다. 처음 이 대학에 와서 공부하기 시작한 학생인지라 이 도서관의 규칙이 중앙도서관과 다른 것을 몰랐다, 주의를 기울이지 않은 것은 내 잘못이지만, 이런 실수로 학생신분으로 100달러가 넘는 벌금을 물어야 하는 것은 좀 과하다고 생각한다고 얘기를 했다. 얘기를 듣고 있던 젊은 여자 직원이 잠시 기다리라 하고는 뒤에 앉아 있는 할머니 사서(司書)에게로 가서 내 얘기를 하는 모양이었다. 이윽고 할머니가 내게로 와서는 방금 젊은 직원에게 한 얘기를 다시 자기에게 해달라는 것이었다. 그리고 얘기를 들은 그 할머니 사서는, 설명을 들으니 일리가 있지만, 그렇다고 규칙을 무시할 수는 없다, 그러니 자기 재량으로 벌금을 하루 10달러가 아니라 하루 1달러로 계산하여 모두 10달러로 하여 받겠으니 괜찮겠느냐고 묻는 것이었다. 물론 나는 그러겠다고, 고맙다고 말하고 벌금을 그 자리에서 물고 나왔다.

도서관에서 나와서 곰곰 생각해보았다. 만일 한국의 대학에서라면 이런 경우 어떤 장면이 벌어졌을까. 나는 그동안 내가 재직했던 대학들과 그 도서관 풍경들을 머리에 그려보았다. 그리고 내가 얻은 결론은 한국에서는 이런 모습이 절대로 재현될 수 없다는 것이었다. 무엇보다도 한국에서는 대학이든 어디든 실무자에게 주어진 재량권이라는 게 존재하지 않는다. 그렇기 때문에 규정을 곧이곧대로 지키든가 아니면 서류조작 따위를 통해서 처음부터 문제가 발생하지 않은 것처럼 거짓을 행할 수밖에 없는 것이다. 이것은 오늘날에도 아마 변함없는 현실일 것이다.

공공기관이든 사기업이든 한국의 조직에서는 현장에 가장 가까이 있는 실무자에게 현장의 구체적 상황에 따라 유연하게 합리적인 결정을 내릴 수 있는 권한이 주어져 있는 경우는 극히 드물다. 모든 결정은 고위층, 상층부에서 이루어지고 실무 자급에게는 이 결정을 합리화하기 위한 기술적 보완 책무가 있을 뿐이다. 그러기에 말도 안되는 온갖 짓들이 국책사업이 니 뭐니 하면서 횡행하는데도 불구하고, 중·하위직 공무원, 관련 분야 연구자나 학자들은 이의제기를 하지 못하고, 다만 그 말도 안되는 정책을 정당화하기 위한 억지논리를 개발하는 데 고통스럽게 매달리고 있는 것이다.

결국 이것은 철저한 상명하복의 위계구조에 의해 움직이는 군대조직의 논리가 식민지시대와 군사정권 시절을 통해서 이 사회의 온갖 영역에 침투해 들어왔기 때문이라고 할 수 있다. 고도 경제성장기의 한국사회에서 가장 중시된 덕목은 효율 성·생산성이었고, 그러한 것에 대한 집착이 강해지는 것만큼 공공조직이나 기업 어느 쪽을 막론하고 제일의 원리로 확고하 게 굳어진 것은 군대식 논리였다고 할 수 있다. 요컨대, 자주 적·자발적 사고와 판단으로 행동하는 '자유인'의 논리가 아니라 '노예의 논리'가 이 사회의 지배 원리가 되어온 것이다. 그러나 노예의 논리가 지배하는 사회에서도 사람들은 살아가지 않을 수 없다. 그때 필요한 기술은 끊임없는 거짓말이다. 그런 상황에서 진실을 찾으려는 힘은 퇴화하고, 진실을 말하는 사람은 고립되고 조소를 당하며, 때로는 냉소 혹은 저주의 대상이 될 뿐이다.

나는 지금도 그날 미국 대학의 도서관에서 그 할머니 사서가 보여준 당당한 모습, '자유로운' 모습 앞에서 내가 한 사람의 한국인으로 내심 기가 죽었던 것을 가끔 회상하며 나도 모르게 얼굴이 붉어지곤 한다. 돌이켜 보면, 한국이라는 땅에서 우리들이 살아온 삶은 언제부터인지 모르지만 '진실 속에서' 산다는 느낌과는 거리가 너무도 먼 것이었다. 언제나 거짓언어, 상투적인 언어, 화석화된 '공식적' 언어 속에서 우리의 삶은 영위되어왔다. 즉, 우리는 늘 '노예'로 살아왔을 뿐, '자유시민다운' 발언을 하고 당당한 자세로 살아가는 법을 배우지 못한 것이다.

아이들이 맘껏 놀지 못하고, 건강한 성장기를 박탈당하면서 '교육지옥'에 갇힌 채 살아야 하는 사회, 청년들이 활기를 잃고 기껏해야 7급 공무원이나 '정규직'을 몽상할 수 있을 뿐인 사회는 미래가 없는 사회이다. 그럼에도, 이 사회는 여전히 왜 그동안의 엄청난 '경제성장'에도 불구하고 이렇게 암담한 사회가 돼버렸는지 그 뿌리를 찾아보려는 근본적인 탐구가 없이 늘 피상적인 증상들을 어떻게 하면 완화시킬 수 있을지 임시

처방을 궁리하는 데만 급급하고 있다.

그리하여 전혀 '이치에 맞지도 않는' 말들이 이 나라의 언술공간을 늘 횡행하고 있다. '경제성장'에도 불구하고 이렇게 된 게 아니라, '경제성장' 바로 그것이 근본적 문제라는 사실을 정직하게 대면하는 게 그토록 어려운 것일까? 석유시대가 끝나가고 있을 뿐만 아니라, 무엇보다 기후변화라는 가공할 사태가 현실화되고 있는 이 시대에 아직도 경제성장이 계속될 수 있고, 계속되어야 한다는 시대착오적인 망상에 계속해서 빠져 있는 한, 우리에게 미래는 없다는 것은 자명하다.

지금 우리 모두에게 가장 필요한 것은 '경제성장'을 넘은 세상에 대한 새로운 상상력이다. 그것을 위해서 우리는 무엇보다 우리의 삶을 속속들이 지배하고 있는 거짓언어, 타성적인 언어습관, 상투적인 사고의 틀을 걷어내는 일부터 시작하지 않으면 안된다.

---

* 이 글은 2012년 1월 20일 〈프레시안〉에 발표한 글을 일부 수정한 것임.

Ⅰ. 국가는 왜 있는가

국가는 왜 있는가

어떻게 이처럼 어리석은 정부가 있을까. 대다수 국민의 뜻을 거스르고도 나라를 이끌어갈 수 있다고 정녕 믿고 있는 것일까. 미국산 쇠고기 수입 위생조건 고시를 기어이 강행했다는 뉴스를 듣는 순간 나는 무엇보다도 이 정부의 앞날이 걱정되었다.

원래 나는 정부를 믿는 사람도, 국가를 인정하는 사람도 아니다. 하지만 현실적으로 오늘날 국가가 갖고 있는 막강한 권능 때문에, 이명박 정부가 조금이라도 덕정(德政)이라는 것에 관심을 가져주고, 최소한의 민주주의 원칙을 지켜주기를 염원해왔다. 왜냐하면 이 정부가 소위 인수위 시절부터 거침없이 보여준 난폭한 방식을 그대로 계속한다면 그때 벌어질 사태들이 너무나 두렵기 때문이었다. 대운하를 건설한답시고 이 나라 자연과 문화에 대한 총체적인 파괴를 초래하고, 자유무역이니 민영화니 규제철폐라는 이름으로 농민을 포함한 사회적 약자들의 삶을 끝없이 희생시킨다면, 설령 앞으로 5년 뒤에 정권이 바뀌었다고 하더라도, 이미 저질러진 손상의 정도가 너무나 깊어서 회복이 불가능할지도 모르는 것이다.

하기는 도덕적 이성을 심각하게 결여하고 있는 정치집단에 덕(德)을 기대한다는 것 자체가 애당초 무리인지도 모른다. 그러나 나쁜 짓을 하더라도 좀 세련되게 할 수는 있지 않을까. 현대 국가란 본질적으로 소수 특권층의 기득권을 보호·확대하

24

기 위한 폭압장치에 불과한 것이라고 하더라도, 국가가 국가로서 기능하려면 최소한의 정당성을 갖고 있어야 한다. 아니, 정당성을 갖고 있다는 외양이라도 갖추어야 하는 법이다. 그러나 이 정부는 사상이나 이념의 문제도 아니고, 국민의 생명과 건강을 지킨다는 국가 존립의 가장 기초적인 명분마저 내팽개침으로써 스스로 국가의 정당성을 포기해버렸다. 이럴 바에는 왜 국가가 필요하며, 왜 국민이 세금을 내고 국방의 의무를 져야 하는가, 라고 묻지 않을 수 없는 사태를 정부가 자초한 것이다.

그러나 딱하게도 정부는 아직도 자신이 무엇을 잘못하고 있는지 모르고 있음이 분명하다. "미국산 쇠고기가 싫은 사람은 사 먹지 않으면 될 게 아닌가"라고 일개 생활인이 말했다면 그것은 크게 탓할 일이 아닐지 모른다. 하지만 이런 말은 국가 수반이라는 사람이 절대로 해서는 안될 말이라는 것을 지금 이명박 정부가 뒤늦게나마 깨달았다는 증거는 어디에도 없다. 그것을 깨달았다면 이처럼 무모하게 쇠고기 수입 고시를 서둘러 강행했을 리 없는 것이다.

하기는 쇠고기 문제 처리방식도 "모든 것은 시장에 맡기면 된다"는 이 정부의 일관된 '실용주의'에 의거한 것인지 모른다. 그리하여 '경제'라는 물신을 위해서는 꺼림칙한 쇠고기쯤 문제가 아니라고 생각했는지도 모른다. 그래서 왜 여론이 이처럼 들끓는지 도저히 이해가 안되는 것인지도 모른다. 생각해보면 국민이라는 인간들의 행동이 이해가 안되기도 할 것이다. 돈이 된다면 수단·방법을 안 가리고 성공한 그 방식 때문에 지지를 받았던 것인데, 지금은 바로 그 방식이 비판받고 있는 게 아닌가. 자기는 조금도 변한 것이 없는데 사람들이 왜 이럴까, 야속한 생각이 들기도 할 것이다.

그러나 이명박 정부가 반드시 명심해야 할 것이 있다. 그것은 어떤 엉터리 국가일지언정 무릇 국가는, 민중에 대한 수탈을 지속하기 위해서라도, 민중의 복리와 건강을 챙겨주는 시늉이라도 해야 한다는 사실이다. 이것이 국가의 공익적 기능이라는 것이다. 국가가 이러한 기초적인 책무를 방기하고, 모든 것을 시장논리에 맡겨두고 계속하여 민중의 요구를 무시한다면, 그때는 국가가 있어야 할 아무런 이유가 없는 것이다.(한겨레, 2008-5-31)

촛불집회의 아름다움

쇠고기 문제로 시작되어 서울 청계광장과 전국 주요 도시의 거리에서 연일 촛불집회가 계속되고 있다. 어떤 사람에게 이 집회는 '근거 없는 괴담'에 휩쓸리거나 누군가 배후 조종자의 부추김에 의해 거리로 나온 우매한 대중의 움직임일 뿐이겠지만, 오늘날 이 나라의 정치·사회적 현실에 절망해본 경험이 있는 사람이라면 이 촛불집회가 얼마나 소중한 희망의 신호인지를 인정하지 않을 수 없을 것이다. 적어도 나는 이번 사태의 전체적 의미를 설명하기에는 아직 때가 이르지만, 그럼에도 불구하고 이 나라 민주주의의 역사에서 이 사태가 갖는 의의가 결코 가볍지 않다는 것을 느낀다.

역사적인 의의를 떠나서 현실적인 효용을 두고 말하더라도 이번의 촛불집회는 절대로 무시할 수 없는 중요성을 가지고 있다. 만약에 촛불집회가 없었더라면 어떻게 되었을까를 상상해보면 이 집회가 얼마나 큰 의미를 갖는지 금방 이해하게 될 것이다. 10대 학생이 무엇을 알겠느냐 하지만, 그들이 주도적으로 시작한 집회 때문에 결국 정부가 긴장하게 되었고, 대통령이 사과 아닌 사과를 하는 척이라도 하는 데까지 온 것 아닌가. 어떤 사람이 생각하는 것처럼, 촛불집회 없이 오로지 현재의 한국정치와 언론이라는 제도의 관행적인 작동을 통해서 이 문제의 해결이 가능했을까? 어림도 없는 일이다.

사실, 4월 18일 대통령의 방미 도중 미국산 쇠고기의 전면 수입 협상이 타결되고, 그리고 바로 다음 날 이에 항의해 청와대 앞에서 강기갑 의원이 단식을 시작했을 때도 나는 절망적인 기분으로 그저 한숨만 쉬고 있었다. 왜냐하면 쇠고기 협상 타결이란 곧 한미FTA 비준을 위한 움직임이 급진전된다는 사실을 의미하고, 한미FTA의 비준과 발효란 이미 벼랑 끝에 몰린 이 나라의 농업과 농민과 농촌이 사실상 절멸되고, 대다수 민중의 삶이 돌이킬 수 없이 피폐화의 길을 간다는 것을 의미한다는 것을 알고 있기 때문이었다. 하지만 대선과 총선 이후 압도적인 보수화 기류 속에서 어떻게 쇠고기 협상을 비판하고, 한미FTA의 비준을 저지할 수 있을 것인가. 생각하면 아득했다.

그런데 뜻밖에도 촛불집회가 시작된 것이다. 나는 촛불집회 첫날 서울 청계광장에 나갔다가 완전히 즉흥적인 발상과 즉석 구호로 정부와 사이비 언론을 열렬히 비판하면서, 그 누구의 지휘도 없이 극히 자연스럽게 한마음이 된 촛불이 밤의 어둠 속에 형언할 수 없이 아름다운 율동적인 춤을 만들어내는 장면 앞에서 경악했다. 별로 기대하지도 않고 그저 호기심으로 청계광장으로 발을 옮겼던 나는 이 의외의 장면 앞에서 눈물이 날 지경이었다. 아, 돈과 권력 욕망에 눈이 멀어 미쳐 돌아가는 이 시대에도 아직 죽지 않은 인간정신이 있었구나. 돈이 된다면, '경제'를 살린다고만 하면 어떤 거짓과 어떤 불의도 허용하면서 혼자만의 도생(圖生)에 골몰하는 이 엉터리 세상을 더이상 받아들이기를 단호하게 거부하는 정신이 이 사회에 아직도 살아있었구나. 더욱이 10대들과 그들의 어머니들이 이 살아있는 정신을 대변하고 있다는 게 너무나 신선하고 충격적이기까지 했다.

물론 10대 아이들과 어머니들만이 거기에 나와 있었던 것은 아니다. 청년도 있었고, 나와 같은 중늙은이 그리고 연세 높으신 노인도 꽤 있었다. 그러나 거기에는 분명히 지금까지 우리가 보아왔던 반정부·반체제 시위와는 질적으로 다른 요소, 다른 분위기가 있었다. 아마도 이번 촛불집회의 사회적·역사적 의미를 온전히 성찰하려는 노력은 앞으로 두고두고 이 나라 지식인의 주요 과제가 될 것이다. 그러나 한 가지 확실한 것은, 지난 20년간 이 사회를 휩쓸어온 시장원리주의의 탁류 속에서 87년의 6월항쟁으로 쟁취한 민주화의 정치적 의의가 사실상 죽어버렸다고 생각해온 상황에서, 이 촛불집회는 다시 민주주의의 소생을 예고하는 획기적인 계기가 될 가능성이 높다는 사실이다. (시사IN, 37호 2008-5-31)

미국을 믿으라고?

'추가협상'이라는 것은 공허한 말일 뿐, 광우병 우려를 씻어줄 단 하나의 실질적인 개선 조치도 없이 정부는 어이없이 미국산 쇠고기 수입을 기정사실로 만들어버렸다. 대통령이나 관계 공무원이나 이 부실하기 짝이 없는 '협상'을 둘러싸고 제기되는 의혹과 질문에 대하여 한결같이 "미국을 믿어야 한다"고 답변하고 있다.

그러나 우리는 "도대체 미국의 누구를 믿으란 말인가?"라고 물어보아야 한다. 왜냐하면 미국이라고 해서 단일한 미국이 존재하는 것이 아니며, 한국의 대통령이나 관료들이 '믿어야 한다'고 하는 그 미국은 미국 내에서도 우리가 알기에 가장 신뢰할 수 없을 뿐만 아니라, 가장 위험한 집단에 속한 자들이기 때문이다. 그들은 미국 안이든 바깥이든 가리지 않고 자신들의 부와 권력을 위해서는 사회적 약자가 어떻게 희생되든, 생태계가 어떻게 망가지든 관심이 없다는 것을 일관되게 드러내왔다.

쇠고기 문제 자체만 보더라도 그렇다. 온갖 번잡스러운 이야기를 떠나서 핵심을 들여다보면 이것은 사실 너무나 간단한 문제이다. 즉, 직접적이든 간접적이든 동물성 사료를 초식동물인 소한테 먹이고 있는 관행을 근절시키고, 그런 다음 지금 당장 동물성 사료를 금지하더라도 잠복기가 있으므로 일정 기간 광우병 전수검사를 실시하면 모든 게 간단히 풀리는 문제인 것이다. 상식적으로 볼 때, 이것은 인간광우병 발생을 예방하기 위한 지극히 당연한 조치라고 할 수 있다. 그런데 문제는 미국 정부와 축산업자가 이 기초적인 조치를 거부한다는 데 있고, 무엇 때문인지 한국정부가 이러한 미국인들의 비상식적인 입장에 아무 비판 없이 동조하고 있다는 데 있다.

결국 근본문제는 이윤획득을 위해서는 타자의 생명이나 건강 따위는 아무래도 상관없다는 광적인 탐욕에 있음이 분명하다. 광우병 전수검사에는 상당한 비용이 들기 때문에 축산업자들은 이것을 기피하고, 축산업자들과 한통속이 되어 있는 정부관료들은 이를 지지하고 있는 것이다. 동물성 사료를 금지하는 문제도 마찬가지이다. 정상적이라면 쓰레기로 처리해야 할 동물의 사체를 가공하여 가축의 먹이로 사용함으로써 추가적인 이윤을 챙기는 데 그들은 익숙해져 있다. 원래 초식

동물인 소한테 동물성 사료 섭취를 강요한다는 게 얼마나 끔찍한 폭력인가 하는 생각이 있다면 이런 짓을 할 리가 없다.

제러미 리프킨의《쇠고기를 넘어서 — 축산문화의 번영과 쇠퇴》(1992)는 광우병이 화제가 되기 전에 쓰여진 책이다. 그러나 이 책을 보면 미국의 소들은 예전부터 동물사료 외에 온갖 것을 다 먹도록 강요되어왔음을 알 수 있다. 축산업자들은 닭이나 돼지의 배설물이나 톱밥과 마분지 따위를 소먹이에 첨가하기도 하고, "보통 사료보다 체중을 30퍼센트나 빨리 불어나게 한다"는 이유로 시멘트 가루를 먹이기도 한다는 것이다. 소들도 이 세상의 귀한 생명이다. 그러나 지금 오로지 쇠고기의 원료가 되기 위해서 비좁은 우리 속에 꼼짝없이 갇혀 지내야 하는 소들은, 항생제, 성장호르몬, 신경안정제를 비롯한 갖가지 화학물질이 들어간 사료를 먹고 체중을 불리면서 도축장으로 갈 날을 기다릴 뿐이다. 많은 사람들이 별생각 없이 선망해온 '미국식 생활방식'이란 이처럼 잔혹한 폭력에 토대를 두고 있는 것이다.

9·11 테러 직후 미국 대통령 부시는 '미국식 생활방식'은 협상이 불가능한 것이라고 선언했다. 그러나 폭력의 논리에 중독된 인간들이 오늘날 이 세계의 권력을 장악하고 있다고 해서 그들이 가자는 대로 우리가 계속 따라가는 어리석음을 이제는 더 되풀이할 수는 없다. 우리는 더 많은 촛불을 더 높이 들 필요가 있다. (한겨레, 2008-6-28)

앵무새 알과 민주주의

인류학자 제임스 프레이저(1854-1941)의 책 《황금가지》를 보면, 18세기 아프리카 왕국의 하나였던 다호메이의 정치에 관한 흥미로운 얘기가 나온다. 즉, 이 나라에는 오래된 관습이 하나 있는데, 그것은 신하들이 볼 때 국왕이 정치를 잘못하고 있다고 판단되면 대표자를 왕에게 보내 앵무새 알을 전해 준다는 것이다. 이 앵무새 알은 "이제 국왕께서는 많이 피로하셨으니 주무시는 게 필요하다"는 메시지를 담고 있다. 그러면 그 의미를 알아챈 왕은 지체 없이 뒷방으로 물러나서 그 방에 있는 아내들에게 명령을 내려 자신의 목을 조르게 하여, 영원의 잠에 든다는 것이다(때때로 신하들이 건네준 앵무새 알의 의미를 거부하는 왕도 없지 않았다, 그런 경우에는 반란이 일어나고 나라 전체가 혼돈에 빠져들곤 했다).

다호메이와 유사한 관습은 인근 다른 왕국에서도 있었다. 예컨대 요루바왕국에서는 국왕의 아들이 태어나면 그 아이의 발자국을 진흙에 새겨 넣어 그것을 보관하고 있다가, 나중에 왕의 정치가 잘못돼간다고 판단할 때 신하들은 그 흙판을 마치 다호메이의 앵무새 알처럼 사용하곤 했다는 것이다. 즉, 신하들이 보낸 흙판을 보고 왕은 왕좌를 자신의 아들에게 넘겨야 할 때가 되었음을 알아챘다는 것이다.

오래전 아프리카 왕국에 관한 이 흥미로운 이야기는 오늘날 우리가 민주정치의 의미를 생각하는 데 좋은 참고가 될 만하다. 무엇보다도, 이 이야기는 지도자와 민중의 관계가 어떠해야 하는가를 명료하게 전달해준다. 다시 말해서, 지도자는 오로지 민중의 뜻에 복종함으로써만 민중을 이끌어갈 수 있다는 민주정치의 핵심적 아이디어가 여기에 담겨 있는 것이다. 뿐만 아니라, 지도자는 언제라도 민중에 의해서 배척될 것을 각오하고 있어야 하며, 그러한 배척의 신호가 오는 즉시 자리를 내놓을 준비가 되어 있어야 한다는 메시지도 여기서 읽을 수 있다.

따지고 보면, 아프리카 왕국의 이러한 정치관습은 예외적인 것이라기보다 세계 전역의 오래된 공동체에서 드물지 않게 볼 수 있는 관행이라고 할 수 있다. 물론 역사상 민중의 뜻을 아랑곳하지 않는 폭군이나 독재자가 적지 않았던 것은 틀림없다. 노자는 《도덕경》에서 지도자의 종류를 넷으로 나누어 설명했는데, 그 설명은 아마도 현실의 폭군들에 대한 반감을 표시하는 노자 나름의 방식이었을 것이다. 노자에 의하면, 임금이 있는지 없는지 백성이 모르고 사는 나라가 제일 좋은 나라이다. 두 번째로 좋은 지도자는 백성의 존경과 사랑을 받는 지도자이다. 세 번째는 백성이 무서워하는 지도자이다. 그리고 마지막, 제일 저급의 지도자는 백성으로부터 업신여김을 당하는 지도자이다. 백성이 무서워하는 지도자라면 어떻든 강압적인 방식으로 어느 정도 통치는 가능할 수 있을지 모른다. 하지만 백성으로부터 경멸을 당하는 지도자의 리더십이라는 것은 어떤 것이겠는가?

유감스럽게도, 근대적 대의제 민주주의국가에서 오늘날 우리가 경험하고 있는 정치 메커니즘이 18세기 아프리카 왕국의 그것보다 얼마나 더 민주주의 정신에 충실한 것인지 나는 심히 의심스럽다. 지금 미국이든, 한국이든, 선거라는 형식을 통해서 이른바 정치지도자가 선출되고 있지만, 그들에 대한 민중의 신뢰는 회복하기 어려울 만큼 땅에 떨어져 있다. 이것은 아마도 대의제 민주주의라는 제도가 어떤 치명적인 한계를 내포하고 있기 때문일 것이다.

어쨌든, 걱정스러운 것은 이런 상태로 인류사회가 현재의 당면한 엄청난 생태적·사회적 위기를 헤쳐 나갈 수 있을까 하는 것이다. 아마도 지금은 역사상 그 어느 때보다도 현명한 지도자(그리고 지혜로운 시민들)가 필요한 시기임이 분명한 듯하다. 여기서 현명한 지도자란 무엇보다도 민중과의 소통능력이 뛰어난 지도자일 것이다. 그리고 그 소통능력에는 '앵무새 알'의 의미를 대뜸 알아볼 줄 아는 분별력도 반드시 포함되어야 한다는 것은 말할 필요가 없다. (시사IN, 42호 2008-7-5)

보이콧의 아름다움

다 아는 얘기지만, 고대 그리스 폴리스의 민주주의는 자유시민에 의한 직접민주주의였다. 이들 자유시민은 일상적으로 대개 농업에 종사하는 농민이었지만, 공동체 전체에 관계된 일을 위해서 자신의 생업을 잠시 접어두고 공공의 공간으로 나오곤 했다. 그것이 이 도시국가에서 정치의 의미였다. 그런데 이 정치적 활동은 철저히 자유시민에게 국한되어 있었다. 그리스사회에서 자유인과 노예를 가르는 결정적인 기준은 정치에 참여할 수 있느냐 없느냐 하는 것이었다. 노예는 단지 힘겨운 육체노동만 했던 게 아니라, 장사를 하여 돈을 벌 수도, 이솝의 경우처럼 문학활동도 할 수 있었다. 노예에게 허락되지 않은 유일한 활동은 바로 '정치'였다.

정치는 고대 그리스에서 자유인들만이 향유할 수 있는 공적 활동이었다. 오늘날 영어에서 바보 혹은 백치라는 뜻으로 쓰는 낱말 '이디어트(idiot)'는 '이디오테스'라는 그리스말에서 유래한 것인데, 이 말은 원래 "공공의 문제에 관심이 없이 오직 사사로운 문제에만 관심을 갖는 사람"이라는 뜻이었다. 그러니까 그리스인들에게 정치란 근본적으로 개인의 사적 이해관계를 넘어서 공동체 전체의 보편적 이익을 생각할 줄 아는 인간적 능력을 전제로 한 활동이었다.

물론 고대 그리스의 민주주의는 노예제와 여성차별에 기초해 있었다는 점에서 그 한계는 뚜렷한 것이었다. 하지만 그리스인들이 정치참여를 '자유인'됨의 핵심적인 징표로 간주하고 있었다는 것은 음미할 만하다.

오늘날 우리는 근대적 국민국가의 틀 속에서 직접민주주의는 불가능하며, 가능한 것은 오직 대의제 민주주의뿐이라는 생각에 길들여져 있다. 그러나 민주주의가 원래 민중에 의한 자치를 뜻하는 것이라면, 민중 자신의 삶에 관한 결정권을 이른바 정치엘리트들에게 위임하도록 고안된 제도가 결코 진정한 민주주의일 수는 없다. 그럼에도 지금 현실적으로 대의제 민주주의 이외의 틀을 상정하는 것이 불가능하다면, 필요한 것은 민중의 자치 욕구를 조금이라도 더 충실하게 반영할 수 있도록 이 제도를 끊임없이 비판하는 일일 것이다.

지난 5월 이후 끈질기게 계속되고 있는 촛불집회는 바로 그동안의 대의제 민주주의가 명백히 실패했음을 증언하면서, 동시에 이 나라 민중의 민주주의에 대한 열망이 엄청나다는 것을 웅변적으로 드러내었다. 촛불집회를 통해서 분명해진 것은 많은 사람들이 '경제'도 중요하지만, 그보다 더 중요한 것은 민주주의와 인간다운 존엄이라는 인식을 공유하고 있다는 사실이다. 여기에 촛불집회의 근원적인 아름다움이 있다. 이것은 더이상 '노예'의 삶을 받아들이지 않고, '자유인'으로 살겠다는 결연한 자세에서 비롯한 아름다움이라고 할 수 있다.

그러나 이러한 민중의 자세가 지배세력에게 달가울 리 없다. 생각해보면 민중의 살아있는 정신과 민주적 에너지는 건강한 공동체를 위해 무엇보다 소중한 자산임이 분명한데도, 지금 권력은 민중의 에너지를 전방위적으로 억압하고 탄압하는 데 광분하고 있다. 아마도 그들이 이렇게 나오는 것은 당분간 선거가 없기 때문인지 모른다. 하지만 선거가 아니라도 투표는 언제나 가능하다는 것을 기억할 필요가 있다. 오늘날 사회정의와 공공성을 우습게 여기는 자본과 국가 및 언론권력이 지배하는 시장에서 우리가 매일매일 상품과 서비스를 의식적으로 선택하는 것보다 더 중요한 투표행위는 없는 것이다. 이러한 투표행위의 일상적 실천이야말로 '자유인'으로서 우리 각자가 할 수 있는 손쉬운, 그러나 가장 효과가 확실한 비폭력적 저항운동이 된다는 것은 말할 필요가 없다. (한겨레, 2008-7-26)

전교조를 위하여

서울시 교육감 선거결과를 보니, 기분이 착잡하다. 나는 원래 세상 물정에 아둔한 사람이라서, 아무리 잦아들고 있다고는 하나 아직 촛불집회의 여진이 계속되는 상황에서 왜 선거결과가 이렇게 되었는지 솔직히 이해가 잘 안된다.

물론 이런 결과를 전혀 예상하지 못했다고 하면 거짓말일 것이다. 하지만, 선거일 바로 며칠 전에 "강남지역에 공공임대 아파트를 세우면 강남의 교육의 질이 떨어질 우려가 있다"라는 지극히 비교육적인 발언을 실제로 했다는 것이 확인된 후보자가 막중한 교육행정의 지휘자로 뽑힐 수 있으리라고 믿기는 사실 어려웠다. 하기는 10퍼센트대에 불과한 저조한 투표율을 고려하면, 선거라고도 할 수 없는 기괴한 선거였다. 그러나 그렇다고 해서 다수표를 획득한 후보자의 당선을 부정할 수는 없는 노릇이고, 따라서 당분간 우리 아이들이 더 혹독한 교육지옥에 갇히게 되는 사태를 각오해야 할지 모른다.

벌써 선거결과에 대한 다양한 소감과 진단, 분석이 나오고 있다. 나로서는 경청할 만한 내용이 많지만, 그 가운데서 제일 마음 아픈 게 강남의 학부모들에게는 "공공임대아파트가 들어서면 강남지역 교육의 질이 떨어질 것"이라는 바로 그 발언이 오히려 그 후보자에게 몰표를 던진 주요 요인이 되었을 거라는 분석이다. 만약 이 분석이 옳다면, 그 학부모들은 아이들의 건강한 성장보다도 기왕에 자기들이 누리는 특권적 위상의 유지 내지는 공고화에 더 관심이 많다는 얘기가 된다.

물론 그런 부모라고 해서 사람이 사람과 더불어 살아야 하는 근본도리에 대해 전혀 무지하지는 않을 것이다. 그러나 그들은 배타적인 경쟁보다는 공생의 논리가 인간적으로 더 바람직한 가치라는 것을 인정하면서도, 그들 자신이나 자식들의 기득권이 행여 침해당할 수 있는 사태에 대해서는 극도의 경계심을 갖고 있는지 모른다. 아이들에게 필요한 것은 무엇보다 다른 사람과 어울려 지내는 삶의 지혜와 기쁨을 체득하는 것이라는 교육의 대명제에 대해서 원칙적으로는 수긍하되, 자신의 자녀는 어떻게든 경쟁에서 이겨서 출세하고 '성공'해야 한다는 게 오늘날 이 나라 학부모의 공통한 심정일 것이다.

물론 이러한 부모의 욕망을 무조건 비난할 수는 없다. 지금은 전체 노동자의 절반 이상이 이미 비정규직이 되어 있는데도 개선될 기미가 별로 보이지 않는 상황이다. 더욱이 잘나가는 정규직 노동자는 보너스를 850만 원 받는 일도 있는데, 비정규직 노동자는 똑같은 일을 하면서도 단 한 푼도 받지 못하는(〈경향신문〉, 2008년 7월 26일) 어이없는 현실을 보면서, 어느 부모인들 자식의 '경쟁력'을 높이는 데 몸부림을 치지 않겠는가. "세상의 어머니들은 사회가 아무리 부패해 있어도 자기 아이들만은 거기에 적응할 수 있는 교육을 받기를 원한다"라고 일찍이 괴테는 말했지만, 실제로 자기 자식이 풍찬노숙의 혁명가가 되기를 바라는 부모는 이 세상에 거의 없을 것이다.

그러나 지금 이른바 신자유주의 시장경제라는 이름 밑에서 사람의 모든 에너지를 오로지 이윤과 권력의 확대를 위해 쏟아붓도록 강요하는 이 미치광이 시스템에 대한 맹목적인 충성의 필연적인 결과가 무엇인지를 우리는 깊이 생각해볼 필요가 있다. 우리가 살아남기 위해서 각자가 '경쟁력'을 갖추어야 한다고 하지만, 내가 살기 위해서 남을 죽여야 하는 이 야만적인 경쟁체제의 불가피한 귀결은 사회적·생태적 지옥 이외에 아무것도 아닐 것이다. 우리는 언제까지 공멸을 향한 이 맹목적인 질주를 계속할 것인가?

유감스럽게도, 이번 교육감 선거에서 수구 언론권력은 전교조를 희생양으로 삼았고, 그 전략이 상당히 먹혀든 것으로 보인다. 물론 전교조라고 해서 문제가 없지는 않을 것이다. 그러나 전교조가 왜 이처럼 욕을 먹어야 하는가? 전교조가 그동안 해온 것이란 기본적으로 아이들을 교육지옥에서 해방시키고, 이 사회를 좀더 인간적인 사회로 만들자는 노력이 아니었던가? 하기는 아마 그래서 핍박을 받는 것인지도 모른다. 일찍이 신학자 도로테 죌레(1929-2003)가 갈파했듯이 "해방을 시도했던 사람들에 대한 세상의 답변"은 늘 '십자가'이기가 쉽기 때문에. (시사IN, 47호 2008-8-9)

'녹색성장'이라는 말장난

스웨덴의 동물원에서는 이국종 야생동물을 거의 볼 수 없다고 한다. 동물원이라고 하면 으레 먼 나라에서 잡아온 야생동물을 전시하는 곳이라고 알고 있는 사람에게는 이것은 좀 이해하기 어려운 이야기일지 모른다. 물론 스웨덴이라고 해서 옛날부터 그랬던 것은 아니다. 동물원의 이런 방침은 온갖 매체와 교통이 고도로 발달한 시대에 진기한 야생종 동물의 전시라는 게 이제는 별 실효가 없다는 판단, 그리고 무엇보다도 시민들 사이에 확산되어온 동물학대에 대한 문제의식 때문인 듯하다. 야생동물을 그가 태어나서 길들여진 곳과 판이한 기후, 풍토에 억류한다는 것은 그 자체 견디기 어려운 고문일 것임이 분명하다.

최근에 나는 '복지국가' 스웨덴에 대한 평소의 의문을 해소할 목적으로 관련 서적을 조금 보았다. 내 의문은, 이른바 스웨덴 모델이라고 하는 것이 과연 지속가능한 것이며, 또 세계 전역으로 일반화할 수 있는 모델인가 하는 것이었다. 몇 권의 책을 읽고서도 그 의문은 속 시원하게 해소된 것 같지 않다. 그러나 책을 보면서 나는 스웨덴이 '좀더 인간적인 사회'를 끊임없이 지향하는 사회라는 것만은 확실히 느낄 수 있었고, 그 때문에 감탄이 절로 나왔다.

위의 동물원 이야기는 어쩌면 가벼운 에피소드에 불과하다. 여기에서 엿볼 수 있는 이 사회의 분위기는 가축들에 대한 태도에도 그대로 해당된다. 오늘날 세계적으로 축산은 대부분 공장형 축산으로 바뀐 지 오래되었고, 이런 산업적 사육방식에 의한 동물학대가 형언할 수 없을 만큼 잔혹한 것이 되었음은 우리가 다 아는 사실이다. 그러나 스웨덴에서는 소들은 아직도 방목(放牧)이 원칙이다. 또, 설령 공장식 양계장이나 돈사(豚舍)라 하더라도 스웨덴의 돼지나 닭들은 가령 미국의 돼지, 닭들과는 비교할 수 없이 '인도적인' 대우를 받고 산다.

현재 스웨덴은 기왕의 복지국가를 넘어서 '녹색 복지국가'를 목표로 삼고 있다. 1967년에 세계 최초로 출범했던 스웨덴 환경부는 2005년에 '지속가능발전부'로 이름이 바뀌었다. 이 개명은 오늘의 환경위기의 근본원인이 자원과 에너지의 지속 불가능한 사용방식에 있다는 좀더 깊어진 성찰의 결과라고 할 수 있다. 2020년까지 화석연료 의존에서 완전히 벗어날 것을 목표로 스웨덴은 지금 다양한 재생에너지 개발에 매우 적극적이다. 그러면서도 북부 4대 강을 개발하여 수력발전을 하자는 일부 여론에 대해서, "유럽 전체의 자연적·문화적 유산이기 때문에" 강을 건드려서는 안된다고 하는 것이 정부의 입장이다. 놀라운 것은 지난 20년 동안 스웨덴이 일정한 수준의 경제성장을 계속해왔음에도 그동안 에너지 소비가 거의 증가하지 않았다는 사실이다. 기업의 자세도 믿을 수 없을 만큼 진지하다. 세계적인 자동차회사 '볼보'의 부사장이 "자동차 때문에 우리의 도시들이 파괴되고 있다"며 사실상 승용차 생산 감축을 제안하고 있는 형편이다.

물론 스웨덴이라고 해서 문제가 없는 것이 아니다. 사실, 엄혹한 글로벌 경제체제 속에서 스웨덴의 '녹색 복지국가' 실험이 과연 성공할 수 있을지 아직은 누구도 장담 못 한다. 하지만 무엇보다 생명과 자연을 소중히 해야 한다는 건강한 상식이 살아있다는 것 자체가 이미 성숙한 선진사회의 지표라고 할 수 있다. 언필칭 '실용주의'를 표방하면서 결국은 땅과 자연을 파괴하고 민중을 억압하는 것 외에 아무런 능력도 철학도 없다는 것을 드러낸 이명박 정부가 어느 날 느닷없이 들고 나온 '녹색성장'이라는 구호 따위로 실현될 수 있는 '선진사회'가 있을까. 어림도 없는 일이다. (한겨레, 2008-8-23)

협동적 자치의 삶을 위하여

1980년대 초는 아직 미국에서 1960년대의 급진적 사회운동의 전통이 약간이나마 남아 있을 때였다. 그 무렵 잠시 미국에 살고 있을 때, 우리 가족이 자주 이용한 식품점이 있었다. 그곳 대학의 몇몇 교수와 학생들이 자주적으로 만든 생협 소속 가게였는데, 조합원들이 일정한 간격으로 돌아가면서 근무하는 자원봉사 시스템에 의해 운영되고 있었다. 작고 소박한 가게였지만, 일상의 식생활에 필요한 것은 거의 다 있었다. 아직 한국에서는 유기농이라는 단어가 생소한 때였지만, 거기에서 우리는 인근 농장에서 기른 유기농 곡물과 신선한 채소, 과일, 달걀을 안심하고 구해 먹을 수 있었다.

아는 사람의 소개로 그 가게에 처음 들렀을 때, 무엇보다 인상적인 것은 간판 대신에 크게 쓰여진 경구였다. 'Food for people, not for profit(이윤이 아니라 사람을 위한 먹을거리)'이라는 글자를 보는 순간 갑자기 모든 게 분명해졌다. 길고 복잡한 설명이 필요 없었다. 학교에서 공부해야 할 학생과 교수들이 왜 시내로 나와서 이런 활동을 하고 있는지 금방 이해되었다. 요컨대 그들은 돈벌이가 된다면 무엇이든 가리지 않는, 그리하여 세상을 지옥으로 만들어가고 있는 자본의 잔혹한 논리에 대한 비폭력 저항운동을 하고 있는 것이었다.

본래 이 세상에 태어난 인간에게는 누구든 먹을 권리가 있고, 그 권리는 어떤 경우에도 침해되어서는 안된다는 것이 모든 전통적 공동체의 암묵적인 규범이었다. 때때로 영악한 인간들에 의해 먹을거리가 상업적 투기 수단이 되는 경우가 없지는 않았으나, 그것은 극히 제한적인 테두리 안의 일이었다.

그러나 자본주의시스템의 확대 과정에서 먹을거리는 이윤추구 수단 중에서도 핵심적인 품목이 되었다. 뿐만 아니라, 록펠러를 위시한 미국의 군산복합체는 2차대전 직후부터 식량과 석유에 대한 독점적 통제를 통한 세계지배 전략을 면밀히 계획하고 있었다(윌리엄 엥달, 《파괴의 씨앗》, 2007). 그러한 의도 밑에서 추진된 두 가지 주요 프로젝트가 세계 전역에서 소농의 전면적인 퇴출을 강요하는 이른바 '녹색혁명'과 '자유무역' 논리였던 것이다.

소농이란 전통적으로 자립적 자급농사를 영위하면서, 자치와 민주주의의 토대인 공동체를 보존해왔던 존재이다. 일찍이 루소(1712-1778)나 제퍼슨(1743-1826) 같은 초창기 근대 민주주의 사상가들이 생각했던 것은 독립적인 소농들을 기반으로 한 사회였다. 자치적인 공동체와 자립적인 삶의 토대가 사라진 상황에서 세계의 약자들이 자본과 국가의 전횡에 대항할 수 있는 실질적인 방법은 사실상 없다고 할 수 있다. 오늘날 노동운동이 갈수록 힘을 잃고 있는 것은 근본적으로 소농과 농촌 공동체의 전면적인 몰락이라는 현상과 깊은 관계가 있다고 나는 생각한다.

최근 나는 어떤 외국 신문에서 지금 혹심한 기아사태에 시달리고 있는 나라, 아이티의 아이들이 허기를 채우기 위해서 진흙으로 만든 '케이크'를 먹고 있는 사진을 보았다. 진흙으로 설마 연명이 가능하지는 않겠지만, 당장에 허기를 면할 수는 있게 해준다는 것이다. 이 참혹한 기사를 읽은 다음 날, 지난

20년간 한국의 농촌인구가 전인구의 27퍼센트에서 7.8퍼센트로 줄었다는 보도를 보았다.

현재 한국의 곡물 자급도는 25퍼센트로 산업국가 중에서 최하위이다. 북한이 엄청난 굶주림의 비극을 겪고 있지만, 자급도가 남한보다는 훨씬 높다는 사실을 우리는 기억할 필요가 있다. 기후변화, 석유위기, 세계적 경제공황이라는 임박한 위기상황에서, 이 나라의 지배층은 아직도 농사를 단순한 산업논리로 보는 사고방식을 고집하고 있다. 나아가 그들은 이제 한미FTA를 통해서 우리의 인간다운 삶의 최후의 보루라 할 수 있는 자립적 농사를 결정적으로 패퇴시키려 하고 있다.

지금 국가와 자본이 '경제 살리기'를 운위하며 우리더러 가자고 하는 방향은 명백히 지옥행이다. 여기에 맞설 수 있는 길은 이 체제에 대한 계속적인 순응을 거부하면서, 풀뿌리 차원의 자립 및 자치의 소규모 협동체를 다양한 분야에 걸쳐 광범위하게 조직하는 것밖에 없을 것이다. 그러한 상호부조의 호혜적 공동체들에 자발적으로 참여함으로써만 우리 각자는 노예가 아닌 자유인의 삶을, 지금 당장 여기서, 누리는 게 가능할 것이다. (시사IN, 51호 2008-9-6)

길들여지지 않은 정신

마음이 허전할 때, 문득 그리워지는 분들이 있다. 몇해 전 돌아가신 방송극 작가 박이엽(1936-2002) 선생도 그런 분이다. 박이엽은 문필가이기 전에 가까운 사람들에게는 고(故) 민병산 (1928-1990) 선생과 함께 나란히 인사동 거리를 느린 걸음으로 떠돌던 '무욕'의 철학자이자 탈속의 현인이었다.

원래 민병산이나 박이엽이 내게 중요했던 것은 그분들의 뛰어난 번역 때문이었다. 나는 일본 소설을 별로 읽지 않았지만, 내가 큰 감명을 받은 작품은 대개 민병산 번역이었다. 원작의 질 못지않게 역자의 해박한 지식과 섬세한 감수성이 결정적인 구실을 했음이 틀림없다. 박이엽의 번역도 일품이었다. 나는 그가 옮긴 《나의 서양미술 순례》나 《죽어가는 천황의 나라에서》, 혹은 일본 작가 시바 료타로(司馬遼太郎, 1923-1996)의 기행문을 읽으면서 외국어에 대한 그의 정확한 이해는 물론, 우리말에 대한 그의 풍부한 교양과 예민한 감각이 늘 경탄스러웠다.

그런 박이엽의 학력은 중졸이었다. 그의 지식과 교양은 밑바닥 생활현장에서 몸으로 익힌 배움의 결과였다. 그의 추모 문집이 작년에 《저절로 아름다운 것들》(2007)이라는 제목으로 출판되었다. 그 책에는 재미있는 이야기가 많이 들어 있지만, 그중에서 내게 무척 인상 깊었던 일화가 하나 있다.

원래 젊어서부터 폐병으로 고생하던 박이엽은 1970년대 어느 날부터 어떤 대학병원에서 정기적인 진료를 받았다. 그를 담당했던 나이 지긋한 의사는 첫날 진료가 끝나자 박이엽에게 다음부터는 병원이 아니라 의과대학의 자기 연구실로 직접 찾아오라고 말했다. 그렇게 하면 병원에 올 때마다 진료비를 따로 물 필요가 없다는 것이었다. 게다가, 그 후 연구실에서 만날 때마다 그 의사·교수는 자신의 캐비닛에서 한 달 치 약을 꺼내 이 가난한 환자에게 무료로 주곤 했다. 나중에 알고 보니, 그 의사는 대학병원의 규칙을 어겨가면서 자기를 찾아오는 가난한 환자 누구에게나 그런 '친절'을 베풀고 있었다.

그런데 어느 날 의사는 박이엽을 앞에 앉혀놓고 담배가 해롭다는 이야기를 길게 해주었다. 그 당시는 담배의 유해성이 아직 사회적 이슈가 되지 않고 있었다. 이때 박이엽은 '사실 담배를 끊을 마음은 전혀 없으면서' 환자의 건강을 염려하는 의사에 대한 인사성으로 "그럼 저도 담배를 끊어야 할까요?"라고 예의 바른 척 물었다. 그러자 당장에 의사의 불호령이 떨어졌다. "이 자식아, 네가 담배 시작할 때는 내 허락 받고 했어?" 의사는 이 청년환자의 속마음을 알아차렸던 것이다. 박이엽은 평소에 환자에게 그지없이 인자하면서도 환자의 '교활한' 태도에는 조금도 용서가 없는 의사의 이 솔직담백한 인간성에 크게 감명을 받았다. 그 후 그 의사에 대한 그의 존경심이 더 깊어진 것은 말할 것도 없다.

오늘날 우리는 너나 할 것 없이 빈틈없는 시스템 속에서 관리되고 길들여진 삶을 살아가고 있다. 우리는 이것을 세련된 삶, 근대적인 삶이라고 생각하고 있다. 대학병원의 의사가 병원당국 몰래 환자를 자기 연구실로 오게 하여 약을 공짜로 준다든지, 환자에게 거리낌 없이 화를 낸다든지 하는 것은 지금 상황에서는 상상도 할 수 없는 일이다. 그런 인간적인 배려와 반응은 오늘의 '진보된' 사회시스템에서 완벽하게 봉쇄되어 있다. 더욱이 이미 이 체제에 잘 길들여진 사람들에게는 그런 행동은 오히려 촌스러운 것으로 비칠 뿐이다. 그러나 이러한 촌스러운 야생의 정신이 아직 살아있는 삶이야말로 진정으로 인간다운 삶이라는 것을 우리는 기억할 필요가 있다. 오늘날 우리가 도처에서 목격하는 제도화되거나 상품화된 '친절'은 결코 친절이 아니다. (한겨레, 2008-9-20)

투기꾼들을 위한 세상

비상 상황에서 사물의 본질이 좀더 명확히 드러나는 법이다. 지금 미국의 금융위기를 둘러싼 일련의 상황은 자본주의 시스템이 본질적으로 국가권력을 매개로 한 약탈의 체제임을 노골적으로 드러내고 있다.

월스트리트 금융회사들의 전면적 파산을 막기 위해서 7천억 달러를 긴급 지원해야 한다는 정부의 제안을 미국 하원이 부결시켰을 때, 그 부결 이유는 사기업의 손실을 세금으로 메워

준다는 것은 '사회주의적'이거나 '비(非)미국적' 발상이라는 것이었다. 하기는 국가에 의한 개입을 반대하고, 모든 것은 시장의 자율성에 맡겨두어야 한다는 경제논리가 지배해온 사회로서는 당연한 반응인지도 모른다.

그러나 과연 미국 혹은 세계의 자본주의체제가 국가의 지원 내지 동조 없이 유지될 수 있는 시스템일까? 만약 월스트리트에 대한 정부의 긴급 지원을 '예외적' 조처라고 생각하는 미국 국회의원이 있다면 그는 매우 건망증이 심한 사람이거나 위선자임에 분명하다. '카토연구소'라는 유명한 우익계 민간 연구소가 2007년 5월에 발표한 보고서에 의하면, 미국에서 대기업에 대한 정부지원은 극히 일상적인 관행이다. 〈기업복지국가 ─ 연방정부는 어떻게 미국 기업들을 지원하는가〉라는 이 보고서는 2006년 한 해 동안 미국정부에 의해 지출된 기업에 대한 보조금이 920억 달러에 이른다고 추정한다. 보잉, IBM, 제너럴일렉트릭을 비롯한 많은 기업이 돈을 받았고, 이 중에서 농업보조금이라는 명목으로 거대 농기업들이 가져간 돈이 210억 달러였다.

이러한 보조금으로 과잉생산된 미국 농산물을 처리하기 위해서 미국정부는 무역 상대국들의 농산물 시장 완전개방을 완강하게 요구해왔고, 그 결과 헐값으로 쏟아지는 미국의 잉여 농산물로 인해 세계 도처의 소농과 그들의 공동체는 사멸을 강요당하고 있다. 오늘날 세계의 황폐화 혹은 사막화의 주된 책임은 미국의 농업보조금에 있다고 해도 과언이 아니지만,

미국 정부나 의회는 해외로부터의 강한 비판에도 불구하고 이 것을 중단하지 않고 있다.

되돌아보면 자본주의경제와 근대국가체제는 시초부터 긴밀한 밀월관계를 유지해왔다. 자본의 원시적 축적 단계에서는 말할 것도 없고, 식민지 및 제국주의 시대를 거쳐 오늘날의 '세계화' 경제에 이르기까지 자본주의의 성장·발달에는 반드시 합법적 폭력장치로서의 국가의 뒷받침이 있었던 것이다. 〈뉴욕타임스〉의 논설위원 토머스 프리드먼은 《렉서스와 올리브 나무》(1999, 개정판 2000)에서 솔직하게 말했다. "시장의 보이지 않는 손은 보이지 않는 주먹 없이는 제구실을 못 한다. … (미국 기업이) 번창하도록 세계의 안전성을 지켜주는 보이지 않는 주먹을 우리는 미합중국 육군, 공군, 해병대라고 부른다." 뿐만 아니라, 도로·항만·전력·수도 등 물리적 인프라는 말할 것도 없고, 교육·공중보건·법률의 제정과 집행 등 사회적 인프라 역시 자본주의경제의 운용에 불가결한 것이다.

만일 수익자부담 원칙을 엄격히 적용해 이러한 인프라의 건설·유지에 드는 비용을 국가가 아니라 기업들 자신이 부담해야 한다면 그것은 곧바로 자본주의의 존속 자체를 위태롭게 할 것이다. 결국 국가 없이는 자본주의는 아무것도 하지 못한다고 할 수 있다. 자본주의는 절대로 순수한 시장경제가 될 수 없는 것이다. 따라서 모든 형태의 자본주의는 엄밀히 말해서 국가자본주의라고 할 수 있고, 그 국가가 우선적으로 고려하는 것은 언제나 강자들의 이익이다.

지금 월스트리트에서 벌어지는 것은 자본주의 역사에서 예외적인 사태가 아니다. 자본가들은 항상 자신들의 이익은 철저히 사유화(私有化)하고, 손실은 국가라는 수단을 이용해 철저히 사회화(社會化)하는 데 익숙해 있다. 그것은 자본주의의 뿌리 깊은 생리이다. 그러므로 자본주의시스템은 단순한 경제문제가 아니라, 본질적으로 정치의 문제이며, 민주주의의 문제라고 할 수 있다. 진정한 민주주의가 실현되지 않는 한, 세계의 약자들은 탐욕스러운 투기꾼들이 입은 손해를 메워주기 위해서 피땀을 흘려야 하는 부조리한 운명을 언제까지나 벗어날 수 없을 것이다. (시사IN, 56호 2008-10-11)

염치에 대하여

4년 전, 마흔여덟의 나이로 이 세상을 떠난 시인 윤중호 (1956-2004)는 지독히 고향을 사랑한 사람이었다. 그의 유고 시집 《고향 길》(2005)은 그가 드물게 아름답고 깊고 애절한 절창의 시인이었음을 유감없이 보여주고 있다. 오늘날 우리는 대부분 고향을 잊어버린 채 살아가고 있지만, 이 시인은 우리 모두가 결국 고향으로(궁극적으로는 죽음으로) 돌아가야 할 존재임을 예민하게 의식하고 있었다. 따라서 그에게는 사회적 성공이나 출세 따위란 무의미한 것이며, 정말로 소중하고 아름다운 것은 "아무것도 이룬 바 없이" 흔적 없이 살다가 돌아간 수많은 민초들의 삶이었다. '고향' 앞에서 우리는 모두 발가벗은 어린아이일 뿐이며, 그러므로 인생의 성숙은 겸허한 마음으로 살아갈 수밖에 없음을 깨닫는 데에 있다.

그런 윤중호가 쓴 〈일산에서〉라는 시에 이런 구절이 있다. "일산시민모임에서 땅을 빌려 만들었다는 주말 텃밭/쇠비름만 자라는 다섯 평짜리 박토지만/이름은 어엿한 주말농장/글쎄 그런 걸 해도 괜찮을까?/무공해 채소가 어떠니, 흙을 밟는 마음이 어떠니, 이런 막돼먹은 생각을 해도 괜찮을까?"

오늘날 우리들은 주말농장이니, 농촌관광이니, 유기농이니 하면서 어설픈 농사 흉내를 내면서 도시생활의 불모성과 삭막함을 잠시나마 벗어나보려고 하지만, 깊이 생각해보면 이것은 사실 가소롭고 건방진 작태인지 모른다.

지난 수십 년 동안 산업화, 경제발전이라는 이름 밑에서 끊임없이 모욕과 천대를 당해온 우리들의 고향, 즉 농촌과 농민이 지금 어떤 상황에 있는지, 조금이라도 관심이 있는 사람이라면 '주말농장' 운운하는 게 얼마나 염치없는 짓인지를 느끼지 않을 수 없는 것이다. 시인 윤중호가 흙을 만져보고 싶은 충동으로 '주말농장'에 끌리면서도 "그런 걸 해도 괜찮을까, 막돼먹은 생각이 아닐까"라고 주저하는 것은 결국 그런 염치 때문이었던 것이다.

별의별 해괴한 일이 다 일어나는 세상이지만, 농가에 돌아가야 할 쌀소득보전직불금을 공직자와 부유층 사람들이 가로

챘다는 것은 정말 어이없는 뉴스이다. 아무리 말세라고 하지만, 인간이 이토록 염치가 없을 수 있는가.

직불금이란 무엇인가? 그것은 지금 죽어가는 농촌과 농민이 최후의 잔명이나마 유지할 수 있도록 마련된 최소한의 보호장치가 아닌가. 그것은 농민들에 대한 혜택도 아무것도 아니다. 그것은 오랜 농민공동체의 전통과 지혜에 근거하여 땀 흘려 땅을 보살핌으로써 인간생존의 토대 중의 토대를 지켜온 사람들에 대한 보상으로는 터무니없이 하찮은 것이다. 그렇다고는 해도, 이것을 농사와는 아무 관계없는 도시의 잘난 인간들이 가로챘다는 것은, 아무리 합법적인 탈을 쓰고 했다 하더라도, 도저히 용서할 수 없는 짓임이 분명하다. 왜냐하면 그것은 국가든, 사회든, 인간공동체가 공동체로서 존립하는 데 필요한 최소한의 윤리적 기초를 파괴하는 범죄행위이기 때문이다.

그러나 여기서 좀더 생각해봐야 할 것이 있다. 그것은, 이 노골적인 파렴치범들은 제외한다 하더라도, 우리들이 과연 얼마나 지금 죽어가는 농촌과 농민의 현실에 대하여 진지한 관심 혹은 위기의식을 갖고 있는가 하는 것이다. 어쩌면 우리들 대부분은 잠재적으로는 저들과 똑같은 투기꾼, 똑같은 파렴치범인지도 모른다. 그리하여 기회만 되면 우리 자신도 그들처럼 행동할 준비가 되어 있는지도 모른다.

그러나 땅과 농사를 그저 투기와 화폐증식 수단으로만 보는 어리석음에서 우리가 벗어나지 않는 한, 세계의 황폐화·사막화는 필연적이다. 땅이 죽으면 만사가 끝이다. 이에 비하

면, 금융위기 따위는 사실 아무것도 아니라는 것을 우리는 깨
달을 필요가 있다. (한겨레, 2008-10-18)

헌법애국주의

애국심은 일반적으로 하나의 문화적·언어적 공동체에 속한
'국민'이 공유하는 역사·전통·관습에 근거한다고 할 수 있다.
그러나 독일에는 '헌법애국주의'라는 개념이 있다. 주로 철학
자 하버마스가 제창해온 이 개념은 물론 '나라 사랑'을 고취하
기 위한 것이다. 그런데 이 사상의 특이한 점은 애국심의 근거
를 '문화적 공통유산'에 대한 맹목적인 애착에서 찾는 게 아니
라, 국가의 정치체제를 규정하는 헌법의 기본이념에 대한 국
민적 동의와 충성에서 찾는다는 데 있다.

독일에서 이런 사상이 등장한 것은 독일 현대사의 비극적인
경험 때문이라고 할 수 있다. 2차 세계대전 후 독일 국가의 재
건은 500만 유대인 학살이라는 참혹한 역사적 과오에 대한 뼈
아픈 반성에서 출발하지 않을 수 없었다. 나치즘의 유산을 청
산하고, 그 역사적 과오를 되풀이하지 않도록 한다는 것은 동
서를 막론하고 새로운 독일의 출발에 절대적인 과제였다. 그
리하여 나치즘의 이데올로기적 원천이라고 할 수 있는 독일적
내셔널리즘의 부활을 철저히 봉쇄하기 위한 틀이, 예컨대, 서

독의 '기본법'(헌법)이었던 것이다.

오늘날 독일의 '기본법'에는 시민의 정치적·경제적 자유를 보장하는 규정 외에 국민 저항권, 난민 보호, 헌법재판소 설치 규정 등이 명기되어 있다. 이와 같은 헌법적 규범은 독일 국민들에게 단순히 주어진 것이 아니라, 적어도 형식적으로는, 그들 자신이 선택한 것이다.

그러니까 헌법애국주의의 논리에 따르면, 오늘날 독일사람들이 자기 나라를 사랑한다고 할 때, 그 사랑은 자기들이 만든 헌법이 훌륭하고, 그 헌법이 잘 지켜지고 있다는 데서 오는 자랑스러움에 기인하는 것이다. 물론 여전히 독일인 다수는 자신이 괴테와 칸트와 베토벤의 후예라는 사실이 자랑스럽고, 거기서 독일인으로서의 자부심을 느끼고 있을지 모른다. 그러나 개인적인 차원을 떠나서, 적어도 공론의 장에서는 민족주의적 요소를 암시하는 어떠한 담론도 배제한다는 것이 독일사회에서 합의된 원칙으로 되어 있음이 분명하다. 그리고 그 토양 위에서 헌법애국주의라는 사상이 형성된 것이라고 볼 수 있다.

생각해보면, 헌법애국주의란 독일의 경계를 넘어서 인류사회의 보편적 가치가 될 만한 선진적 사상이라고도 할 수 있다. 그것은 '문화적 공통유산'을 갖고 있지 않은 외래인, 이민자, 외국인에 대한 차별을 원천적으로 부정하는 사상일 뿐만 아니라, '민족'이니 '공동체'니 하는 두루뭉술한 이름으로 온갖 사회적 차별을 은폐하고자 하는 기도를 근원적으로 차단하는 사상일 수도 있기 때문이다.

대한민국 헌법은 이 나라가 민주공화국임을 천명하면서, 국민 개개인이 인간다운 삶을 누릴 수 있는 권리를 전폭적으로 지지하고, 사회경제적 평등에 대해서도 언급하고 있다. 그런데도 수많은 '국민'이 오늘날 한국의 정치와 법의 운용 앞에서 갈수록 절망을 느끼는 것은 무엇 때문인가. 선거에 이겼다고 해서 마치 점령군처럼 군림하면서 만사를 강자 위주의 시책으로 일관하고 있는 국가권력의 행태를 보고 있노라면, 그들의 만용이 놀랍기도 하지만, 무엇보다도 그들에게 과연 '국민공동체'에 대한 기초적인 인식이라는 게 있는지 의심스럽다.

나는 한국에서 헌법재판소가 맡은 소임이 정확히 무엇인지 모른다. 종합부동산세제를 사실상 무력화시킨 헌법재판소의 이번 결정은 참으로 납득하기 힘들다. 종합부동산세라는 것은 '국민공동체'의 존속을 위해서 이 나라의 기득권층에 최소한의 염치를 기대하는 것에 불과한 것이 아닌가? 과연 이 나라의 지배층은 무슨 수단을 가지고 시민들의 '애국심'을 장려할 수 있을 것인지 심히 궁금하다고 말하지 않을 수 없다. (한겨레, 2008-11-15)

'마(魔)의 계절'이 끝날 것인가

1905년 러일전쟁에서 승리를 거둔 일본은 온통 흥분과 감격의 도가니였다. 근대식 서양문물을 받아들이기 시작한 지 얼마 되지도 않은 황인종이 막강한 '서양' 백인종 세력을 꺾었다는 데서 오는 열광적인 환희였다. 그 후 일본은 자만에 빠져 조선의 강점과 식민지 지배, 만주침략을 거쳐서 군국주의 노선을 강화해갔다. 그 과정에서 결국 태평양전쟁이라는 결정적인 자기파멸의 국면에 빠져들었고, 마침내 1945년 8월에 참혹한 패전을 맞이하였다. 전쟁의 승리로 이성을 잃고 끊임없이 자기 묘혈을 파는 어리석음을 확대해온 이 40년 동안의 역사는, 작고한 일본의 '국민작가' 시바 료타로에 의하면 한마디로 '마(魔)의 계절'이었다.

아프리카계 아메리카인인 버락 오바마가 미국 대통령에 당선됨으로써 그동안 온 세계를 뒤덮어왔던 먹구름이 조금은 걷히지 않을까, 기대에 부푼 분위기이다. 선거공약이기는 하지만 사회적 약자를 보호하겠다는 약속을 줄곧 해왔고, 주류 엘리트와는 여러모로 다른 출생과 성장 배경, 그리고 여러 해 동안 빈민지역 활동가로서 일했던 경력을 볼 때, 그가 쉽사리 약속을 저버리지는 않을지도 모른다. 과연 오바마의 등장으로 신자유주의 논리에 의해 세계가 절망적인 어둠에 갇혀온, 지난 40년에 걸친 '마의 계절'이 청산될 수 있는 출구가 열릴 것인가.

되돌아보면, 신자유주의 경제사상이란 이 세상의 사회적 약자와 자연세계에 대한 야만적 폭력의 논리 이외에 아무것도 아니었다. 감세, 규제완화, 민영화, 자유무역 등의 핵심 정책을 기조로 하는 이 경제논리는 세계 전역에 걸쳐 동일한 구조적 결과, 즉 사회적 격차 및 대중적 빈곤의 심화, 고용의 불안정성과 비정규직화, 농촌을 비롯한 기층 공동체의 전면적 파괴, 자원과 에너지의 끝없는 낭비, 그리고 자연환경의 걷잡을 수 없는 파괴와 훼손을 초래해왔다.

그럼에도 불구하고, 정책당국자들과 주류 경제학자들은 '적하효과'에 의한 '효율적인 성장' 노선을 완강히 고집해왔다. 가만히 생각해보면 "위에서 흘러넘치는 물로 아래를 적실 수 있다"는 이른바 '적하효과'란 인간에 대해서 얼마나 예의 없는, 모욕적인 논리인가. 이것은 결국 부자들이 쓰고 남는 게 있으면 그 부스러기나 받아먹으라는 논리(혹은 비논리) 이외에 아무것도 아니기 때문이다. 기층 민중을 거지로 보는 이런 논리가 이른바 주류 경제학의 이름으로 40년 동안이나 통용될 수 있었다는 것이 믿어지지 않지만, 이것이 엄연한 현실이었고, 아직도 현실이라는 게 문제이다.

따져보면, 시장에 대한 국가 개입을 극도로 경계하는 신자유주의 논리는 매우 위선적인 논리임이 분명하다. 그것은 사회적 약자를 보호 내지 배려하기 위한 국가의 개입을 철저히 막는 논리이지, 사회적 강자를 위해서는 언제든 예외를 허락하는 일방적인 논리일 뿐이다. 월스트리트의 금융투기꾼들을 위해서 7천억 달러라는 엄청난 '구제금융'을 투입하는 행태는 미국을 위시한 자본주의국가 어디서든 계속되어온 관행이기 때문이다. 문자 그대로 순수한 자율성에 의해서 움직이는 자본주의 시장경제는 실제로 한 번도 존재해본 적이 없다.

자본과 국가는 언제나 어디서나 긴밀한 상호 의존적 관계로 공생해왔다. 역사가 하워드 진(1922-2010)에 의하면, 미국에서 '구제금융'의 역사는 1787년 건국 당시까지 거슬러 올라간다. 미국의 초대 정부가 내린 주요 결정의 하나가 독립전쟁 과정에서 거의 쓰레기가 된 채권을 소지하고 있던 투기꾼들을 살리기 위한 '구제금융' 조처였던 것이다.

이러한 뿌리 깊은 기득권 중심 구조에서 벗어나서 과연 오바마가 혁신적인 변화를 꾀할 수 있을까? 이번에 그는 수많은 시민으로부터 개미헌금을 받아 선거를 치렀다고 하지만, 실제로 막대한 선거자금은 기업가들에 의해 제공되었다. 이것은 결코 간과할 수 없는 사실이다. 그러니까 이번의 정권교체 역시 사실상 미국의 기성 지배체제 내의 권력이동 이상의 의미가 없을지도 모른다.

그렇다고 하더라도, 이 권력이동 현상은 민중의 각오와 행동에 따라 엄청난 변화를 가져올 수도 있다는 점은 간과해서는 안된다. 선거제 대의민주주의란 본래 부르주아 독재체제를 지속시키는 정치기술이라고 할 수 있다. 이 기초적인 사실을 기억한다면, 한 '진보 성향' 인물의 출현으로 사태의 본질이 달라지리라고 기대한다는 것은 어리석은 일이다.

언제나 그렇듯이, 궁극적인 문제 해결의 열쇠는 민중사회의 각오와 행동에 달려 있다. 모든 권력은 밑으로부터의 강력한 요구 없이는 조금도 양보하지 않는다는 것은 변할 수 없는 진리이다. 오바마 정부라고 해서 그러한 권력의 논리에서 예외가 아닐 것임은 말할 필요가 없을 것이다. (시사IN, 61호 2008-11-15)

땅이 죽으면 만사가 끝이다

지금 인류사회에 닥친 위협 중에서 가장 심각한 것은 기후변화 현상이라고 할 수 있다. 그러나 이에 못지않게 심각하면서도, 사람들이 별로 주목하고 있지 않은 게 바로 세계 전역에 걸쳐 급속히 진행되고 있는 토지의 사막화 현상이다. 생각해보면, 한때 고대문명이 번영했던 땅은 모두 사막이 되고 말았다. 여기서 중요한 것은 문명이 망했기 때문에 땅이 사막화한 것이 아니라, 땅이 사막화했기 때문에 문명이 망했다는 점이다.

그런데 문제는 고대문명의 멸망을 초래한 사막화가 국소적이었던 것에 비해서 지금 우리가 직면한 것은 전 지구적인 범위에 걸친 사막화라는 것이다. 왜 이렇게 되었는가? 그것은 한마디로 자본주의체제하의 농업 '근대화' 때문이라고 할 수 있다.

사실, 이 문제는 이미 19세기 중엽에 예민한 과학자들이 주목을 했던 현상이다. 가령 독일의 농화학자 유스투스 리비히(1803-1873)는 당시 서구에서 전개되기 시작했던 산업화된 농업이 '물질대사'의 순환을 차단함으로써 결국 토양의 지력 상실을 초래하는 '약탈적 시스템'이라는 것을 간파하고 있었다. 그의 이러한 선구적인 관찰은 맑스에게도 영향을 주어, 맑스는 《자본론》 제3권에서 자본주의적 농업경영이 필연적으로 인간노동력을 피폐시킬 뿐만 아니라 토지의 생명력을 고갈시킴으로써 농업의 지속성을 불가능하게 할 것임을 명확히 지적했던 것이다.

그러니까 땅의 성질을 고려하지 않는, 생산성 제고(提高) 일변도의 근대 농법에는 생명과 '부'의 원천인 토양을 고갈시킬 수밖에 없는 논리가 내재되어 있다고 할 수 있다.

이에 반해서 자본주의의 침탈을 받기 이전의 농업사회, 특히 대규모 인구를 가진 아시아의 농업은 전통적으로 순환적인 물질대사를 원활하게 하는 시스템을 유지하고 있었다. 그러한 순환의 핵심은 가축의 분뇨와 인분을 퇴비로 만들어 늘 적절하게 투입할 수 있는 농법이었다.

20세기 초에 중국·조선·일본을 여행한 후 《4천 년의 농부》(1911)라는 책을 쓴 미국의 토양학자(당시 농무부 관리이기도 했다) 프랭클린 킹(1848-1911)은 동아시아의 벼농사가 오랜 세월 토양을 보존해올 수 있었던 핵심 기술이 인분의 퇴비화였다는 사실에 무척 놀라고 감탄했다.

킹 박사뿐만 아니라, 토양보전 문제를 심각히 고민한 선각자는 드물지 않았다. 인지학회의 설립자이자 발도르프 교육의 창시자인 루돌프 슈타이너(1861-1925) 박사도 그랬다. 그가 생애 마지막에 힘을 기울여 농업강좌를 실시하면서 '생명역동농업'을 제창한 것은, 서구식 근대 농업의 예견되는 필연적 결과가 사막화라는 것에 대한 심각한 우려 때문이었다.

그러나 이런 선각자들의 우려와 경고에도 아랑곳없이, 세계의 농업은 2차대전 이후 자본주의 메커니즘에 따라 갈수록 기계와 화학물질에 대한 의존도를 심화시켜왔고, 그 결과 세계 전체의 식량은 과잉생산의 악순환을 거듭하면서 토질은 급속히 악화돼버렸다. 지난 반세기 동안 농업대국으로 군림해온 미국의 농경지 중 4분의 1이 이미 사막화되었다는 사실은 이 농법의 파국적 결말을 극명히 예시하는 것으로 볼 수 있다.

그런데도 여전히 글로벌자본과 그들과 결탁된 국가권력은 '자유무역' 논리를 내세워 농산물의 전면적 시장개방을 획책하고, 그럼으로써 세계 전역에서 소농들을 가차 없이 핍박하면서 그들을 토지로부터 내쫓는 일을 끊임없이 되풀이하고 있다.

소농을 보호하고 육성해야 할 이유는 일일이 열거할 수 없을 만큼 많다. 도시화·산업화가 아무리 '문명화'의 척도라고 하더라도, 땅이 죽거나 땅과의 유대가 끊어지면 인간은 조만간 사멸할 수밖에 없다. 왜냐하면 인간은 본래 흙에서 나왔고, '흙으로 빚어진' 존재이기 때문이다. 그런 의미에서 땅의 성질을 잘 알고, 땅을 사랑하며, 땅을 보살피는 데 온 생애를 바치는 소농들이야말로 생태계와 인간다운 문명의 궁극적인 수호

자라고 할 수 있다.

그뿐만 아니라, 일반적인 선입관과는 달리, 농작물의 생산성이라는 차원에서도 기계와 화학물질의 대량 투입에 의한 대규모 영농보다도 소농에 의한 유기농이 훨씬 더 효율적이라는 것도 주목해야 할 점이다. 이 같은 사실은 근년에 여러 연구기관에 의해 명확히 입증되었다.

지금 이 나라의 정책입안자들과 권력을 가진 엘리트들은 거의 모두가 소농을 없애는 것이 사회발전이며, 역사적 진보라는 어리석은 믿음에 갇혀 있다. 그러나 소농을 보호하는 것은 단순히 농민들의 생계문제가 아니라, 궁극적으로 땅을 살리는 문제라는 것을 깨달아야 한다. 땅이 죽으면 만사가 끝이다. 한미FTA는 기필코 폐기돼야 한다. (시사IN, 64호 2008-12-6)

권력과 교육

하니 고로(羽仁五郎, 1901-1983)는 파시즘체제와 맞서 싸우는 데 평생을 바친, 일본의 양심적 지식인이다. 그는 기본적으로 역사가이자 교육자였지만, 전쟁 후에는 국회의원이 되어 국립국회도서관을 창설하는 데 주도적인 역할을 했다. 국립국회도서관의 창설 목적은 무엇보다 정부와 관료들에 의한 정보독점을 막고, 국회의원과 시민들이 풍부한 정보와 지식에 자유롭게 접근함으로써 올바른 입법과 정부 감시 활동을 할 수 있게 하자는 것이었다. 그는 철저한 민주주의자로서, 민주주의가 되려면 "정치가 진리에 입각해 있어야" 한다는 확신을 갖고 있었다. 그래서 그는 1948년에 성립된 국회도서관법의 전문에 "진리가 너희를 자유롭게 하리라"는 성서의 구절을 인용·삽입했고, 이 구절은 지금도 일본 국회도서관 복도 벽면에 새겨져 있다.

그러나 자신의 염원과는 달리, 전후 일본정치는 자민당 장기집권과 독점재벌의 부활에 의해 사실상 파시즘체제로 회귀하고 있다는 것이 이미 1960년대부터 그가 내린 판단이었다. 그가 보기에 전쟁 전후를 막론하고 일본 파시즘을 뒷받침해온 핵심 세력이 교육관료 체제였다. 그는 전후에 정부조직이 개편될 때 육군 및 해군성 그리고 내무성과 사법성이 해체된 것처럼 문부성도 폐지됐어야 했고, 지금이라도 마땅히 폐지돼야 한다는 논리를 생애 마지막까지 폈다.

그가 그토록 열심히 문부성 폐지론을 편 것은 교육관료들이야말로 거짓 논리에 입각하여 전쟁과 침략을 미화하고 민중에 대한 사상적 통제와 세뇌 작업을 자행해온 파시즘체제의 첨병이었기 때문이며, 나아가서 그들이 전후에도 반성은커녕 국민을 단순히 조작과 통제의 대상으로 여기는 전체주의적 교육관을 그대로 고집하고 있다고 보았기 때문이다.

오늘날 일본이나 한국에서 학생과 교사의 인간적인 주체성을 인정하지 않고, 그들을 단순한 객체로, 관리 대상으로 보는 교육관이 청산되지 않고 있는 것은 교육관료들이 일찍이 '교육의 자유'를 향유해본 체험이 없기 때문인지 모른다. 하니 고로는 이 세상에 교육의 자유처럼 아름답고 가치 있는 일이 없다고 평생 생각했고, 그런 만큼 학생과 교사의 자유를 억압하고, 교육 내용을 끊임없이 간섭하는 관료통제 시스템을 참을 수 없었던 것이다.

교육의 생명이 자유에 있고, 진정한 학습이란 자유인의 한가로움 속에서만 가능하다는 것은 부정할 수 없는 진실이다. 강제적인 학습은 인권유린이라는 측면에서도 문제지만, 현실적으로 아무런 실효도 없음이 분명하다. 그런데도 교육관료들은 끝없이 교사와 학생들을 불신하고, 교육 현장에 대한 통제를 강화하려고 부심한다. 이처럼 교육의 자유를 원천적으로 부정하고, 교육 현장의 신뢰관계를 무너뜨리고서는 이른바 국가경쟁력이라는 것도 공염불로 끝날 공산이 크다.

한국의 아이들은 오늘날 교육지옥 속에 살고 있다. 이 상황은 수십 년 넘게 방치되어 있을 뿐만 아니라, 갈수록 악화하고 있다. 교육이라는 이름으로 지금 자행되고 있는 만행은 자라나는 아이들뿐만 아니라, 인간성에 대한 용서할 수 없는 범죄임이 분명하다. 여기에는 물론 제 자식만 생각하는 학부모의 '숙명적인' 이기심이 큰 몫을 하고 있다. 그러나 근원적인 책임은 국민 개개인을 존엄한 인격을 가진 자유인으로 보지 않고, 기껏 노동자, 소비자, 납세자, 병역의무자로만 간주하는 지배권력의 시선에 있다는 것은 말할 필요가 없다. 관의 방침에 고분고분 순종하지 않는다고 교사들의 목을 아무렇지 않게 자르는 교육관료들의 행태를 보면, 결국 오늘날 권력이 원하는 국민은 노예나 가축이지 자주적인 인간이 아니라는 것이 확실하다. (한겨레, 2008-12-13)

II. 아직 멀었다

"전광석화같이, 질풍노도처럼"

20세기의 걸출한 학자이자 현인이었던 그레고리 베이트슨 (1904-1980)이 생전에 사람들에게 종종 들려주던 흥미로운 이야기가 있다.

영국 옥스퍼드대학에 1600년대 초에 세워진 건물이 하나 있었다. 그런데 350년이라는 세월이 경과하면서 이 건물 천장의 들보들이 썩어갔다. 참나무로 된 들보가 수명이 다했던 것이다. 그러자 대학 관계자들이 모여 어떻게 새로운 참나무를 찾아서 들보를 갈아야 할 것인지를 상의했다. 의논 도중에 그들은 원래 이 건물을 지었던 건축 책임자가 350년 뒤에는 들보가 썩을 것임을 예견하고, 그때를 대비해서 대학의 특정 장소에 참나무들을 심고 잘 유지하도록 부탁하는 말을 남겨놓았다는 사실을 발견했다. 그 부탁은 대학의 역대 삼림감독관을 통해 충실히 지켜졌고, 그 결과 대학 한곳에 잘 자란 튼튼한 참나무 숲이 보존되어 있었다. 베이트슨은 바로 이런 것이 "문화를 운영하는 제대로 된 방식"이라고 말했다.

베이트슨이 찬양한 이 '제대로 된 방식'은 사실 옥스퍼드만의 특별한 이야기는 아니다. 가령 북미의 인디언 부족들은 어떤 중요한 일을 시작할 때에는 그것이 7세대 뒤 자손에게 미칠 영향에 대해서도 미리 숙고하는 습관을 가지고 있었다. 따져보면 인디언 부족들이 서구문명에서처럼 근대적 과학기술을 발전시키지 못한 것은, 자신들뿐만 아니라 먼 후손들의 세대까지도 늘 함께 생각하는 이러한 숙려의 문화 때문이었다고 할 수 있다. 그리고 인디언처럼 철저한 것은 아니라 해도, 이 것은 '근대화' 이전의 전통사회에서 공통하게 볼 수 있는 정신적 습관이었다.

그러나 이 정신적 습관은 산업주의문명이 온 세계를 휩쓸기 시작한 이래 급격히 위축돼버렸다. 산업문명이란 본질적으로 (재생 불가능한) 자원과 에너지를 끊임없이 확대소비함으로써 지금 당장의 욕망 충족에 골몰하는 매우 근시안적인 문명이다. 지구가 근본적으로 유한체계인 이상, 지상에서 인간이 영속적인 삶을 누리려면 순환적인 물질대사가 가능한 방식이라야 한다. 그런데도 현대인들은 다음 세대의 운명은 아랑곳없이 당장의 안락과 권력을 추구하는 데 골몰한 나머지 재생 불가능한 자원과 에너지의 무분별한 낭비를 경제성장이라는 이름으로 지지해왔다. 그 결과는 지금 인류사회를 무겁게 짓누르고 있는 생태적·사회적 대재앙에 대한 어두운 전망이다.

미국 항공우주국의 기상 과학자 제임스 핸슨에 의하면, 이 대로 가면 향후 5~10년 내에 북극의 빙하는 거의 다 사라질 것이다. 빙하가 이렇게 된다는 것은 지금까지 우리가 알고 있던 문명사회의 붕괴가 임박했음을 의미하는 것이다.

과연 인간이 기후변화를 막는 데 성공할 수 있을지 의문이지만, 적어도 최악의 상황을 피하기 위해서도 지금 가장 필요한 것은 생태적 교양이다. 인류학자로서 출발했다가 최종적으로 생태철학에 도달한 베이트슨에 의하면, 세계는 지극히 복잡하고 신비스러운 상호관계들의 집합체로서 존재한다. 따라서 아무리 정교한 과학이라 할지라도 과학의 언어로는 이 세계의 전체성에 접근할 수 없다. 과학적 지식은 최선의 경우에도 미미한 단편에 불과하다. 그런 단편적인 지식과 기술에 의한 성과는 늘 부분적이고 단기적일 수밖에 없고, 궁극적으로는 문명의 자기파멸을 이끌 뿐이다. 따라서 인류가 살아남으려면, 가장 절실한 것은 세계를 지배하고 통제하려는 공격적인 자세가 아니라, 세계의 신비를 겸손하게 수용하는 심미적·관조적 자세이다.

생각해보면, 지금 글로벌 금융위기로 인한 심각한 불황은 인류사회를 위한 구원의 기회일지도 모른다. 자원과 에너지의 낭비를 강요하는 성장 메커니즘이 일시나마 정체함으로써 인류사회는 기후변화 등 임박한 위기에 대처할 수 있는 절호의 기회를 얻었기 때문이다. 이 기회를 낡은 경제성장 논리를 척결하는 계기로 삼지 못한다면, 우리 자신과 다음 세대의 미래는 암울하다고 할 수밖에 없다.

인류사회가 처한 이런 상황에도 불구하고, 한국정부는 막대한 예산을 퍼부어 4대강에 대한 난폭한 토목공사를 서두르고 있다. 경제 활성화를 위한 것이라는 그들의 말을 액면 그대로 믿는다 하더라도, 공사에 관련된 지극히 복잡한 생태적·사회적 영향들에 대한 충분한 지식도, 세심한 고려도 없이 단행되는 이 거창한 프로젝트의 장기적인 결과가 어떻게 될지, 심히 두렵고 두려울 뿐이다. 게다가 이 무지막지한 짓을 "전광석화

같이, 질풍노도처럼" 밀어붙여야 한다는 게 아닌가. 이 극단적인 사고(思考) 불능과 생태적 교양의 완전한 결핍을 어떻게 해야 할까. (시사IN, 68호 2009-1-3)

농민을 존경하는 사회로

대학을 그만두기 전 몇해 동안 나는 내 강의를 듣는 학생들이 학기 중에 꼭 농촌체험을 해보도록 권장했다. 영문학 시간에 농촌을 다녀오라고 하니 학생들은 어리둥절해했지만, 나는 문학공부를 제대로 하기 위해서도 농촌체험이 중요하다고 설득했다. 학생들은 도리 없이 내 권유를 받아들여 며칠씩 농사일을 거들고 돌아왔다. 물론 특별한 사정이 있거나 내켜 하지 않는 학생들은 예외였다.

나는 인근 농촌 마을들에 연락하여 협력을 구했고, 수십 명의 학생들은 몇 명씩 나누어 농가에서 며칠 동안 먹고 자면서, 일하다가 돌아왔다. 농민들은 농사일을 돕기는커녕 망쳐놓을지 모른다는 것을 알면서도 쓸쓸한 마을에 젊은이들이 온다니까 반갑게 맞아주었다. 시골에서 돌아온 학생들은 대개 많은 것을 느꼈다고 소감을 말했다. 그중에는 농촌의 절망적인 실상을 처음 경험하고 몹시 마음 아파하는 학생들도 있었다.

예전에 우리 대학생들에게는 농활이라는 관습이 있었다. 아마 식민지시대부터 시작되었던 이 관습은 한국이 산업국가로 부상하면서 점차 사라져, 오늘날에는 극소수 외에 농활에 관심이 있는 학생은 없다. 그러나 실은, 지금은 과거 어느 때보다도 훨씬 더 농촌체험이 대학생들에게 중요한 의미가 있다고 나는 생각한다.

원래 인간의 진정한 행복에는 육체적인 노동이 필수적이다. 이것은 예로부터 선각자들이 늘 말해왔고, 우리들 각자의 체험에 비춰보아도 부인할 수 없는 진리이다. 그리고 이른바 지식인이라고 하면서 자신과 자신이 속한 공동체의 존속을 위한 토대 중의 토대라고 할 수 있는 농촌과 농민의 구체적인 현실을 모르고 평생을 지낸다는 것은, 한마디로, 죄악이라고 할 수밖에 없다. 그러한 무지와 무관심이 결국은 이 사회의 온갖 불행과 재앙의 근본원인이라고 할 수 있기 때문이다.

그러나 지금은 그보다 더 화급한 현실문제가 있다. 그것은 온 세계가 직면하고 있는 농업붕괴라는 위기현상이다. 물론 최근의 국제 곡물 시세의 급격한 등락은 금융자본의 투기현상에 의한 것이었다는 해석은 설득력이 있다. 하지만 투기와 관계없이 지금 세계의 농업이 벼랑 끝에 놓여 있다는 것은 변함없는 진실이다. 수십 년 동안 산업영농과 농산물 시장 완전개방을 강요해온 '자유무역' 논리 때문에 세계 전역에서 토지가 급속히 사막화하고 있고, 기후변화로 작물 생육환경이 갈수록 악화하고 있다. 당장에 돈이 된다면 장기적인 결과가 어떻게 되든 아랑곳하지 않는 이 시대의 고질적인 병리현상이 결국 인간생존의 궁극적 토대인 농사마저 이토록 망쳐놓은 것이다.

지금이라도 최악의 상황을 막으려면 땅과 흙을 살리는 일에 집중해야 한다. 하지만 농사라고 해서 다 농사가 아니다. 땅과 흙을 잘 보살필 수 있는 사람, 즉 소농과 그들의 공동체만이 지속적인 농사를 할 수 있다는 사실을 우리는 알아야 한다. 흙은 만물을 기르는 어머니지만, 정성스럽게 보살피지 않으면 결국 죽어버리는 연약한 생명이다. 인류사회는 이 생명을 지키는 데 평생을 바치는 농민과 그들의 공동체 덕분에 장구한 기간 인간다운 문화를 유지해올 수 있었던 것이다.

이대로 가면 우리는 조만간 1990년대 이후 이북이 겪어온 것과 같은 극심한 기아상황을 면치 못하게 될 것임이 분명하다. 이제 우리는 삶의 원점으로 돌아가 무엇이 정말 중요한 가치인지 겸허하게 돌아볼 필요가 있다. 이런 점에서 이북과 비슷한 상황에 직면하여 유기농체제로 전면적인 전환을 함으로써 파국을 면한 쿠바의 경우는 소중한 선례가 된다. 건강한 사회란 무엇보다 농민을 존경하는 사회이다. 지금 쿠바에서는 농민이 대학교수보다 수입이 훨씬 많다고 한다.(한겨레, 2009-1-10)

'녹색'은 '성장'과 공존할 수 없다

외신에 따르면, 요즘 오스트레일리아는 엄청난 고온 현상에 시달리고 있다고 한다. 섭씨 45도를 넘는 날이 계속됨으로써 더위에 목숨을 잃는 사람도 적지 않다는 것이다. 여름 날씨라도 오스트레일리아 대륙의 평상시 기온이 이렇게 살인적인 수준까지는 오르지 않는다. 메마른 대륙 내부의 사막지대 얘기가 아니라, 쾌적한 남부 해안지대가 이렇게 되었다는 것이다. 게다가 여러 해 연속된 극심한 가뭄으로 주요 도시에는 먹는 물도 배급제를 고려해야 할 상황이라고 한다. 과학자들은 이것을 지구온난화의 영향으로 판단하고 있다.

제아무리 선진 문명이라고 해도, 기후변화 앞에서는 속수무책일 수밖에 없다. 문제는 이 기후변화가 이제 국지적인 게 아니라 전세계적으로 밀어닥치고 있다는 점이다. 남태평양의 산호초 섬 투발루가 해수면 상승으로 물에 잠길 위험에 처하자 그곳 주민들은 오스트레일리아정부의 호의로 오스트레일리아 대륙으로 이주하는 게 가능했다. 하지만 만일 오스트레일리아 대륙이 거주 불능 지역이 된다면 이 사람들은 어디로 갈 것인가. 아마 그때는 오스트레일리아뿐만 아니라 세계 도처에서 환경난민이 들끓고, 온 세계는 묵시록적 풍경을 드러내고 있을지 모른다.

기후변화에 대한 경고는 오래전부터 있었지만, 이 예고된 재앙에 대해서 문명사회는 경악할 만큼 굼뜨고 어리석은 반응으로 일관해왔다. 오랫동안 세계의 권력엘리트들은 산업경제의 확대와 지구온난화 사이의 연관관계를 부인해왔고, 설령 어떤 연관관계가 있다고 해도 '경제'를 희생할 수는 없다는 태도를 고집해왔다. 그 대표적인 존재가 미국의 조지 부시 행정부였다. 부시는 기후변화에 대처하려는 인류 공동의 노력을 끊임없이 좌절시켰다. 부시의 재임기간 8년은 어쩌면 결정적인 기간이었을지도 모른다. 부시가 미국 대통령에 취임하던 8년 전만 해도, 과학자들은 아직 기후변화의 회피 가능성에 대해 말하고 있었다. 그러나 지금은 기후변화의 불가피성이 기정사실화되었다. 다만 최악의 상황만은 피해보자는 게 현재 이 문제를 생각하는 사람들의 시나리오가 된 것이다.

부시로 인해 잃어버린 시간이 오바마에 의해 벌충될 수 있을까? 오바마 정부의 화급한 현안이 '경제위기'의 극복에 있는 한, 전망은 어둡다고 하지 않을 수 없다. 실제로 지금 오바마 정부가 말하고 있는 '녹색뉴딜'은 환경도 고려하고, 경제도 살리겠다는 의도로 구상된 것이겠지만, 이것이 과연 기후변화라는 가공할 재앙에 대한 적절한 대응이 될지 심히 의심스럽다.

문제를 풀자면, 문제의 성격에 대한 정확한 이해가 있어야 한다. 지금 현안이 되어 있는 기후변화를 비롯한 생태위기는 결국 산업경제의 글로벌화에 따른 것이고, 이 산업경제는 자본주의 논리에 의해 작동되고 있다. 그런데 자본주의란 가차없는 경쟁, 이윤추구를 위한 전력 질주의 체제이다. 이 체제에 자기절제는 있을 수 없다. 따라서 유한한 자원과 에너지의 무

한 소비를 강제하는 이 체제로 생물권이 파괴·오염되고, 공동
체가 파괴되며, 인권이 유린되는 것은 필연적이다. 장기적으
로, 인간다운 삶의 토대인 생태계와 자본주의체제가 공존할
수 없다는 것은 명백하다.

지금 세계적인 경기후퇴는 자본주의의 성장 동력이 잠시나
마 정체한다는 점에서 좋은 기회라고 할 수 있다. 세계가 자본
의 논리를 넘어 인간답게 살 수 있는 방안을 찾아낼 수 있는
결정적인 계기가 될 수 있기 때문이다. '녹색뉴딜'이니 '녹색
성장'이니 하는 것은 결국 말장난일 뿐이다. 왜냐하면 그것은
종래의 성장논리에서 조금도 벗어난 것이 아니기 때문이다.
원래 '녹색'이란 '성장'과 양립할 수 있는 개념이 아니다. (한겨
레, 2009-2-7)

'경제 살리기'의 야만성

학교에서 문학을 읽고 가르치는 것 말고는 아무것도 몰랐던
내가 1991년 가을에 《녹색평론》을 창간하게 된 데에는 여러가
지 이유가 있었다. 1990년대로 접어들면서 이 나라는 군사독
재의 질곡으로부터 벗어나고 있었고, 그런 점에서 민주화의
일차적 과제는 성취된 셈이었다. 이런 상황에서, 때마침 구공
산권의 몰락이라는 역사적 사건에 직면하여 한국의 지식인 사

회는 큰 충격과 혼란을 경험하고 있었다. 하지만 나는 이제야말로 본격적인 토론을 시작해야 할 가장 중요한 문제가 있다고 생각했고, 그래서 《녹색평론》 창간을 결심했던 것이다.

그러나 내가 생각했던 것은 단순히 환경보호 문제가 아니었다. 물론 그 무렵 이미 한국사회에는 고도 경제성장에 의해 숱한 환경문제가 노정되고 있었다. 그리고 이것은 인간다운 삶의 지속을 위해서 마냥 방치해둘 수 없는 심각한 수준에 이르러 있었다. 하지만 내가 보기에 더욱 심각한 것은 경제발전을 통해서 이 사회가 궁극적으로 가고자 하는 방향이 과연 무엇인지, 참으로 알 수 없는 상황으로 점점 깊이 빠져들고 있다는 사실이었다.

그런 고민 속에 지내고 있던 내게 1991년 봄에 일어난 한 사건은 참으로 충격적이었다. 그것은 전국 각지에서 농민들이 다 자란 보리밭을 태워버린 사건이었다. 꽤 오래전 일이지만, 나는 지금도 그때 받았던 충격을 생생하게 기억하고 있다.

이 사회에서 그동안 환경이 걷잡을 수 없이 망가지고, 공동체가 파괴되고, 인간성이 왜곡되는 희생을 치르면서도 경제성장의 논리가 정당화되어온 것은 '가난'을 벗어나려는 뿌리 깊은 욕망 때문이었다. 그리고 전통적으로 수많은 한국인에게 '가난'이란 무엇보다도 '보릿고개'로 표상돼왔다. 묵은 곡식이 떨어지고 보리는 아직 여물기 직전 4~5월 동안은 실제로 굶주리는 사람이 부지기수였다. 그 시련 속에서 사람들은 '보릿고개'만 넘으면 된다는 이야기로써 굶주림의 고통을 서로 달랬던 것이다. 그렇게 '보리'는 한국인들에게 각별한 의미를 가지고 있었다.

그런데 이제 경제발전에 성공하여 '선진국'을 지향한다는 사회에서 그 보리를 불태우지 않으면 안되는 기막힌 사태가 발생한 것이다. 예전이라면 상상도 할 수 없는 이런 사태의 배후에는, 말할 것도 없이 경제논리가 있었다. 농민들에게는 수확해봐야 '돈이 되지 않는' 보리를 아예 태워버리는 게 오히려 더이상의 경제적 손실을 막는 상책이었다. 이 세상에 어떤 농민이 자신의 작물을 이렇게 망가뜨리고 싶겠는가. 그만큼 농민의 처지는 벼랑 끝으로 몰려 있었던 것이다.

하지만 그렇다고 해서 그 행동이 찬미될 수 있는 것은 아니었다. 오랫동안 우리는 농심(農心)이 천심(天心)임을 당연지사로 여기는 문화 속에서 살아왔다. 그러나 이른바 경제발전 과정에서 농사는 어느새 이 사회에서 가장 천대받는 일이 되고, 농심은 망가져버린 것이다. 오늘날 우리는 슈퍼마켓에서 휴지를 사듯 쌀을 사고, 휴지를 소비하듯이 쌀을 소비한다. 우리는 오로지 돈만 있으면 되지, 땅이 훼손되든 공동체가 무너지든 인간성이 황폐화되든 아무런 상관이 없다는 태도로 살아가고 있다. 우리가 도달한 지점은 크나큰 불경(不敬)의 삶인 것이다. 불경의 삶이란 '거룩한 것'에 대한 감각을 상실한 삶이다. 그리하여 우리는 존재의 근원으로부터 절연된 채, 어떠한 확고히 뿌리내릴 지반도 없이 떠도는 난민이 되어버렸다.

실제로 지금 이 나라에서 끊임없이 발생하는 해괴한 일들은 이곳에 뿌리박고 살고자 하는 사람들이라면 도저히 이해할 수 없는 것이 대부분이다. 그 가운데서 가장 이해할 수 없는 것은, 이 나라를 이끌어가고 있는 권력자들이 드러내는, 공생의 삶의 논리에 대한 거의 완벽한 무지와 무관심이다.

그들에게 이 나라의 모든 땅은 투기의 대상 외에 아무것도 아니며, 풀뿌리 민중은 선거 때나 적당히 비위를 맞추면 되는 단순한 소모품일 뿐이다. 그렇지 않다면, 재개발 논리를 내세워 서민의 생활터전을 빼앗는 만행이 이렇게 오래 계속될 리 없었다. 그것도 모자라 이제 사람들이 불에 타 죽는 끔찍한 사태까지 오고 말았다. 그런데 이 사태(용산참사)에 대한 궁극적인 책임을 져야 할 국가권력은 사건이 발생한 지 열흘이 지나도록 '사과' 한마디 하지 않고 있다. 보리도 아니고 사람이 불에 타 죽는 끔찍한 일이 일어났는데도, 그들은 '경제 살리기'가 중요하다는 말만 반복하고 있다. 과연 그들이 살리겠다는 경제는 누구를 위한, 무엇을 위한 경제인가?(시사IN, 73호 2009-2-7)

보수파의 양심

글로벌경제의 위기가 심화됨에 따라 온 세계가 걷잡을 수 없는 혼돈에 빠질 가능성이 점차 커지고 있다. 그러나 국가와 사회에 따라 이 위기상황에 대한 반응이 저마다 다르게 나타

나는 것은 흥미롭다. 사실, 비상사태에서 사물의 본질이 가장 잘 드러나는 법이다. 그러니까 위기상황에 대응하는 방식에서 야말로 한 국가나 사회의 지적·정신적·도덕적 역량이 숨김없이 표현될 수밖에 없다고 할 수 있다.

주목할 것은 경제발전 방식에서 여러모로 한국의 모델이 되어온 일본사회의 최근 동향이다. 이미 국내의 언론을 통해서도 널리 알려졌지만, 지금 일본에서는 특히 젊은이들 사이에서 자본주의경제 시스템을 근본적 각도에서 묻는 저술들이 큰 인기를 얻고 있다고 한다. 예를 들어, 지난 수십 년간 거의 무시돼온 맑스의 《자본론》과 그 해설서들이 다시 빛을 보기 시작하고, 80년 전에 쓰인 일본의 대표적인 프롤레타리아 소설 《해공선(蟹工船)》(1929)이 베스트셀러가 되었다는 것이다.

뿐만 아니라 정당정치에 대한 불신이 팽배한 지금의 일본에서 유일하게 공산당이 약진하고 있다는 소식이다. 작년 한 해 동안 공산당에 가입한 시민이 1만 5천 명을 넘고, 그것도 대부분 20~30대 청년이라는 것이다. 이러한 당세의 신장은 일본공산당이 신자유주의 경제정책 밑에서 갈수록 심화되는 사회적 격차와 대중의 궁핍화 현상을 가장 열심히, 그리고 진지하게 비판하고, 그 대안을 제시해왔기 때문이라고 한다.

일반시민들의 이러한 반응 외에 지식인들의 자세도 주목할 만하다. 우리들 한국인에게 특히 놀라운 것은 보수 우파 지식인들에 의한 신자유주의 혹은 나아가 자본주의 자체의 근본적 야만성을 지적하는 목소리들이다. 극우파 신문 지면에서도 "끊임없는 탐욕과 이윤추구가 계속된 결과 사회 자체가 심각한 불안정성에 빠진" 현상을 지적하는 목소리가 나올 정도이다.

교토(京都)대학에서 사회사상을 가르치는 보수파 지식인 사에키 게이시(佐伯啓思)는 〈산케이(産經)신문〉 칼럼(2008년 7월 31일)에서 《자본론》 판매 증가 현상의 의미를 진단하면서, "맑스의 망령을 잠재우기 위해서는" "오늘의 경제가 맑스가 말한 것과 같은 착취경제 양상을 노정하고 있다는 사실을 인정해야 한다"라고 말한다. 전직 외교 공무원으로 현재 일본에서 가장 활발한 언술활동을 전개하고 있는 사토 마사루(佐藤優)도 마찬가지이다. 그는 자신의 정치적 입장이 보수 우파라고 공공연히 천명하면서도, 일본사회가 "점점 격차사회의 지옥으로" 빠져든다고 우려하면서, 이 상황이 계속되면 파시즘이나 쿠데타가 발생할 가능성이 높다고 최근 저술들에서 되풀이해서 경고하고 있다. 그에 따르면 지금 시급한 과제는 사회민주주의 노선의 채택이라는 것이다.

이런 일련의 흐름에서 아마도 가장 극적인 경우는 나가타니 이와오(中谷巖)라는 하버드대 출신 경제학자의 '전향'일 것이다. 그는 역대 자민당 정부의 신자유주의 경제정책의 핵심 자문역을 맡았던 이론가이다. 그런 그가 지난 연말 출간된 《자본주의는 왜 자멸했는가》(2008)라는 책에서 "신자유주의 사상은 사회를 분열시키고, 인간 사이의 유대를 해체하는 위험사상"임을 지적하면서 자신의 과오를 솔직히 반성하고 있다.

물론 이것은 몇몇 예외적인 지식인들의 경우일지도 모른다.

하지만 이 현상은 현재 일본 지식사회의 일반적인 분위기를 어느 정도 반영하는 지표임에 분명하다. 말할 것도 없이, 지금 일본사회도 출구가 보이지 않는 폐색상황에 갇혀 있다. 그러나 일부나마 보수파 지식인들의 이러한 자기성찰적 자세는 언젠가 건강한 공동체의 회복이 가능하다는 것을 암시하는 신호로 여겨질 수 있다.

그러나 유감스럽게도 한국의 보수파 지배층은 이미 자멸의 논리로 판명된 신자유주의 논리에 여전히 집착하고 있다. 아니, 민영화, 규제철폐, 부유층 감세, '자유무역' 확대를 골자로 하는 신자유주의 정책을 더욱 강화하기 위해 광분하고 있다. 명백히 시대착오적인 이 우행(愚行)의 원인이 정확히 무엇인지 나는 모른다. 하지만 이 어리석음의 필연적인 결과는 공멸밖에 없다는 것은 확실하다.

이미 실효를 잃은 상투적인 논리로 파국을 면할 수 있다고 믿는 것은 광기이거나 망상일 뿐이다. 다가오는 파국을 막기 위해서 가장 긴급한 것은 사회적 양심과 이성의 소리에 귀 기울이려는 겸손한 자세일 것이다. 삶터를 빼앗기지 않기 위해 저항하다 불에 타 죽은 원혼들을 위로하기는커녕 되레 그들의 '폭력성'을 비난하는 뒤틀린 인간성으로 뭘 어떻게 하자는 것인가?(시사IN, 76호 2009-2-28)

사이비 학자들의 퇴출을 위하여

오늘날 한국의 대학은 존경의 대상이 아니라 경멸의 대상이 되었다. 사람들이 대학에 대해 품고 있는 근본적인 불신은 대학 그 자체의 중요성을 부인하기 때문이 아니다. 본래 대학은 객관적인 지식의 축적을 근거로 보편적인 진리에 봉사하기 위한 목적으로 설립된 공기(公器)인 이상, 건전한 사회의 유지와 발전을 위해서 필수적인 기관이라고 할 수 있다. 그러므로 대학이 제대로 된 역할을 하자면 무엇보다도 '큰 학문'의 세계에 대해서 사심 없이 헌신하는 연구자들이 대학의 주류를 이루고 있어야 한다. 하지만 지금 대학을 지배하고 있는 것은 돈과 권력과 세속적 명예에 대한 끝없는 탐욕이다.

신자유주의라는 야만적인 경제논리가 활개를 치는 상황에서 세계 전역에서 대학은 끊임없이 왜곡되어왔지만, 한국의 대학은 특히 이런 경향에 극도로 취약한 체질을 드러내었다. 한국 사회 자체가 극단적인 성장과 경쟁 논리에 지배되어온 이상, 이것은 불가피한 현상인지도 모른다.

그 결과, 최근 상지대 총장에서 물러난 김성훈 교수의 말을 빌리면, 지금 한국의 대학은 "용역이라면 사족을 못 쓰는" 사이비 학자들의 집합처가 돼버렸다. 농업경제학자인 김성훈 교수는 오늘날 한국의 농촌과 농민들에게 진정한 '우군'이 돼야 할 농업 관계 학자들이 곡학아세를 일삼으며 한국농업을 절망의 수렁으로 빠뜨리고 있는 현실을 개탄하면서 이 말을 하고 있지만, 이것은 거의 모든 분야에 걸친 학자, 지식인들에게도 해당되는 이야기일 것이다.

이런 상황에서, 양심적인 학자들이 갈수록 소외되고, 나아가서는 아예 대학에 진입조차 하지 못하는 것은 당연하다고 해야겠지만, 이 현실 자체는 우리 모두에게 불행이자 재앙이라고 할 수밖에 없다. 그런 의미에서 내가 알고 있는 40대 초반의 한 학자의 이야기는 특별히 예외적인 것이 아닐지 모른다.

김 아무개는 본래 학부시절 국문학을 전공했으나, 문학을 좀더 깊이 있게 공부하고 싶다는 욕망 때문에 석사과정에서는 중국문학을 전공하고, 그 후 일본 유학길에 올라 도쿄(東京)대학에서 러시아문학을 공부했다. 그리고 그 도쿄대학에서 강의를 하고 있던 한 이탈리아인 교수의 영향을 받아 이탈리아어를 배우고, 중세 및 르네상스기의 유럽 문학에 심취하게 되었다. 그의 끊임없는 지식욕과 학구열은 이에 멈추지 않고 고대그리스 및 로마 문학에 대한 학습으로 이어졌다. 그리하여 그는 일본에서 10년 넘게 체류하면서 10개 이상의 외국어를 익혔다. 그러고는 재작년에 〈18세기 러시아 시에 대한 호라티우스의 영향〉이라는 논문을 써서 박사학위를 받고 귀국했다.

그런 그가 막상 돌아와 보니 일할 자리가 없었다. 그는 귀국후 1년 동안 시간강사 자리라도 얻기 위해서 동분서주했지만, 그에게 기회를 제공해줄 수 있는 대학은 하나도 없었다. 그는 실망하고 고향으로 내려갔다. 그러나 공부에 대한 갈증과 욕망이 조금도 줄어들지 않은 그는 자신의 평생 공부를 위한 생계수단으로 숙련 육체노동을 생각했고, 그래서 몇달 동안 석공 일을 배웠다. 하지만 결국 그는 그 일이 자신에게는 무리라는 사실을 알았다. 얼마 전 나와 만났을 때, 그는 최근에 어떤 출판사의 의뢰로 그리스 고전 작품 한 편을 번역하는 기회를 갖게 되었다고 어린애처럼 기뻐하고 있었다.

오래된 이야기이지만, 네덜란드 여왕이 영국의 가장 우수한 과학자들이 모여 있는 그리니치천문대를 방문했을 때이다. 안내를 맡은 천문대장이 매우 허름한 옷을 입고 있는 것을 보고 여왕은 자신의 친구인 엘리자베스 여왕에게 천문대 과학자들의 봉급 인상을 건의하겠다고 말했다. 그러자 천문대장은 천문대 과학자들에게 높은 급료가 지불된다면, 사이비 과학자들이 곧 천문대를 점령하게 될 거라고 하면서 간곡히 만류했다.

이 에피소드에는 오늘의 대학을 정상화하기 위한 명쾌한 방안이 암시되어 있다. 즉, 우리 대학들을 정말 양심적인 학자들의 서식처로 만들려면 교수들의 봉급을 대폭 낮추면 되는 것이다. 그렇게 되면 돈과 권력과 헛된 명예에 대한 욕망 때문에 대학에 몰려들어 있는 수많은 사이비 학자들은 절로 사라지기 시작할 것이다. 그 대신 정말 공부하는 게 좋아서 공부에 열중하는 학자들은 가족과 함께 최소한 생활유지가 가능한 수준의 봉급만으로도 얼마든지 만족하면서 대학에 남아 연구와 교육에 헌신하게 될 것이다. 그런 사람들이 안심하고 대학의 주인 노릇을 할 때라야 희망이 있는 사회가 될 것임은 길게 말할 필요가 없다. (시사IN, 79호 2009-3-21)

지역화폐, 자주적 협동운동의 도구

경제공황기는 민초들에게는 대재앙이지만, 자본주의 그 자체에는 모처럼의 대청소 작업을 통한 체질 강화로 활력을 되찾는 계기가 될 수 있다. 실제로 자본가들과 부유층이 공황이라고 해서 민초들처럼 온갖 시련과 고통, 인간적인 모멸을 겪는 일은 별로 없다. 오히려 그들은 구제금융의 혜택을 누리고, 대대적인 해고·감원 조처를 마음대로 강행할 수 있다. 결국 문제는 풀뿌리 민중의 운명이다.

흔히 1930년대의 대공황이 극복된 것은 뉴딜정책 혹은 결정적으로는 2차 세계대전 때문이었다고 말한다. 그러나 우리는 바로 이 시기에 풀뿌리 지역 차원의 매우 창조적이고 생산적인 활동이 있었다는 사실을 기억할 필요가 있다. 그것은 유럽과 미국의 많은 공동체에서 활발히 전개된 다양한 형태의 자립적 협동·연대 운동이었다.

그중에서도 특히 주목할 것은 지역화폐운동이었다. 지역화폐는 국가화폐 대신 특정 지역에서만 통용되는 돈을 구성원끼리의 합의에 의해 사용함으로써 침체된 지역경제를 살려낼 뿐아니라, 무엇보다 지역민의 노동성과를 외부로 빼앗기지 않고 지역 내에서 축적·순환하게 하는 뛰어난 도구이다.

원래 인류사회에서 돈은 교환 수단으로 탄생했다. 그런데 그것이 어느새 치부와 축재, 권력행사의 수단이 됨으로써 악덕의 근원이 되고, 지금은 인류사회 전체의 존명을 위태롭게 하는 원흉이 된 것이다.

지역화폐는 권력행사의 수단으로서의 돈을 배제하고, 교환수단이라는 돈의 본래 기능에 충실하게 고안된 것인 만큼 당연히 이자(利子)가 붙지 않는다. 게다가 어떤 지역화폐는 화폐를 오래 가지고 있으면 손해를 보도록 설계되어 있다. 대표적인 예가 1932년 7월부터 오스트리아의 소도시 뵈르글에서 시행된 실험이었다.

당시 인구 5천 명 정도였던 이 도시는 심각한 불황 속에 실업자가 넘치고, 세수(稅收)는 격감하고, 도시재정은 파탄상태였다. 그래서 뵈르글시의회는 당시 시장의 제안에 따라 지역화폐를 발행키로 의결하여, '노동증서'라는 지폐를 찍어 보급했다. 증서의 뒷면에는 "여러분, 쌓인 채 순환하지 않는 화폐는 세계를 큰 위기에, 인류를 빈곤 속으로 빠뜨렸습니다. 노동을 하면 그에 합당한 대가가 주어져야 합니다. 돈이 일부 사람들의 독점물이 되어서는 안됩니다. 이 목적을 위해 뵈르글의 노동증서가 만들어졌습니다. 빈곤을 타파하고, 일과 빵을 주려는 것입니다"라는 글이 인쇄되어 있었다.

공공시설의 정비와 건설에, 공무원의 급여에 이 화폐를 지불하자, 이 돈은 즉시 빠른 속도로 시 전역을 회전하기 시작했다. 소비가 촉진되고, 경제가 살아나고, 세수가 늘어났다. 그런데 이 신속한 화폐순환의 비밀은 '노동증서'에 첨부된 스탬프에 있었다. 이 증서는 효력을 유지하려면 매달 초에 액면가의 1퍼센트에 해당하는 스탬프를 사서 첨부하도록 고안되어 있었다. 다시 말해, 한 달에 1퍼센트씩 가치가 감소하는 지폐이기 때문에 소지자는 빨리 그 돈을 사용하지 않으면 벌금을 물어야 하는 시스템이었다.

'스탬프 화폐'라는 아이디어는 원래 독일 출신 경제이론가 실비오 게젤(1862-1930)의 것이었다. 게젤에 의하면 "골수에서 만들어진 피가 순환한 뒤 역할이 끝나면 배설돼야 건강이 유지되듯이 돈도 경제라는 유기체를 순환하고 소멸돼야 건강한 경제가 유지될 수" 있다는 것이다. 그래서 화폐 보유기간을 설정해서 그것을 초과하면 세금을 무는 방식을 게젤은 생각했고, 이 아이디어의 실효성은 뵈르글에서 실제로 증명되었다. 그러나 뵈르글의 성공을 모방하려는 주변 도시들이 늘어나자, 오스트리아정부는 화폐 발행이 국가의 독점적 권리라고 주장, 지역화폐운동을 금지해버렸다. 이로써 뵈르글의 실험은 14개월 만에 중지되었다.

같은 시기에 북미에서도 지역화폐운동이 활발하여, 한때 미국 전역에서 발행된 '자주통화'는 3천여 종에 이르렀다. 그렇게 보면 대공황은 단순한 혼란과 시련이 아니라, 풀뿌리 민중이 자주적인 삶을 능동적으로 개척하는 창조의 시간이었다고 할 수 있다.

물론 국가권력은 기본적으로 분권 지향적인 이 자주적인 협동운동을 달가워할 리 없다. 그래서 루스벨트 정부 역시 지역화폐운동을 금지하고, 그 대신 뉴딜이라는 국가 차원의 프로젝트를 전개했던 것이다. 만약 민중의 협동운동을 정부가 장려했더라면, 어떻게 되었을까? 세계는 좀더 안정되고 평화로운 곳이 되지 않았을까? 그러나 이것이 부질없는 몽상이든 아니든, 민초들의 운명은 궁극적으로 스스로의 깨달음에 의거한 싸움을 통해서만 개선될 수 있을 뿐이라는 것은 어김없는 진리이다. (시사IN, 83호 2009-4-18)

스님의 눈물

도버해협에 해저터널을 뚫는 공사가 시작되기 전인 1980년대 초에 영국의 켄트주정부에 프로젝트팀이 구성되어 있었다. 어떤 기회에 이 팀이 만든 보고서를 들여다볼 수 있었던 한 일본인 사회운동가는 큰 감명을 받았다. 거기에는 터널공사로 일어날 수 있는 영향과 그 대책들이 놀라울 정도로 꼼꼼하게 설명되어 있었기 때문이다.

예컨대, 터널을 통과할 기차가 보통열차일 경우와 특급열차일 경우의 차이, 버스나 대형트럭의 운반 방식에 대한 대책에서부터, 도버역이 세워질 경우 주변의 농촌 경관이 파괴될 가능성이 있는데, 식림이나 다른 방법으로 경관 유지가 어느 정도는 되겠지만 피해 자체를 완전히 막을 수는 없을 것이다, 도버해협 사이를 왕복하는 페리도 심각한 타격을 입을 것이다, 선박 운항에 종사하는 사람들이 새로운 일자리를 찾는 데에는 이러저러한 어려움이 있을 것이다, 또 이 지역에 성행하고 있는 행글라이더 비행과 관광사업에도 상당한 피해가 올 것이다 등등이 자세히 언급되어 있을 뿐만 아니라, 터널을 통해 전염병이 들어올 가능성에 대한 대책, 특히 광견병을 옮기는 박쥐를 어떻게 통제할지에 대한 대비책 같은 것이 상세히 거론되어 있었다.

이 이야기는 오랜 세월 난개발에 무방비로 노출되어온 한국 사회의 상식으로는 사실 좀 낯설다. 아마도 어떤 사람들은 이런 치밀한 사전 조사는 '선진사회'이기 때문에 가능한 것이라고 생각할지 모른다. 그러나 진실은 그 반대일 가능성이 높다. 즉, 선진사회이기 때문에 이게 가능한 것이 아니라, 이렇게 치밀하고 다각적인 사전 영향 조사를 하기 때문에 그 사회가 선진사회로 평가받는 것이라고 해야 옳을 것이다.

경부고속철도 천성산 구간 터널공사를 방해했다는 혐의로 지율 스님이 결국 대법원에서 유죄 선고를 받았다. '도롱뇽 소송' 때에도 그랬지만, 또다시 이 나라의 사법부는 행정권력을 정당화하고 보강하는 일개 부속기관일 뿐임을 스스로 증명해 보여주었다고 할 수 있지만, 그보다 더 가관인 것은 '언론'이 드러내는 근본적인 무지와 그에 기초한 건방진 태도이다.

이 판결을 기다렸다는 듯이 이른바 유력 신문들은 "환경운동이 국책사업의 발목을 잡아서는 안된다"라고 설교조로 말하면서, 지율 스님을 포함한 풀뿌리 환경운동가들을 모욕하고 조롱하는 언사를 함부로 내뱉고 있다. 그리하여 한 비구니의

'생떼' 때문에 몇조 원의 국고 손실이 발생했다고, 아무 근거도 없는 허구적인 수치를 다시 들먹이며 몽매주의의 확산에 기여하고 있다.

내가 알고 있는 한, 지율 스님이 터널공사 자체를 반대한 적은 한 번도 없다. 그는 사찰의 산감(山監)으로서 자신이 누구보다 잘 알고 아끼는 산과 주변의 생태적·문화적 환경이 무분별하게 파괴되는 것을 용납할 수 없었다. 그래서 정말로 양심적이고 책임 있는 '환경영향평가'가 한 번만이라도 실시되기를 원했지만, 속임수와 협잡으로 그 당연한 요구가 계속 좌절되니까 목숨을 건 단식을 결행했던 것이다. 아무리 종교인이라고 하지만, 한 인간이 자신의 개인문제도 아닌데 목숨을 건다는 것은 오늘의 한국 법원이나 언론의 상식으로는 이해하기 어려운 행동인지 모른다. 그러나 사사로운 이익 개념을 뛰어넘은 고결한 덕행이 조롱받는 사회가 인간다운 사회일 수도, '선진사회'일 수도 없다는 것은 말할 필요가 없다.

'4대강 살리기'라는 구호 밑에 전개될 유사 이래 최대의 국토 유린행위가 시작도 되지 않았는데도, 벌써 낙동강 유역은 빠른 속도로 옛 모습을 잃어가고 있다. 그 강변의 오래된 나무들이 무참히 잘려나가고 있는 현장에서 지금 스님은 울고 있다. (한겨레, 2009-5-2)

권력의 거짓말

1945년 11월부터 이듬해 10월까지 독일 뉘른베르크에서 나치의 전쟁범죄와 유태인 대학살의 책임을 묻고 단죄하기 위한 국제군사재판이 열렸다. 전쟁이 끝나면 으레 패자가 무차별 응징을 당하던 오랜 관습을 벗어나서, 이 재판은 전범들에게 자기변호의 기회를 주고, 범죄의 경중을 가려 처벌을 모색했다는 점에서 역사상 획기적인 사건이었다. 게다가 이 재판에서 제시된 주요 원칙들은 이후 인권을 보호하고 국제법의 틀을 견고히 하는 데 새로운 시야를 열어주었다. 실제로, 1948년의 세계인권선언이나 2002년의 국제형사재판소 설치도 뉘른베르크에서 비롯됐다고 할 수 있다. 미국의 대법원 판사 로버트 잭슨(1892-1954)이 트루먼에게 보낸 보고서에서 말했듯이, 뉘른베르크가 인류사에서 '중요한 도덕적 진보'를 일구어낸 재판이었음은 이론(異論)의 여지가 없다.

이 재판의 백미는 당시 미국 측 수석검사로 활약했던 잭슨이 재판 개시와 종결 시에 법정에서 행한 연설이었다. 이 기념할 만한 연설에서 잭슨이 무엇보다 강조한 것은 '국제시민으로서의 책임'이었다. 이것은 당시 핵심적 쟁점이었던 문제, 즉 국가의 법률 혹은 상관의 명령에 따른 행위와 관련해서 개인에게 어디까지 책임을 물을 것인가 하는 데 대한 잭슨의 명확한 답변이었다. 잭슨은 인간의 양심에 근거한 '국제법'이 있고, 이 법은 세계 어디서든 누구나 지켜야 하는 '보다 높은 법'임을 역설하였다.

말할 것도 없이, 잭슨의 논리는 비단 나치 정권뿐만 아니라, 모든 형태의 독재체제에 봉사하는 하수인들 모두에 대한 경종이었다고 할 수 있다. 그런데 지금 돌이켜볼 때 잭슨의 연설에서 정말 흥미로운 대목은, 나치가 저지른 반인륜적인 범죄를 나열하는 가운데 그가 특히 나치의 상습적인 거짓말에 주목했다는 점이다. 나치는 유태인 대량 학살을 '최종적 해결', 전쟁포로 살해를 '특별처리', 강제수용소를 '보호감호', 약자에 대한 잔혹한 가학행위를 '확고한 태도'라고 불렀던 것이다. 잭슨에 의하면, 나치의 이러한 기만적인 언어는 진실을 은폐하고 선량한 시민들을 속일 뿐만 아니라, 결과적으로 평화와 인권을 유린하는 치명적인 수단이 되었다.

그러나 우리 시대의 비극은 나치의 종말과 더불어 이 모든 게 끝나지 않았다는 데 있다. 지금 우리는 뉘른베르크의 교훈에도 불구하고, 독재자에게 빌붙어 권력을 향유하려는 자들이 창궐하고, 나치식의 기만적 '이중언어'가 끊임없이 재생산되는 세계에서 살고 있다. 아마도 오늘날 가장 고약한 '이중언어'의 예는 소위 신자유주의체제가 쏟아내는 말들일 것이다. 우리는 노동자들의 목을 대량으로 자르는 것을 '구조조정', 알짜배기 국유재산을 특권층의 사유물로 만드는 것을 '민영화', 사회적 약자와 자연생태계를 보호하기 위한 최소한의 공적 수단을 무력화시키는 것을 '규제완화', 서민들의 재산을 강탈하는 것을 '도심재개발'이라고 부르는 데 어느새 익숙해져버렸다(서글픈 것은 이 상황의 피해자일 수밖에 없는 사람일수록 이런 기만적인 언어를 몸에 붙이고, 주저 없이 입에 담는 현실이다).

신자유주의가 기만적인 언어를 남용하는 데는 까닭이 있다. 이 체제는 소수의 이익을 위하여 대다수의 희생을 요구하고, 그것을 끝없이 정당화하는 '강탈에 의한 축적 시스템'이기 때문이다. 민초들에게 신자유주의 정책은 나치체제 못지않은 폭력일 수밖에 없고, 그런 한에서 '용산참사'는 결코 예외적인 사건이 아니다. 이런 상황에서 밑으로부터의 저항을 봉쇄하기 위해 권력은 공안통치에 의존하지 않을 수 없다. 그러나 무력만으로는 질서를 유지할 수 없고, 대중에 대한 설득작업도 필요하다. 그 결과의 하나가 지금 우리가 귀에 못이 박히도록 듣고 있는 갖가지 완곡어법을 통한 기만적인 용어들인 것이다.

가관인 것은, 이제 한 걸음 더 나아가, 국가권력이 스스로 '녹색'으로 분장하기 시작했다는 사실이다. 그들은 국민적 동의는 물론, 아무런 치밀한 사전 조사도 없이 유사 이래 최대의 국토 파괴행위를 '4대강 살리기'라는 이름으로 추진하면서, 이것을 세계가 알아주는 '녹색뉴딜' 사업이라고 떠벌리고 있다. 또한 그들은 민주주의의 근간을 무너뜨릴 게 분명한 법안의 통과를 획책하면서 '미디어육성법'이라고 부르고 있다. 물론 이 모든 게 말장난이라는 것을 우리는 잘 알고 있다. 그러나 이 거짓말에 길들여지면, 언젠가는 우리 자신의 감각도 둔해질지 모른다. 권력의 거짓말은 가소롭다기보다 무서운 것이다. (시사IN, 87호 2009-5-16)

아직 멀었다

마음이 몹시 아프다. 밥도 못 먹고, 잠도 못 자고, 아무것도 못할 지경이 되었다고 하지 않았는가. 하기는 선물로 받은 시계를 검찰수사가 시작될 때 논두렁에 버렸다는 참으로 치욕스러운 얘기까지 나오는 것을 보고, 나는 자존심 강한 사람이 저 모욕을 어떻게 견딜까 하는 생각을 하지 않은 게 아니다. 아무리 꺾어버리고 싶은 정적(政敵)이라도 그렇지 현직의 권력자가 자신의 전임자에게 이런 모질고 야만적인 공격을 해댄다는 게 과연 21세기의 소위 '문명사회'에서 가능한 일인가?

결국, 우리사회가 진실한 문명사회로부터 너무나 멀다는 얘기인 것이다. 지금 이 나라는 적어도 인간사회라면 반드시 지켜야 할 최소한의 예절과 법도마저 찾아볼 수 없게 된 사회가 돼버렸다. 이 사회가 정말로 정신적으로, 문화적으로 성숙한 사회를 지향한다면, 이런 일이 일어났을 리가 만무하다. 하여튼 우리는 사람이 사람을 어떻게 대해야 하는지 아무것도 모르고 살고 있음이 분명하다.

러일전쟁 때의 일화이다. 러일전쟁의 영웅으로 지금도 일본인들이 기리는 육군대장 노기 마레스케(乃木希典, 1849-1912)는 자신의 두 아들을 포함한 수많은 병사의 희생 끝에 뤼순(旅順) 함락에 성공했을 때, 러시아군 지휘관 스테셀의 항복을 받는 자리에서 적장(敵將)의 자존심을 건드리지 않고 지극히 공손한 자세로 대했던 것으로 유명하다. 그는 패장이 무장해제를 당하지 않고 회담장에 들어오도록 배려했고, 러시아군의 용기와 전술의 훌륭함을 아낌없이 칭송했다. 게다가 본국으로 돌아간 스테셀 장군이 군법회의에서 사형선고를 받자, 노기 대장은 파리 주재 일본대사관의 무관을 통해 스테셀 구명운동을 전개하기도 했다.

전쟁이라는 절체절명의 엄혹한 상황에서, 게다가 자신의 아들들이 목숨을 잃었는데도 상대에 대한 예를 잊지 않아야 한다고 생각하는 것, 이런 정신적 기율이야말로 인간을 드높이는 소중한 자산이다. 그리고 이것은 저절로 되는 게 아니라, 오랜 세월에 걸친 인문적 교양과 문화적 축적의 결과라는 것은 말할 필요가 없다.

균형감각 역시 그러한 축적 없이는 불가능한 자질이다. 지금 특히 평범한 사람들이 친근감을 느꼈던 전직 대통령의 돌연한, 그리고 비극적인 죽음을 깊이 슬퍼하고 안타까워하는 것은 당연한 일이다. 그리하여 그를 추모하고 애도하는 말과 글들이 폭포처럼 쏟아지는 것은 극히 자연스럽다고 할 수 있다.

그러나 책임 있는 지식인들에 의한 공식적인 추도문은 여하한 상황일지라도 공정하고 균형 잡힌 것이어야 한다. 아무리 고인에 대한 추모의 감정이 간절할지라도 사사로운 개인이 아니라, 공적 인물에 대한 추도문이라면 충분한 예를 갖추되 그 생애와 업적에 대한 묘사는 엄정한 것이 되지 않으면 안된다.

사실 공적 인간의 죽음을 기록하는 방식은 그 사회의 정신적·문화적 수준을 가리키는 지표라고 할 수 있다. 이른바 서구 선진사회의 언론들이 주요 인물의 부음을 전할 때 거의 반드시 짧지 않은 추도문(obituary)을 게재하여 그 인물에 대한 때로는 냉혹하기까지 한 평가를 기술하는 것은 공적 공간에서의 인간행동이 갖는 의미의 무거움을 깊이 인식하고 있기 때문일 것이다.

개인 노무현과 그의 이상(理想)은 여러모로 매력적이고 찬탄할 만한 것이었다. 그러나 현실의 정치지도자로서 그는 좀더 신중하고 지혜로웠어야 할 대목이 많았다. "대통령 하기 힘들어서 그만두고 싶다"거나 "권력이 국가에서 시장으로 넘어갔다"는 말은 이 시대 국가의 최고 지도자로서는 절대로 공개적으로 해서는 안될 발언이었다. 뿐만 아니라, 본심이야 어쨌든 그는 서툴고 경솔한 일처리 방식으로, 아마도 역사상 최악의 정권으로 판명될 가능성이 큰 정권의 탄생에 적잖게 기여했고, 그 때문에 마침내 자신도 희생되는 비극이 발생한 것이다. 고인의 명복을 빈다. (한겨레, 2009-5-30)

방법은 역시 보이콧이다

극단적인 소통 불능의 정치상황이 계속되면서, 수많은 시민들이 감당하기 어려운 스트레스와 좌절감 속에 갇혀 지내고 있다. 아무리 많은 사람들이 간절하게 기도를 하고 절규를 할지라도 권력이 귀를 닫고 있는 이상, 이 상황을 타개할 방법이 없다.

일찍이 알제리 식민지해방투쟁의 뛰어난 이론가이자 전사였던 프란츠 파농(1925-1961)이 말한 대로, 폭력은 대화와 설득이 아니라 더 큰 폭력에 의해서만 종식될 뿐인지도 모른다. 하지만 오늘날 근대국가에서 국가 공권력이라는 '폭력'에 맞설 수 있는 더 큰 폭력이 있을 수 있는가?

결국, 아무리 국가권력이 이성을 잃고 전횡을 계속한다 할지라도, 폭력으로 대항한다는 것은 불가능하고 또 옳지도 않다. 해답은 어디까지나 비폭력적 저항일 수밖에 없고, 여기에는 풍부한 선례가 있다.

생각해보면 이 세상에는 본래 선한 권력이란 존재하지 않는다. 다만 권력이 민중에 대한 지배와 수탈을 지속하려면 노골적인 폭압 외에 민중의 자발적인 복종과 동의를 어느 정도는 확보해야 한다. 이게 아마 선정(善政) 혹은 덕정(德政)의 실체일 것이다. 어리석은 권력은 끝내 민중의 목소리를 거부하다가 자멸하기 마련이지만, 이 이치를 권력이 깨닫지 못하고 폭압을 멈추지 않는다면, 거기에 맞서는 제일 좋은 방법은 그 권력을 인정하지 않는 것이다.

사실 민중이 그 권위를 인정하고 복종하지 않는다면 권력이 성립할 수 없는 법이다. 그래서 필요한 게 가장 확실한 '약자의 무기', 즉 보이콧이다. 엊그저께 〈한겨레〉 지면에서 홍세화 씨가 한 이야기가 바로 그것이다('짱돌로 바위 치기', 2009년 6월

24일). 그가 10여 년 전 민주노총 관계자들과 함께 프랑스의 노동운동가들을 만났을 때라고 한다. 그때 무노조 경영을 고집하는 삼성이 화제가 되자 한 프랑스 여성 노동운동가는 대뜸 "한국 민주노총 조합원 60만 명이 왜 삼성제품 불매운동을 하지 않느냐"고 질문했다는 것이다. 그러니까 노동자나 민중이 자신들을 무시하는 권력에 대한 가장 실질적인 대항 수단을 외면하고 있다는 게 문제인 것이다.

따져보면 가난뱅이가 부자를 필요로 하는 것보다 부자가 가난뱅이를 더 필요로 한다. 이 세상에 가난뱅이가 없다면 부자의 권력은 아무 의미가 없고, 또 부자의 부 자체가 형성되지 않는다. 가난뱅이들과 민중이 순응하지 않는다면 자본이든 국가권력이든 맥없이 허물어질 수밖에 없다.

사실 역사는 권력체계가 마비되거나 공백이 생겼을 때 훨씬 더 민중의 삶이 자유로웠다는 것을 증명하고 있다. 민초들은 늘 권력의 지배 바깥에서 상부상조와 협동과 연대의 공동체를 형성함으로써 자기들끼리 얼마든지 풍요로운 삶을 누릴 수 있음을 보여주었다.

오늘날 이 기본적인 상식이 죽어버린 이유는 민중이 스스로의 능력을 믿지 않고, '경제성장'이라는 미신에 붙들려 있기 때문이다. 이른바 국민총생산(GNP)이라는 추상적인 수치가 아무리 증가해봤자 그게 민중의 구체적인 삶을 개선한다는 증거는 전혀 없다. 오히려 국민총생산이란 것이 증가하면 할수록 우리 삶의 토대인 농촌공동체와 아까운 산하(山河)는 돌이킬 수 없이 파괴되고, 사회적 격차는 심화되며, 인심은 험악해지고, 개인은 더욱 무력하고 외로워질 뿐이다.

경제성장 논리란 권력엘리트들이 퍼뜨려놓은 허구적인 덫일 뿐이다. 그럼에도 보수와 진보를 막론하고, 아직도 대다수 지식인과 민중은 경제성장을 좀더 나은 삶의 근본 전제로 의심 없이 받아들이고 있다. 이 전제를 뿌리부터 재검토하지 않는 한, 민중의 사회경제적 자립성과 정치적 자주성의 회복은 불가능하며, 따라서 민주주의의 회복도 요원하다고 할 수밖에 없다. (한겨레, 2009-6-27)

대의제 민주주의가 문제다

권력의 횡포를 규탄하는 목소리가 온 나라에 가득한데도 국가권력은 모르쇠로 일관하는 상황이 계속되고 있다. 역사적 선례로 볼 때, 이런 상황이 장기화된다면 그 필연적인 결과는 권력 자신의 비참한 몰락이라는 것은 말할 것도 없다. 그러나 특정 정치세력의 흥망과는 관계없이, 이 소통 불능의 폐색상황 때문에 치명적인 손상을 입는 것은 결국 우리들 자신의 소중한 삶이다. 따라서 우리는 권력의 독주를 제어하기 위한 싸움을 계속하지 않을 수 없다.

그러나 다른 한편, 정말 중요한 것은 사태 해결을 위한 좀더 근본적인 차원의 성찰이다. 실제로 우리의 민주주의가 집권세력의 교체로 간단히 붕괴될 만큼 취약한 것이라면, 그 취약성의 근본원인이 무엇인지 냉정히 따져볼 필요가 있다. 언제까지나 최고 권력자 개인의 태도가 바뀌기를 기다려봤자 소용없는 일이기 때문이다.

무엇보다 문제 삼아야 할 것은 권력의 전횡을 막을 수 있는 제도적인 장치가 아무것도 없는 현재의 정치체제이다. 우리가 매일 목격하듯이 이 나라에서 지금 삼권분립이란 개념은 허구에 불과하다. 집권세력이 국회까지 장악하고 있는 현실에서 검찰과 법원이 행정권력의 부속물로 전락한 것도 별로 놀랄 일은 아니다. 생각해보면, 이 현실은 유독 한국정치의 결함이라고만 할 수는 없다. 이것은 근본적으로 대의제 민주주의의 피할 수 없는 한계가 노골화된 현상이라고 해야 옳다.

대의제 민주주의는 원래 기득권자들의 이익을 보호하기 위해 고안된 제도였고, 역사적으로도 흔히 과두(寡頭)정치의 수단으로 기능해왔다. 대의제 민주주의 옹호론자들은 현대사회에서 직접민주주의가 불가능하다고 주장하지만, 본래 민주주의란 민중의 자기통치를 의미하는 것이지 민중이 자신의 권리를 남에게 위임하는 것이 아님을 기억해야 한다. 간접민주주의가 진짜 민주주의일 수는 없는 것이다.

하지만 지금 당장 직접민주주의를 실현할 방안이 우리에게 있는 것은 아니다. 현실적으로 가능한 것은 현재의 대의제 민주주의를 보강하여 가급적 많은 직접민주주의적인 요소가 작동하게 하는 것이다. 예를 들어, 지역 수준에 국한된 주민소환제를 확대하여 대통령이나 국회의원이라 하더라도 유권자가 원한다면 임기 중에 자리에서 물러나게 하는 국민소환제의 도입이나 국가적 중대 현안을 둘러싼 국민투표제의 도입 등은 현실적으로 완전히 불가능한 것이 아니다. 이런 제도의 도입으로 권력의 국민에 대한 '설명책임'이 강화되고, 따라서 민주주의가 좀더 튼튼해질 것임은 분명하다.

이런 점에서 모범적인 국가는 스위스라고 할 수 있다. 오늘날 스위스의 민주주의는 순수한 직접민주주의는 아니다. 하지만 지역·주·연방을 가릴 것 없이 스위스의 대의기관들은 늘 시민들의 의견을 듣는 것을 우선적인 원칙으로 삼고 있다. 그리고 국가 차원에서 특히 중요한 것은 국민투표와 헌법 개정 발의권이다. 시민들은 10만 명(전체 유권자의 약 2.5퍼센트)만 서명하면 헌법 개정을 발의할 수 있고, 5만 명이 찬동하면 의회에서 통과된 법률의 수용 여부를 묻는 국민투표를 실시할 수 있다. 그래서 스위스에서는 1년에 평균 12개 법률에 대한 국민투표가 실시되고 있다. 게다가 대체로 스위스에서는 각급 의회나 학교, 심지어 재판소도 많은 경우 정규직업을 따로 가진 사람들의 자발적인 봉사로 운영되고 있다. 이게 시민적 덕(德)의 실천이라는 것이다.

이처럼 밀도 높은 민주주의는 불가피하게 개인들에게 많은 부담을 준다. 하지만 이러한 활발한 정치참여 덕분에 그들은 집단적이든 개인적이든 소외되거나 배제된다는 의식 없이 모두가 주인으로, 자유인으로 살 수 있는 것이다. 실제로 미국의 사회학자 캐럴 슈미드의 조사에 의하면, 오늘날 대다수 스위스인은 자기 나라에 대해 큰 자부심을 갖고 사는데, 그것은 주로 빼어난 자연경관이나 부유한 경제가 아니라 정치체제에 대한 자부심과 만족 때문이라는 것이다.

이명박 정권이 시민들의 목소리를 계속해서 무시·억압한다고 해서 우리가 절망할 이유는 없다. 민주주의가 어이없이 유린되는 이 누추한 상황에서 우리는 극도의 인간적인 모멸을 느끼고 있지만, 이것은 어쩌면 좀더 견고한 민주주의를 위한 소중한 기회가 될 수 있다. 국민을 노예나 가축 다루듯이 함부로 대하는 독선적인 권력의 계속적인 폭주를 허용하는 정치체제 그 자체의 모순에 우리는 진지하게 도전할 필요가 있다.
(시사IN, 95호 2009-7-11)

텔레비전과 민주주의

지금 이 나라의 정부와 여당이 하는 일에 합리성을 기대한다는 것은 매우 어리석은 일인지 모른다. 그러나 이른바 미디어법을 국민적 반대를 무릅쓰고 저토록 광포하게 밀어붙이기 전에 그들은 국가경영을 위임받은 집단으로서 국민에게 최소한의 합리적인 설명을 할 책임이 있는 게 아닌가? 하기는 '일

자리 확충'이라는 명분을 내걸지 않은 것은 아니다. 그러나 그 것은 아무 근거도 없고, 따라서 그들 자신도 믿지 않는 거짓말 이라는 것은 국회의장의 '솔직한' 발언이 아니더라도 이미 명 확히 드러난 일이다.

이번 소동에서 제일 우스꽝스러운 것은 여당 의원 다수가 미디어법 개정안의 구체적인 내용이 무엇인지도 모르는 상태 에서 투표했다는 사실이다. 이런 판국에 국민에 대한 '설명책 임'을 이행하라는 것은 애당초 무리한 요구였다. 그러나 '설명 책임'을 방기한 국가권력은 정당성을 상실한 권력이 분명하 고, 정당성을 결여한 권력이란 거대 폭력조직 이외에 아무것 도 아니다.

중요한 것은 단지 선거를 통해 집권했다고 해서 국가권력의 정당성이 확보되는 게 아니라는 사실이다. 권력의 정당성 여 부를 판가름하는 결정적인 척도는 국가권력이 공공선 혹은 공 익적 가치를 위해서 권력을 행사하느냐 않느냐에 있다. 미디 어법이 개정되어 신문-방송 겸영이 허용되고, 재벌방송국이 성립된다고 할 때, 그것이 장차 이 사회에 어떤 영향을 미칠지 다각적·심층적인 고려가 선행되어야 했다. 전자미디어의 위력 을 생각할 때, 공익성을 염두에 두고 있는 국가권력이라면 그 것은 당연한 의무였다. 그러나 이명박 정권은 집권 이래 기득 권세력의 사적 이익을 옹호하는 데는 열심이되 국가권력의 공 공성에는 별로 관심이 없는 일관된 자세를 이번에도 그대로 드러냈을 뿐이다.

이와 관련해서, 우리는 텔레비전이라는 매체 자체의 유해성에 대해서도 생각해볼 필요가 있다. 이미 많은 증언이 나왔지만, 그중에서도 텔레비전이 아동의 두뇌 발달에 미치는 악영향에 대해 50년 넘게 연구해온 미국의 과학교육가 칠턴 피어스의 입장은 매우 강경하다. 피어스에 의하면 미국을 망치는 가장 큰 원흉이 텔레비전이다. 텔레비전은 사람의 상상력을 위축시키고, 아동의 정서적·지적 능력의 정상적인 발달을 가로막고, 인간관계와 공동체를 파괴한다. 텔레비전은 매체의 성격상 끊임없이 자극적인 장면을 송출하지 않으면 안되는데, 그 때문에 폭력과 섹스가 단골 소재가 되기 쉽다. 이런 원시적 자극에 계속 노출되면 사람의 뇌가 조건반사적인 반응을 강요당하면서 공격적인 성향이 과도하게 발달하게 된다. 오늘날 미국에서 갈수록 아동의 자살률과 일반범죄율이 높아지며 시민들의 지적 수준이 떨어지는 것은 일차적으로 텔레비전 탓이라고 피어스는 단호하게 말한다.

그렇다고 해서 당장 텔레비전을 없앨 수는 없는 일이다. 중요한 것은 매체의 위험성을 깊이 인식하면서, 그 장점을 최대한 살리려는 노력이다. 그러한 노력은 첫째 텔레비전의 상업성을 가급적 제한하고, 공공성을 강화하는 데 바쳐져야 한다는 것은 말할 것도 없다.

텔레비전의 생존이 거의 전적으로 광고시장에 매달려 있는 현실에서 가만 내버려만 둬도 텔레비전은 상업주의로 떨어질 수밖에 없다. 그렇게 되면 그 막강한 위력 때문에 텔레비전은

개인과 공동체의 건강을 뿌리째 망가뜨리는 무서운 파괴력이
될 것이다.

이 파괴력을 제어하는 게 공적 권력으로서의 국가가 맡아야
할 임무이다. 그런데 지금 한국의 국가권력은 텔레비전의 상
업성을 오히려 강화하고 확대하는 데 열을 올리고 있다. 그들
의 궁극적 목적이 '국민 총치매화'를 통해 민주주의의 근간을
허물겠다는 게 아니라면 도저히 이해할 수 없는 행태라고 하
지 않을 수 없다. (한겨레, 2009-7-25)

'두바이 모델'이라는 재앙

작년 가을 글로벌 금융위기가 시작되기 전까지도 두바이는
21세기형 발전과 번영의 모델로 세계적인 주목을 받았다. 그
중에서도 한국의 정·재계, 관료, 언론계 '엘리트'들의 두바이
모델에 대한 애정과 집착은 유별난 것이었다. 그들은 앞을 다
투어 두바이를 찾아갔고, 그 눈부신 발전상에 감탄하면서, 한
국경제의 활로가 두바이를 벤치마킹하는 데 있다고 입을 모아
말했다.

하지만 두바이는 처음부터 지속 불가능한 모델이었다. 사막
의 유목민 사회가 자기 나름의 진로를 선택한다는 것 자체는
나무랄 게 없다. 그러나 금융과 관광, 부동산 중심의 비생산적

인 경제에 전적으로 의존하는 발전모델이란 세계적인 거품경제의 붕괴와 함께 무너지는 것은 필연적이다.

사실, 두바이의 '성공'은 경제적 측면뿐만 아니라 생태적 측면에서도 자멸적이라는 것을 간과해서는 안된다. 무엇보다 두바이가 막대한 전력공급 없이는 한순간도 버티지 못하는 완전히 인공 '낙원'이라는 게 치명적인 문제인 것이다. 가령 두바이는 인공 눈(雪)으로 거대한 스키장을 조성하여 관광객을 끌려고 하지만, 이 엄청난 전력소모형 관광산업이 지구온난화 시대에 어울리는 산업일 수 없음은 자명하다.

그러나 경제논리나 생태적 문제를 떠나서, 두바이의 발전은 가장 윤리적으로 용납할 수 없는 기초, 즉 사실상의 노예제 위에서 이루어져왔다는 중요한 사실이 있다. 1인당 국민소득 12만 달러인 두바이에는 세금도 없고, 모든 국민은 무상의료 및 무료교육의 혜택을 받을 뿐만 아니라 개인이 원한다면 해외유학까지 정부로부터 재정지원을 받는다. 그들은 옛날 사막의 유목민이었던 조상들이 꿈도 못 꾸던 안락하고 호사스러운 생활을 누리고 있다. 그들은 대개 공무원이며, 육체노동이나 허드렛일은 거의 전부 외국인 노동자들에게 맡기고 산다. 그런데 그 외국인 노동자들, 특히 건설 관계 노동자들의 비참한 운명은 상상을 초월한다는 게 문제이다.

영국 신문 〈인디펜던트〉의 르포기사(2009년 4월 7일)에 의하면, 오늘날 인도나 방글라데시 출신 건설 노동자들이 두바이에서 받는 대우는 말할 수 없이 비인간적이다. 그들은 고향에서 인력송출회사 직원의 말만 믿고 빚을 내어 출입국 수속을 하고 두바이로 들어오지만, 원래 약속됐던 것과는 전혀 다른 극히 열악한 상태에서 혹독한 고통을 견디거나 죽을 수밖에 없다. 이미 고향에서 큰 부채를 졌고, 공항에서 여권을 빼앗긴 데다가 비행기표 살 돈도 없기 때문에 돌아갈 수도 없다. 그들은 단 5분도 견디기 어려운 섭씨 55도의 땡볕에서 14시간 일하고, 원래 약속된 임금의 4분의 1도 안되는 초저임금(월 약 50 달러)을 받는다. 그들은 위험한 작업장에서 무거운 벽돌이나 시멘트 블록을 나르면서 땀을 너무 흘려 며칠, 몇주 동안 오줌이 나오지도 않는다. 더위를 먹어 토할 것 같아도 오후의 휴식한 시간 말고는 잠시도 쉬지 못한다. 질병 때문에 일을 못 하면 당장 임금이 깎인다. 게다가 시내에서 차로 한 시간가량 떨어진 황량한 콘크리트 합숙소에서의 생활은 짐승보다 못한 생활이다. 에어컨도, 선풍기도 없는 방 하나에 12명이 섞여 지내야 하고, 바로 옆 변소에서 나오는 악취를 견뎌야 한다. 숙소로 운반되는 식수는 탈염처리가 제대로 안되어 역한 소금맛이 나지만, 달리 마실 물이 없다.

그런데도 그들은 항의도, 분노도 드러내지 못한다. 그랬다가는 체포당하기 때문이다. 작년에는 넉 달 동안 임금을 받지 못한 노동자들의 파업이 있었는데, 두바이 경찰이 물대포를 쏘아대는 바람에 결국 파업이 중지되고 주동자들은 구속되었다. 건설 현장이나 노동자 합숙소에서는 자살률이 매우 높지만, 제대로 보도되지도 않는다. 노동자들은 일시나마 고통을 잊기 위해 싸구려 독주를 안주도 없이 들이켠다.

그 두바이에 이제 건설 플랜트 시장이 위축되고, 부동산 가격이 폭락하고, 관광객이 크게 줄어들면서 공동화현상이 시작되었다고 한다. 물론 세계경제의 낡은 관행이 되살아나면 두바이가 다시 흥청거리게 될지 모른다. 그러나 생태적으로나 윤리적으로나 이 발전모델이 장기적으로 지속할 수 없음은 명확하다.

두바이에 비하면 한국은 기후나 토양 어느 것을 보더라도 정말 축복받은 땅이다. 그런데도 오랫동안 우리는 자원이 없는 나라라고 끝없이 스스로를 비하해왔다. 그리하여 천혜의 비옥한 땅과 갯벌과 바다를 개발이라는 이름으로 끊임없이 망가뜨려왔다. 그 연장선에서 새만금에 이어서 4대강도 지금 돌이킬 수 없는 파괴에 직면해 있다. 이보다 용서할 수 없는 어리석음이 있을까?(시사IN, 99호 2009-8-8)

우리 농토를 먼저 아끼고 보살피자

기후변화 못지않게 지금 인류사회를 짓누르는 것은 식량위기에 대한 불안과 두려움이다. 따져보면, 식량위기의 첫째 원인은 국가권력과 자본의 농사에 대한 근본적인 무지이다. 농사는 무엇보다 자연에 대한 존경심 없이는 불가능하다. 좋은 농사에는 비옥한 땅과 적당한 기후와 농촌공동체의 축적된 지혜가 불가결하다. 그런데도 그동안 농사는 단지 이윤증식 수단으로 간주되어, 엄청난 농약과 화학비료와 기계가 투입되고, 비옥한 농토가 도시화·공업화를 통해서 급속히 축소·소멸되어왔다.

그 결과가 걷잡을 수 없는 식품오염과 전염병, 농토의 사막화, 수자원의 급속한 고갈이다. 이대로 가서는 조만간 온 세계가 대재앙에 직면하리라는 것은 불을 보듯 뻔한 일이다. 2007~2008년 사이 세계 전역을 휩쓸었던 식량대란의 근본원인이 지금 누적되고 있다.

이 상황에서 어떤 식이든 대책이 있어야 한다는 것은 말할 필요가 없다. 그런데 유감스럽게도 지금 한국정부는 해외농지 확보 말고는 실질적인 농업대책을 거의 갖고 있지 않은 것 같다. 2008년 초 정부는 해외농지 취득 촉진 국가계획을 발표한 이후 대기업에 의한 해외농지 확보를 장려해왔고, 그 결과 여러 대기업이 지금 아프리카, 남미, 중앙아시아, 러시아, 몽골 등에서 대규모 농지를 취득하는 데 꽤 열을 올리고 있는 것으로 보인다. 그러나 이런 정책이 과연 옳고 지속가능한 대책인가.

이 점에서 '대우로지스틱스'에 의한 마다가스카르 농지 130만 헥타르의 99년간 무상 임차 계획은 눈여겨봐야 할 사례이다. 이 계획은 실패로 끝났지만, 상당 기간 국제여론에서 주목받아왔다. '대우'는 마다가스카르 전체 농지의 절반에 해당하는 이 농토에서 옥수수와 팜오일을 생산하여 한국으로 들여올

계획을 하고, 현지 정부와 거의 계약 완료 단계까지 갔다고 한다. 이 계획은 작년 말 영국 신문 〈파이낸셜타임스〉에 의해 처음 알려진 이후 국제여론으로부터 '신식민주의적' '토지 약탈'의 대표적인 사례로서 공격을 받아왔다. 일부 국내 언론도 보도를 하기는 했으나, 그 시각(視角)은 한국의 해외진출에 대해 외국인들이 '심술'을 부리고, '의도적인 왜곡 보도'를 하고 있다는 식이었다(〈조선일보〉, 2009년 3월 21일).

그러나 국내 언론이 보지 않은 좀더 중요한 문제가 있었다. 그것은 자기 나라 농토의 절반을 무상으로 외국 기업에 빌려주는 데 합의한 마다가스카르정부가 극도로 부패한 독재정부라는 사실이었다. 자기 소유 회사를 따로 갖고 있던 이 나라의 대통령은 "국가를 마치 자신의 회사처럼 운영하고, 국민을 종업원 대하듯이 하는" 사람이었다(〈르몽드디플로마티크〉한국어판, 2009년 4월호). 신자유주의 정책을 완강히 밀어붙이며, 해외투자자를 적극 유치하는 과정에서 대통령은 온갖 편법을 동원하여 사리사욕을 취했다. 대규모 농토를 외국 기업에 넘겨주는 협약을 맺으면서도 당국은 현지 주민들에게 아무런 설명도 하지 않고, 동의도 구하지 않았다. 협약 완료 직전 유럽 언론에 의해 이 계획이 폭로되었고, 이것이 도화선이 되어 반정부 시위가 발발하여 많은 인명이 희생당한 끝에 군부가 들고일어나 정권이 교체되고, '대우'의 프로젝트는 사실상 물거품이 되고 말았다.

비록 실패했으나 '대우'의 경우는 하나의 전형이지 예외적인 게 아니다. 해외농지라는 것은 결국 식민지 혹은 반(半)식민지의 다른 이름이다. 그것은 윤리적으로, 정치적으로, 또 생태적으로 매우 용납하기 어려운 개념이다. 여의도 면적의 30배나 되는 국내 농지가 해마다 사라지는 이 터무니없는 상황부터 바로잡는 게 급선무일 것이다. (한겨레, 2009-8-22)

Ⅲ. 노예를 위한 변명

'주권재민'을 어떻게 실현할 것인가

제주도지사 소환이 낮은 투표율 때문에 무산되었다는 소식을 듣고 있자니 심히 착잡한 기분이다. 제주도와 아무 연고도 없는 내가 그곳 도정 책임자에 대한 개인적인 감정이나 편견 같은 게 있을 리 없다. 그런데도 나는 두 달 전 그에 대한 주민소환 청구 요건이 충족되었다는 소식을 들은 이후 큰 관심을 갖고 사태의 추이를 지켜보고 있었다.

이것은 단지 지역문제가 아니라, 지금 심각한 위기에 처해 있는 이 나라 민주주의를 위한 중대한 전기(轉機)가 될 수 있다는 생각 때문이었다. 중요한 것은 특정 광역단체장의 진퇴여부가 아니라, 선출된 권력자를 임기 중이라 할지라도 자리에서 물러나게 하는 선례가 만들어지느냐 않느냐 하는 것이다. 그런 선례를 만들어내는 데 성공한다면 우리 민주주의의 장래는 밝아질 게 틀림없는 것이다.

민주주의는 복잡한 이론이나 설명이 필요한 게 아니다. 민주주의는 모든 개인이 예외 없이 갖고 있는 가장 근원적인 욕구, 즉 노예나 신민이 아니라 자유인으로 살고자 하는 욕망을 존중하는 정치제도이다. 이러한 민주주의의 이상을 실현하는 데 무엇보다 필요한 것은 모든 시민이 공동체의 주요 현안을 논의하고 결정하는 데에 주체적으로 참여할 수 있는 정치적 공간의 확보이다. 그러나 오늘날 대의제 민주주의는 이러한 공간을 제공하는 적절한 제도라고 할 수 없다. 아무리 잘 기능한다 하더라도 대의제 민주주의는 결국 민중이 자신의 권리를 엘리트에게 위임하고 있는 제도이며, 그런 점에서 그 내재적인 한계는 명확하다.

더욱이 근대국가의 불가결한 제도로서 성립한 대의제 민주주의는 출발부터 민중의 주체적인 참여를 장려하기 위한 게 아니었다는 중대한 사실이 있다. 이 점에서 미국 헌법 기초자 중의 한 사람인 제임스 매디슨(1751-1836)은 솔직했다. 그는 "대의제 민주주의는 유산자들의 재산을 보호하기 위한 목적으로 고안된" 정치적 장치임을 공적 기록에서 천명했던 것이다.

그러나 이러한 근본적인 한계에도 불구하고, 대의제 민주주의의 폐기는 당분간 불가능한 것으로 보인다. 따라서 이 한계를 의식하면서 직접민주주의적인 요소들로써 보강하는 노력이 지금으로서는 아마도 최선의 방책일지 모른다. 그런 의미에서 현재 한국의 법률이 유일하게 허용하고 있는 직접민주주의적인 권리행사, 즉 주민소환제를 적극적으로 활용하는 것은 우리가 조금이라도 실질적인 민주주의에 다가가는 데 굉장히 중요한 의미를 갖는다.

예상했던 대로, 제주도지사 소환이 무산된 데 대해 지금 보수 기득권자들이 드러내는 반응은 한심하기 이를 데 없다. 그들이 영원한 권력을 누린다면 모를까, 따져보면 그들 자신과 그들의 자손들을 위해서도, 민주주의나 민주적 가치에 대해 그들이 늘 드러내는 생리적인 거부감은 실로 어리석은 것임에 분명하다. 궁극적으로 민주주의를 버리고는 구원이 없다는 것을 그들 자신도 언젠가는 깨달을 날이 올 것이다. 그들은 이번 일이 국책사업에 반대하는 '좌파 시민단체'의 책동 때문이었다면서, 주민소환 청구 사유를 제한하는 법 개정을 하겠다는 것이지만, 그들이 잊고 있는 것은 이번 소환운동의 핵심이 지역주민들에게 아무런 설명도, 동의도 구하지 않는 독단적 행정의 상습화에 대한 시민적 저항이었다는 점이다.

해군기지나 영리병원 혹은 한라산 케이블카 설치 같은 지역주민들의 삶을 뿌리째 흔들어놓을 정책을 입안·추진하면서 해당 주민들의 의사를 무시한다는 것은 식민통치를 방불케 하는 권력의 폭주이다. 노예가 아니라면 이런 심각한 인권유린에 반발하는 것은 지극히 당연한 게 아닌가.

이번에 제주도에서 주민소환 투표를 무력화시키기 위해 사실상 투표의 자유를 박탈한 권력자에게는 준엄한 문책이 따라야 할 것이지만, 그러나 동시에 주목해야 할 것은 권력에 의한 집요한 방해에도 불구하고, 투표율이 11퍼센트를 기록했다는 사실이다. 이것은 제주도의 특수한 지역 사정을 고려할 때 만만치 않은 비율이며, 권력의 전횡을 절대로 용납하지 않겠다는 강한 시민적 에너지가 살아있다는 뜻이다. 이 에너지는 우리의 희망의 원천이다.

지금 이명박 정권은 '4대강 살리기'라는 실로 교활한 이름으로 대대적인 국토 파괴에 나서면서, 국민들에 대한 '설명책임'을 완전히 방기하고 있다. 권력의 폭주는 인간뿐만 아니라 인간생존의 자연적 기반 자체를 손상시킨다. 대통령도 임기 중에 그 권한을 종식시킬 수 있는 국민소환제의 도입을 진지하게 고려해야 할 때이다. (시사IN, 103호 2009-9-5)

농업문명의 재생

오늘날 거의 모든 정책입안자들과 지식인들은 미래를 단순히 현재의 연장으로 생각하는 경향이 있다. 그러나 그들이 잊고 있는 것은 지금과 같은 생활방식이 작동할 수 없는 날이 곧 다가온다는 사실이다.

실제로 이것은 지구온난화, 식량 및 에너지 위기 등등 긴급한 위기상황에 대해 조금만 깊이 생각해봐도 쉽게 짐작할 수 있는 일이다. 지금 세계적 경제불황의 종식 여부를 놓고 논의가 분분하지만, 문제는 설령 이 불황이 극복되어 금융대란 이전의 상태로 돌아간다 하더라도, 아니 돌아간다면 더욱, 심각한 재앙이 기다리고 있다는 사실이다.

여기서 중요한 것은 지난 수세기간 인류에게 풍요와 안락을 제공하거나 제공할 것을 약속해온 산업문명체제가 거의 종말에 이르렀다는 인식이다. 왜냐하면 이 체제를 뒷받침해온 결정적인 요소, 즉 석유가 이제 생산 정점에 도달했기 때문이다. '석유생산 정점(피크오일)'이란 석유 자체의 고갈을 뜻하는 게 아니라, 이제부터는 석유 생산비용이 가파르게 올라가고, 그 때문에 값싸고 질 좋은 석유가 풍부하게 공급되는 상황이 끝난다는 뜻이다. 전문가들은 그런 생산 정점 도달 시기를 2010년 전후로 보고 있다. 이것은 미국정부도 이미 공식적으로 인정한 사실이다. 2005년 5월 미국 에너지부의 한 보고서는 석유생산 정점에 대해 "세계는 이런 문제를 일찍이 경험해본 적이 없다"며 다가올 사태의 엄중함을 시사했다.

미국의 이라크 침공도 결국은 석유 때문이라는 얘기가 설득력 있게 들리는 것도 이 때문이다. 그러나 군사적 행동에 의거한 석유의 안정적 공급이란 발상은 세상이야 망하든 말든 나 혼자만 살겠다는 어리석은 생각임이 분명하고, 게다가 그래봤자 오래 지속되는 것도 아니다. 무엇보다 지구온난화라는 가공할 사태는 석유 낭비를 부추기는 '미국적 생활방식'을 더는 용인하지 못한다.

미국 작가 하워드 컨스틀러가 쓴 《장기(長期) 긴급상황》(2005)이라는 책이 있다. 이것은 석유시대 이후의 상황을 대비해야 할 필요를 설명하고 있는 책이다. 그는 오늘날 문명생활의 필수품들이 대부분 석유에 의존하고 있다는 점을 환기한다. 석유는 단지 에너지원일 뿐만 아니라, 산업문명에 불가결한 온갖 기술과 제품의 원료이다. 석유가 떨어지면 자동차가 움직이지 못하는 것은 물론, 비료와 농약도, 옷도 구하기 어렵다. 스포츠도 영화도 미디어도 인터넷도 곤란해질 것이다. 석유를 대체할 수 있는 것은 아무것도 없기 때문이다. 컨스틀러는 산업문명 붕괴의 첫 신호가 비행기 운행의 중단 혹은 축소로 나타날 것으로 보고 있지만, 같은 논리로 지금과 같은 원거리 수송에 의존하는 자유무역, 그중에서도 특히 농산물의 원거리 유통시스템의 붕괴는 필연적이다.

컨스틀러는 21세기 중반에는 미국을 비롯한 세계경제는 지역에 토대를 둔 농업과 재생에너지 중심 시스템으로 재조직될 것이라고 예견한다. 값싼 석유공급이 중단된 세계에서 정보도 하이테크도 서비스업도 더는 경제를 견인할 수 없을 것이기 때문이다.

이것은 결국 그동안 우리가 깊이 중독되어온 '근대적' 삶의 종말이 시작됐음을 의미한다. 사실, 지구온난화라는 파국적 재앙이 목전에 닥친 시점에서 아직도 자원과 에너지의 낭비를 강요하는 산업시스템을 고수한다는 것은 미친 짓이다. 그런 의미에서 지역 중심의 자립·자급의 농업사회로 전환하는 것은 시급하지만, 실은 이것은 오랫동안 '녹색사상가'들이 꾸준히 제시해왔던 방향이다. 그런데 이제 석유문명의 종언이라는 사태는 우리가 원하든 않든 그 길밖에 활로가 없음을 알려주고 있다. (한겨레, 2009-9-19)

4대강 공사와 정부의 '설명책임'

지난 8월 말, 전후(戰後) 처음으로 일본에서 정권교체가 실현되었다. 그런데 선거가 임박해 자민당의 참패와 민주당의 승리가 거의 확실해지는 상황에서, 일본의 보수 논객들 가운데서는 국가경영 경험이 없는 '준비되지 않은' 야당에게 나라를 맡겨도 되는지에 관한 우려의 목소리가 꽤 많이 나왔다. 이것은 꼭 정파적인 편견이라기보다 그들의 진심이었을 수도 있다. 하지만 그것은 결국 정권교체 가능성 자체를 부인하고, 민주주의를 근원적으로 부정하는 논리이다.

이 점은 영국 언론인 빌 에머트가 지난 7월 15일자 〈아사히(朝日)신문〉에 기고한 논설에서도 강조되었다. 영국 경제전문지 〈이코노미스트〉의 전 편집장이자 도쿄 특파원을 지낸 그는 '준비된 야당은 있을 수 없다'라는 제목의 글에서 "민주주의는 좋은 정부를 실현하기 위한 방법이 아니라, 나쁜 정부를 벌주기 위한 방법"임을 역설했다. 그에 따르면, 좋은 정부와 나쁜 정부의 가장 중요한 판별 기준은 정부가 국민에게 '설명책임'을 이행하느냐 않느냐 하는 것이다.

설명책임이란 원래 기업의 회계 책임자가 주주에게 회계상의 부정 여부를 명확히 밝히고, 그럼으로써 기업의 건전한 발전을 위해 임무를 다하는 것을 뜻한다. 그와 마찬가지로 권력은 주요 정책이 국가의 현재와 장래를 위해 과연 올바른 것인지 국민에게 합리적인 설명을 할 수 있어야 한다. 만약에 그러한 설명이 없거나, 그 설명의 수준이 납득할 만한 것이 아니라면, 그 정부는 설명책임을 방기한 것이다. 따라서 설령 어떠한 부분적인 치적이 있다고 하더라도 그것은 근본적으로 '나쁜 정부'이며, 마땅히 벌을 받아야 한다. 이것은 민주주의의 기본 원칙이다.

지금 이명박 정부는 국민 다수가 납득할 수 있는 아무런 합리적인 설명도 없이 '4대강 정비사업'이라는 유사 이래 최대의 국토 개변 혹은 국토 유린 행위를 맹렬히 밀어붙이고 있다. 4대강 정비사업이라는 그럴듯한 이름 밑에서 실제로는 대운하 공사를 추진하는 게 아닌가라는 시민과 전문가들의 정당한 문제제기에 대해 정부는 어떠한 성실한 답변도 내놓지 않고, '오해'니 '홍보 부족'이니 하면서 엄청난 국가예산을 들여 일방적인 선전에만 열을 올리고 있다. 그런 상황에서 이미 해당 지역에 대한 토지수용과 함께 막대한 예산이 집행되기 시작했다. 아무리 선거로 집권했다고 하지만, 최고 권력자의 소신이라는 이유만으로, 나라의 장래에 엄청난 영향을 줄 대사업을 면밀한 사전 검토도 없이 이처럼 졸속으로 강행한다는 게 어떻게 가능한가?

설령 대통령이 최고 현자라고 할지언정 민주국가의 대규모 국책사업이 이런 식으로 처리된다는 것은 온 국민 — 4대강사업 찬성론자까지 포함한 — 을 모독하는 일임에 분명하다. 대체 강바닥을 깊게 파내고, 강폭을 넓히며, 콘크리트 제방을 쌓고, 거기다가 수십 개의 댐[洑]을 건설하는 등, 강물 정화의 자연적 조건을 깡그리 파괴하면서 어떻게 수질 개선이 된다는 것인지, 국민을 모두 바보 취급하지 않는다면 이런 주장은 불가능할 것이다.

더욱이 경악할 것은 4대강 공사로 사라지거나 파괴될 농토와 마을과 농민들의 자립적 삶에 대한 정부의 전적인 무관심 혹은 무지이다. 지금 팔당댐 부근에서 오랫동안의 시련 끝에 뿌리내린 1만여 유기농 농가가 절멸 위기에 처했다는 소식은 정말 가슴 아픈 얘기이다. 정부는 농민들에게 "중앙정부가 하는 사업이니만큼" 협조해줄 것을 당부하고 있다고 하지만, 생태적·문화적 측면에서 이 사회의 가장 소중한 자산인 유기농 농가들의 터전을 망가뜨리면서 뭘 협조해달라는 것인가.

그러나 가장 기막힌 것은 강바닥을 파헤쳐 나오는 모래나 진흙을 강변 농지를 덮는 데 쓴다는 이른바 '농경지 리모델링'이라는 해괴한 계획이다. "옥토를 왜 리모델링한다는 건지 모르겠다"라는 농민들의 말처럼 이것은 사실 말도 안되는 얘기이다(〈오마이뉴스〉, 2009년 9월 23일). 당국은 강의 진흙과 모래로 농토를 돋우어 침수피해를 줄이겠다는 논리를 펴고 있다. 그러나 강변 땅이 높아지면 그 옆 땅이 저습지가 되고, 침수지역으로 변한다는 것은 상식이다. 이것은 결국 홍수를 예방하고 수질을 개선한다는 게 애당초 거짓말이었음을 당국 스스로 밝히는 것과 다름없다.

'설명책임'을 방기하는 권력처럼 무서운 것은 없다. 이대로 가면 우리의 강들은 결국 자연성을 완전히 잃게 될 것이고, 임박한 생태적 위기상황에 대비해 가장 아껴야 할 우리의 농업기반은 철저히 망가질 것이다. (시사IN, 107호 2009-10-3)

슈마허의 찻잔

프리츠 슈마허(1911-1977)의 《작은 것이 아름답다》(1973)는 환경위기에 대해 인류를 각성시킨 선구적인 업적 중에서도 가장 탁월한 책에 속한다. 사실, '환경'이 단순한 공해문제가 아니라 산업사회가 일념으로 추구해온 경제발전 논리 자체와 떼어놓을 수 없는 관계에 있다는 확고한 인식이 형성된 것은 주로 이 책 덕분이었다. 이것은 풍요를 추구하는 경제논리가 어째서 자멸적이며, 지속가능한 대안은 무엇인지를 근원적으로 점검하고 있는 책이다. 경험 많은 경제학자의 풍부한 인문적 지혜로 뒷받침되어 있는 이 책은 출판 당시는 물론 지금도 생명력을 잃지 않고 있다.

일찍이 독일 태생으로 영국 석탄공사의 경제자문으로 활동하고 있었던 슈마허가 서구 근대 경제모델의 '비정상성'에 주목하게 된 결정적인 계기는 동남아시아를 여행하며 얻었던 견문이다. 그는 끝없는 풍요를 추구하며 자원과 에너지를 낭비하는 서양사회와는 달리 진실로 삶을 중히 여기는 자족의 경제를 동남아시아 사회에서 발견했던 것이다. 그리하여 그는 척결해야 할 것은 '저개발' 지역의 '빈곤'이 아니라 '선진국'의 '풍요'라는 명쾌한 결론에 도달했고, 그 결과 '불교경제학'을 제창하였다. 불교경제학이란 요컨대 사람이 자본을 섬기는 경제가 아니라 자본이 사람을 섬기는 경제의 필요성을 말하는 새로운 경제사상이다. 슈마허는 정말 중요한 것은 성장논리나

기술혁신이 아니라 대지(大地)의 보존과 인문적 지혜라는 것을 되풀이하여 역설했다.

《작은 것이 아름답다》가 처음 출판되자 인류의 존속에 관련된 심각한 메시지를 담고 있는 이 책은 당장 비상한 주목을 끌었다. 그중에서 당시 미국 대통령이었던 지미 카터는 이 메시지에 예민한 반응을 보인 예외적인 정치지도자였다. 카터는 슈마허를 백악관으로 초청하여 여러 시간 동안 그의 말을 경청하였고, 그 결과 전문가들로 된 팀이 구성되어 '대통령지구환경보고서'가 작성되었다. 그뿐만 아니라 카터는 곧바로 백악관 지붕에 태양광발전기를 설치하여 '환경문제'의 긴급성을 상징적으로 표현하였다(그런데 이 태양광발전기는 그 후 백악관의 새 주인이 된 레이건에 의해 취임 즉시 철거되는 불운을 겪었다).

《작은 것이 아름답다》가 출판된 후 슈마허는 아마도 세계에서 가장 바쁜 사람이 되었다. 세계 전역의 대학과 연구소들로부터 끊임없는 강연과 면담 요청이 쇄도했기 때문이다. 당시로서는 슈마허의 메시지는 매우 획기적인 것이었고, 인류의 미래를 진지하게 생각하는 사람들에게 그 메시지는 결코 간과할 수 없는 근본적이고 충격적인 것이었다.

그리하여 슈마허는 심장에 지병이 있음에도 불구하고, 긴급한 메시지를 가급적 많은 사람들에게 알려야 한다는 생각 때문에 자신의 건강을 돌아보지 않고 대륙과 해양을 넘나드는 강연여행을 강행하였다. 그러던 중 1977년 9월 어느 날 스위스의 한 도시에서 다른 도시로 이동하는 기차 안에서 과로에 지친 그는 결국 심장발작을 일으켰고, 손쓸 틈도 없이 목숨을 거두었다.

그런데 바로 그 시각 잉글랜드 남부 시골에 있던 슈마허의 집에서 이상한 일이 일어났다. 바람 한 점 없는 고요한 가을날 오전 10시께 아무도 건드리지 않았는데도 갑자기 부엌 찬장에서 찻잔 하나가 요란한 소리를 내며 바닥으로 떨어져 산산조각이 난 것이다. 그것은 바로 슈마허가 평생 애용하던 찻잔이었다. 이 신비로운 이야기는 그의 딸이 쓴 전기 《프리츠 슈마허의 삶》(1984)에 기록되어 있다. 슈마허의 생애와 업적에 관한 극히 치밀하고 객관적인 서술로 일관하고 있는 책의 전체 성격으로 볼 때, 이 이야기의 신빙성을 의심할 여지는 별로 없어 보인다. (한겨레, 2009-10-24)

농민을 죽이고는 희망이 없다

풍성한 수확의 계절인데도 농민들은 절망에 빠져 있다. 해마다 늘어나는 재고량에, 설상가상으로 북한으로 보내는 쌀 지원이 중단됨으로써 쌀값이 폭락하고 있기 때문이다. 보도에 의하면, 울화통이 터진 농민들 중에는 누렇게 익은 논을 갈아엎고, 나락을 불태우는 사람도 있다고 한다. 과연 이런 농민들의 행동을 비난할 자격이 우리에게 있는가.

해방 뒤 농지개혁 이후, 오랜 세월 지주 밑에서 땅을 빌려 목숨을 이어가던 수많은 소작농이 자신의 땅을 갖게 되어 '행복한' 경작을 하던 때가 잠깐 있었다. 그 무렵 우리의 농촌공동체는 물론 가난했지만 전쟁의 후유증에도 불구하고 거기에는 무엇인가 근원적으로 따뜻하고 평화로운 분위기가 있었다. 그러나 1960년대로 접어들어 쿠데타를 일으킨 군인들은 저곡가정책을 밀어붙임으로써 공업화를 시도하였고, 이로 인해 농촌은 다시 피폐해지면서 엄청난 농촌인구가 수십 년에 걸쳐 도시의 슬럼으로, 공장으로 유입되었다. 그로 말미암아 세계에서 유례를 찾아보기 어려울 정도로 수도권은 과밀현상에 시달리고, 지방은 황폐해지고 말았다.

무엇보다 농촌 죽이기를 기축으로 한 경제정책 노선은 그 후 한 번도 근본적인 교정 없이 계속되었고, 이 나라의 정책과 여론을 좌우하는 엘리트들은 오로지 수출만이 살길이라는 강박관념에서 조금도 벗어나본 적이 없다. 그 결과 비록 경제지표상으로는 엄청난 발전을 성취했으나, 장기적 지속성이라는 관점에서 볼 때, 이 나라는 세계에서 가장 불안정하고 허약한 생존구조를 갖게 되었다.

그것은 현재 산업국가 중에서 가장 낮은 식량자급률을 기록하고 있다는 사실에서 단적으로 드러난다. 북한이 1990년대에 들어서 러시아와 동유럽으로부터 들여오던 석유와 원자재 공급이 끊어지면서 일시에 농업붕괴 현상을 겪고 대량 기아상황으로 빠져들었을 때에도 식량자급률은 지금 남한에 비하면 월

등 높았다. 게다가 지금 남한의 식량자급률이라는 것도 따지고 보면 대부분 석유의 힘을 빌린 것이다. 그러므로 만약에 석유공급이 원활하게 되지 않는 상황이 닥치고 수출산업이 순조롭게 돌아가지 않는다면, 그때 남한 사람들은 북한 동포들이 겪었던 것 이상으로 고통을 당하고, 그 결과 이 나라는 아마도 아비규환의 상황이 될지 모른다. 그런데 온갖 징후로 보아서 그런 날이 조만간 닥칠 가능성은 갈수록 뚜렷해지고 있다.

그런데도 이 나라의 힘 있는 자들은 아직도 비현실적인 꿈속에서 깨어나지 못한 채, 여전히 수출만이 살길이라면서 그나마 간신히 남아 있는 소중한 농경지를 '4대강 사업'이니 '보금자리 주택단지' 건설이니 '혁신도시' 조성이니 하는 시대착오적인 토목공사를 통해서 깡그리 제거하는 데 혈안이 되어 있다. 참으로 경악할 만한 것은 합리성이라고는 전혀 없는 이러한 사업들을 엄청난 국가예산을 들여 주민들의 동의도 구하지 않고, 엄격한 사전 환경조사도 거치지 않고, 마구잡이로 밀어붙이고 있다는 점이다.

민주사회에서라면 도저히 있을 수 없는 이러한 권력의 폭주로 지금 당장 희생당하는 것은 땅과 생계수단과 집을 뺏긴 민초들과 자연환경이지만, 궁극적으로 부유한 자, 가난한 자, 권력 있는 자, 권력 없는 자를 막론하고 모든 존재가 이로 인한 재앙의 피해자가 될 것임은 자명하다.

세계적인 평화학자 요한 갈퉁은 오늘날 생존해 있는 가장 존경할 만한 현인의 한 사람이라고 할 수 있다. 그런 그가 한국경제가 IMF(국제통화기금) 통치 아래 들어가던 1998년 1월 서울을 방문하여 당시 출범을 앞둔 김대중 정부를 향해 던진 간곡한 충고가 있다. 그는 한국이 IMF의 돈을 받되, 그 돈을 수출만이 살길이라면서 장기적인 고려 없는 고식적인 정책을 확대하는 데 쓸 게 아니라, 농업과 에너지 분야에 투자함으로써 자립성을 높여야 한다고 강조했다. 그는 남북한 모두 시각이 좁고 편벽된 원리주의자들의 지배를 받고 있다는 점에서 공통하다고 말했다. 북한은 '주체'를 지나치게 강조하다가 재앙에 직면했고, 남한은 무역에 지나치게 의존하며 결국 망국의 길로 가고 있다는 것이었다(〈말〉, 1998년 1월호).

벌써 10년이나 지난 이야기지만, 갈퉁의 이 충고는 여전히, 아니 갈수록 적실성을 띤다고 하지 않을 수 없다. 개인이든 국가든 자립성을 첫째로 해야 한다는 것은 불변의 진리이다. 그렇지 않을 때, 설혹 운이 좋아 대파국까지 가지는 않는다 하더라도 노예화는 필연적이다. 농민과 농촌을 살리지 않고는 우리의 미래는 없다. (시사IN, 111호 2009-10-31)

노예를 위한 변명

요즘 내 주변에 심각한 우울증에 시달리고 있는 이들이 많다. 사는 게 너무 재미없고 희망이 보이지 않는다고 그들은 호소한다. 인간이 존엄한 자유인으로 살아가기 위한 최소한의 조건인 민주주의의 원칙들이 너무도 노골적으로 파괴되어가는 모습을 도처에서 목격하고 있기 때문이다.

사실 나 자신도 자포자기 상태에 빠지는 경우가 점점 늘고 있다. 나도 이제 늙었는데, 흉한 꼴 아예 외면하고 조용히 지내다가 이 세상을 하직했으면 하는 생각이 자주 든다.

역사책을 보면 문명이 시작된 뒤 인간의 삶이란 강자의 약자에 대한 끝없는 괴롭힘, 착취와 약탈의 연속이라는 것을 확인하지 않을 수 없다. 어쩌다 민초들의 단결된 저항으로 지배자들이 조금 양보하는 척하지만, 그것은 극히 드문 순간일 뿐, 또다시 무자비한 침탈과 억압과 속임수가 한층 더 교활한 형태로 되풀이되는 것이다. 우리가 아는 역사는 대체로 강자들의 시각으로 작성된 기록이다. 그럼에도 조금만 정신을 차리고 들여다보면 인간사를 관통하는 원리가 '악마의 정신'이 아닌가 하는 의구심을 떨칠 수가 없다. 그래서 이럴 바에야 뭣 땜에 자유와 민주주의를 위해서 피나는 싸움을 해야 하는지, 심각한 회의에 사로잡히게 되는 것이다.

최근에 나는 어떤 젊은 기자한테서, 한때 민주화에 헌신했던 몇몇 원로 작가에게 4대강문제에 대해 발언해줄 것을 요청했으나 거절당했다는 얘기를 들었다. 거절 이유는 한마디로 피곤하다는 것이었다. 듣고 보니 이해할 만했다. 수십 년 동안 민주주의를 위해서 싸웠고, 그 결과 얼마간 민주주의의 기본원칙이 지켜지는 듯한 세상에 살고 있다는 기분 속에서 노년기를 보내고 있었는데, 이제 순식간에 도로아미타불이 돼버린 그 민주주의를 생각하면 얼마나 서글퍼지고 기운이 빠지겠는가.

게다가 국가권력의 전횡을 근본적으로 제어할 수 있는 것은 민초들이 얼마나 정치적으로 깨어 있느냐에 달렸는데, 유감스럽게도 오늘날 한국에서 가장 결핍되어 있는 게 올바른 '정치교육'이 아닌가. 흔히 '욕망의 정치'라고 부르는 게 바로 이런 정치교육의 결핍에 따른 불가피한 결과이다. 즉, 안락과 안전에 대한 헛된 꿈 때문에 자유와 민주주의의 소중함을 우리들 중 다수는 지금 망각하고 있는 것이다.

예를 들어, 지금 '4대강 사업'을 반대하는 사람들이 절반을 넘는다고는 하지만, 끔찍한 무지 속에 갇혀 있는 사람들도 허다하다는 것을 우리는 기억할 필요가 있다. 최근 내가 거리에서 만난 한 택시운전사는 우리나라가 물 부족 국가이기 때문에 4대강사업이 꼭 필요하다는 견해를 갖고 있었다. 어째서 물 부족 국가라고 생각하느냐는 내 질문에, 그는 "물이 부족하기 때문에 요즘 많은 사람들이 생수를 사 먹지 않느냐"고 대답했다. 이 터무니없는 말은 그냥 웃고 넘길 게 아니다. 그 택시운전사를 포함하여 생계유지에 급급한 많은 우리 이웃들은 지금 어용언론 이외에 독립적인 미디어를 접할 기회가 거의 없다는 중대한 문제가 여기에 내포돼 있는 것이다.

오늘날 한국의 민주주의가 살아나자면 가령 〈한겨레〉를 보는 사람이 크게 늘어나야 하지만, 문제는 〈한겨레〉 독자들이 생활 속에서 대개 고립되어 있거나 〈한겨레〉 독자들하고만 주로 소통하고 지낸다는 점이다. 사실 나 자신도 저 택시운전사의 터무니없는 얘기를 듣고도 더는 응대하지 못했다. 무슨 말을 어떻게 해야 할지 막막했다. 그러나 아마도 나와 같은 승객만 계속해서 만나는 한, 그 택시운전사는 점점 더 자신의 신념을 굳혀갈 것이고, 그 결과 자신의 진정한 이익이 무엇인지도 모르고 권력의 맹목적인 지지자, 즉 '노예'로 계속 남아 있을 것이다.

노예는 원래 고통을 느끼지 못하는 존재이다. 고통을 느낀다면 그는 자유인이다. 그러나 노예더러 자유인이 되자고 설득하는 것은 쉬운 일이 아니다. 육신의 안락과 안전이 중요하다는 생각에 길들여져 있는 노예에게 자유란 무의미한 것이기 때문이다. (한겨레, 2010-6-1)

거짓말 지옥에서

천안함 침몰 사건에 대한 정부의 대응이 엉터리라는 게 갈수록 분명해지고 있다. 정권이 이것을 선거에 이용하려다가 실패한 것은 새삼 말할 필요가 없지만, 이제는 서둘러 발표한 합동조사단의 조사 결과가 아귀가 맞지 않는 모순투성이로 밝혀지면서, 이른바 국내의 '최고' 과학자와 외국 전문가를 내세워 과학적 객관성을 장담했던 애초의 공언이 우스꽝스러운 농담이 되고 말 위기에 처했다.

세계가 다 지켜보고 있는데 국가적 망신을 어떻게 할 것인가? 속된 말로 지금 제일 똥줄이 타는 건 한국정부일 듯싶다. 그렇지 않다면 이 허술하기 짝이 없는 조사 결과에 의구심을 표하는 지극히 정당한 시민적 권리행사를 신경질적으로 탄압하는 당국의 태도가 도저히 이해 안되는 것이다.

그러나 그게 아닐지도 모른다. 똥줄이 타는 것도 최소한의 양심이나 양식이 있어야 가능하다. 지금 정부의 거친 행동은 오히려 뿌리 깊은 사고력 결핍의 소산일지도 모른다. 이렇게 말하는 것은 지금 정부와 여당이 보여주는 언행은 중간선거 참패의 의미를 헤아릴 줄 아는 사람들의 것이라고는 도저히 말할 수 없기 때문이다.

좌우를 막론하고 지각 있는 거의 모든 사람이 지적했듯이 이번 선거에서 여당이 참패한 것은 무엇보다 시민의 목소리를 경청하지 않는 현 정권의 독선적 자세에 대한 누적된, 억눌린 불만 때문이었다. 실제로 말도 안되는 거짓말로 끊임없이 국민을 기만하는 정부에 대해서 사람들은 끝없는 인간적인 모멸감을 느껴왔고, 이제 더는 참을 수 없다고 생각하고 있었던 것이다. 몇 달째 봉은사 입구에 '거짓말을 하지 맙시다'라는 펼침막이 걸려 있는 이유를 모르는 사람은 없을 것이다.

그럼에도, 선거 직후 잠시 멈칫하는 순간을 지나서 이 나라의 최고 현자는 여전히 대통령 자신이다. 선거 열흘 뒤의 방송 연설에서 대통령은 현재 가장 여론이 나쁜 4대강 공사에 관해

종래의 입장에서 조금도 물러남 없이 공사 강행 의사를 확고히 표명했다. 그는 또다시 "4대강 살리기가 생명 살리기"이며 "물과 환경을 살리는 사업"이라고 역설했다. 물론 현실이 그의 말과 같다면 누가 뭐라고 하겠는가. 그러나 정상적인 두뇌를 가진 사람이라면 4대강 공사의 실상을 들여다보면 누구라도 그것이 하나부터 열까지 대운하를 전제로 하지 않고는 있을 수 없는 공사 방식임을 쉽게 알 수 있을 것이다.

대체 자갈과 모래와 늪과 여울과 같은 강물의 자연적 정화 기능을 완전히 파괴하고 수질 개선을 한다는 게 말이 되는 소린가. 설령 물 부족에 대비하기 위한 댐 건설과 강바닥 준설이라는 정부의 논리가 옳다고 하더라도, 더러운 물의 대량 확보가 무슨 의미가 있다는 것인가.

가장 가증스러운 것은 '농경지 리모델링'이라는 말이다. 면밀한 사전계획 없이 일시에 파내는 엄청난 양의 모래 처리 방법으로 급히 생각해낸 게 주변 농지를 적치장으로 사용한다는 것이었음이 분명하다. 그 결과 이런 농지는 앞으로 상당 기간 경작이 불가능하게 될 것이다. 뿐만 아니라 지금까지 아무 탈 없었던 그 주변 저지대 농지를 침수시킬 가능성이 매우 커졌다. 그런데도 당국은 농경지 리모델링 운운하며 사정을 잘 모르는 사람들을 현혹하고 있는 것이다.

처음부터 완전히 거짓말로 시작된 4대강 공사는 지금 무자비한 속도로 진행되고 있다. 이것이 완료되면 어떤 일이 닥칠지 아무도 정확히 모르지만, 정부의 설명대로 되지는 않을 게 확실하다. 왜냐하면 '4대강 살리기'란 대운하를 은폐하기 위한 거짓 이름이라는 것은 대통령과 그의 측근들이 가장 잘 알고 있기 때문이다. "낙동강도 뚫려 대구가 이제는 내륙이 아니라 항구다"라는 대통령의 발언(〈동아일보〉, 2010년 3월 6일)은 단순한 말실수라고 볼 수 없다.

거짓말을 계속하는 정권은 다음 선거에서 갈아치우면 된다고 생각할 수 있다. 하지만 그때까지 기다리기에 너무 늦다는 게 큰 문제이다. 그때가 되면 이 나라의 보물 중의 보물인 생명의 젖줄이 얼마나 파괴되어 있을 것인가. 생각하면 피눈물이 난다. (한겨레, 2010-6-22)

'진실 속의 삶'과 과학적 양심

동구 공산체제 붕괴 후 두 차례에 걸쳐 체코 대통령을 지낸 바츨라프 하벨(1936-2011)은 정치와 도덕의 관계에 대해 누구보다 골똘히 사색했던 20세기의 가장 지성적인 정치가였다. 일찍이 반체제활동으로 투옥되기도 했던 그는 공산체제의 가장 큰 죄악은 사람이 '진실 속에서 사는 것'을 불가능하게 하는 것이라고 생각했다.

예를 들어, 야채가게 주인은 아침마다 "만국의 노동자들이여 단결하라!"라는 구호가 적힌 종이쪽지를 진열장에 붙여놓지 않으면 안된다. 사실상 아무 의미도 없는 구호를 붙여놓는 까닭은 다른 모든 가게들처럼 자신도 그렇게 하지 않으면 처벌을 당할지도 모른다는 두려움 때문이다. 이렇게 해서, 스스로 전혀 믿지도, 현실적으로 아무 의미도 없는 구호를 습관처럼 붙여놓는 행위로써 야채가게 주인은 자신의 평온한 일상이 보장된다고 안심한다. 이것은 예외적인 얘기가 아니다. 공산치하에서 거의 모든 주민들이 이런 식으로 삶의 안전을 구했던 것이다. 그러나 말할 것도 없이 거기에 인간다운 위엄 있는 삶이 존재할 수는 없다. 노예의 삶, 움직이는 시체들의 삶이 있을 뿐이다.

정치사상가로서 하벨의 진정성은 공산주의체제의 문제를 거창한 차원이 아니라 소시민들의 비근한 일상생활 속에서 주목했다는 점에 있다. 그는 도그마화한 이데올로기의 지배 밑에서 보통사람들의 삶이 어떻게 오염되고, 뒤틀리고, 타락하는가를 증언한 것이다.

그러나 생각해보면, 공산주의 권력만이 이런 게 아니다. 모든 권력은 본질적으로 개인의 자유와 자발성에 대하여 적대적이다. 권력이 가장 싫어하는 것은 자신의 통제권을 벗어나는 개인 혹은 개인들의 연합에 의한 자립성의 구축이다. 따라서 국가든 재벌이든 모든 권력은 사람들이 자주적인 사고와 판단력을 발휘하는 것을 원치 않는다. 권력이 진정으로 원하는 것은 순종적인 신민들, 즉 얼간이들이다.

말할 것도 없이, 이러한 권력의 논리에 순응하는 한, 자유인

으로 사는 것은 불가능하다. 좋은 사회란 무엇보다 권력의 전
횡을 최대한 저지하고, 자유로운 정신들이 독립적으로 사고하
고 발언할 수 있는 토대가 확보된 사회이다. 그러나 문제는 여
전히 우리들 대부분에게 자유의 가치는 부차적이라는 사실이
다. 우리는 대체로 물질적 안락과 일상의 평온이 가장 중요하
다는 생각에 너무나 길들여져 있다. 보통사람들만 이런 게 아
니다. 가장 독립적인 사고력을 발휘해야 할 과학자, 전문가들
이 권력 앞에서는 더 허약한 모습을 드러낸다.

가령, 4대강 프로젝트나 천안함 사건에 대한 합동조사단의
결론에 관한 대다수 해당 연구자들의 자세는 결코 과학적인
것도, 합리적인 것도 아니다. 4대강 프로젝트나 합동조사단의
조사 결과에 대해 정부나 극우파 언론이 뭐라고 하건 정말 과
학자라면 자주적인 판단력을 보여줘야 한다. 하지만 지금 이
방면의 전문가와 과학자들은 정부나 극우파 언론의 견해에 적
극 동조하지는 않는다 하더라도 대부분 침묵을 지키고 있을
뿐이다. 그럼으로써 결국 그들은 스스로 자유인의 삶을 방기
하고 있을 뿐만 아니라 과학적 정신의 대적(大敵)인 몽매주의
의 확산에 기여하고 있는 것이다.

그러나 희망이 없는 건 아니다. 비록 극소수지만 이 땅에 과
학자라는 이름에 값할 만한 소중한 이들이 없지 않기 때문이
다. 유사 이래 최대의 국토 파괴행위임이 분명한 '4대강 사업'
이란 게 결국 운하 건설을 은폐하는 거짓 이름이라는 것을 우
리가 알게 된 것은 과학자적 양심에 따라 오랫동안 진상규명

에 헌신해온 소수 연구자들 덕분이었다.

또한, 천안함 침몰이 북한의 어뢰공격에 의한 것이라며 제시된 '결정적 증거'에 대해 합리적인 의문을 끈질기게 제기해온 예외적인 몇몇 과학자 덕분에 우리는 '진실 속의 삶'의 가능성을 완전히 잃지 않게 되었다.

그런데 천안함 문제와 관련해서 용기 있는 발언을 계속해온 이들이 모두 해외 거주 과학자라는 사실은 무엇을 뜻하는가. 그것은 단순한 우연일까. (한겨레, 2010-7-13)

지역화폐의 아름다움

이제는 한국에도 꽤 알려졌지만, 브라질에 쿠리치바라는 도시가 있다. 원래 그다지 역사적으로 중요한 장소가 아니었던 인구 300만 명의 이 도시는 지난 수십 년간 철저히 친환경적 도시계획을 실천해왔다. 그 결과 유엔을 비롯한 많은 국제기관과 전문가들에 의해 모범적인 녹색도시로 주목을 받아왔다. 현재 이 도시에는 수많은 공원과 숲이 조성되어 있다. 1인당 녹지 면적은 세계 최고 수준이다. 시민들은 대부분 평생 여기서 살기를 원하고, 관광객들은 끊임없이 찾아들고 있다.

오늘날 쿠리치바를 언급할 때 무엇보다 빼놓을 수 없는 것은 도시 전역을 극히 유기적으로 연결하고 있는 버스 중심 교통망이다. 쿠리치바의 도시계획가들은 현대의 대도시들이 가장 쉽게 걸려드는 유혹, 즉 지하철 중심 대중교통망 건설을 단호히 거부했다. 그 대신 그들은 기존의 도로를 정비하여, 버스의 대형화 및 정거장의 독특한 설계를 통해서 환경파괴와 막대한 재정지출을 강요하는 지하철 없이도 매우 쾌적하고 효율적인 대중교통체계의 실현이 가능하다는 것을 증명하였다. 그리하여 쿠리치바는 일상적인 대중교통 이용률이 80퍼센트가 넘고, 대기오염도가 가장 낮은 도시가 되었다.

그러나 원래 이랬던 것은 아니다. 쿠리치바가 세계적인 녹색도시로 변모하게 된 결정적인 계기는 1970년대 초 한 건축가 출신의 시장 취임이었다. 당시까지도 쿠리치바는 빈곤과 실업의 만연, 극심한 교통지옥, 살벌한 환경 등 온갖 낯익은 제3세계 도시의 문제를 갖고 있었다. 그리고 새 시장이 해결해야 할 가장 긴급한 문제는 50만 명이 거주하는 판자촌의 쓰레기 처리였다. 판자촌들은 좁고 구불구불한 미로로 연결되어 청소차의 진입이 불가능했다. 따라서 골목에 마구 버려지고 쌓인 쓰레기는 쥐들의 천국이었고 온갖 질병을 퍼뜨리는 온상이었다. 이런 경우 도시행정가들이 흔히 생각하는 것은 '복지' 프로그램이거나 재개발이다. 그러나 돈도 없었지만, 이 도시의 새 시장에게는 그런 상투적인 방식보다 훨씬 더 창의적인 아이디어가 있었다.

그는 쓰레기를 지정된 봉투에 넣어 가져오는 판자촌 주민에게 버스 토큰을 주는 정책을 시행했다. 퇴비화가 가능한 유기물 쓰레기에 대해서는 식품교환권을 주었다. 그러자 놀라운 속도로 판자촌은 청결해졌고, 아이들마저 쓰레기의 다양한 분류법을 재빨리 익혔다. 빈민가 사람들의 삶은 토큰과 교환권 덕분에 호전되기 시작했고, 시 당국은 쓰레기 재활용으로 얻은 수입을 다시 토큰이나 교환권을 발행하는 데 썼다. 이윽고 경제가 활기를 띠기 시작했다. 시내 전역에서 통용되는 토큰과 교환권은 버스를 타거나 음식을 사 먹는 데뿐만 아니라, 웬만한 점포에서 돈처럼 사용되었고, 그 결과 서민들의 구매력이 크게 향상되었던 것이다.

따져보면, 화폐란 별게 아니다. 화폐는 본래 사람들 사이의 거래를 원활하게 하는 매개체일 뿐이다. 그러므로 화폐의 성립 여부는 공동체 성원 간의 합의 혹은 신뢰에 달려 있다. 사람들이 인정하기만 하면 조개껍질이든 도토리든 다 돈이 될 수 있다. 쿠리치바의 성공은 바로 여기에 단초가 있었다. 시 당국이 인정하는 이상, 토큰과 교환권은 도시 안에서 자연스럽게 화폐로 기능하였고, 그럼으로써 그것은 결국 쿠리치바 녹색화의 중요한 밑거름이 되었던 것이다.

쿠리치바의 경우는 국가의 중앙은행이 발행한 화폐가 없다고 해서 지방정부 혹은 지자체가 기죽을 필요가 없다는 것을 가르쳐준다. 지난 6월 지방선거 결과는 모처럼 한국에서도 실질적인 지역자치가 실현되고, 지역 경제와 문화가 살아날 수 있는 계기를 열었다고 할 수 있다. 그러나 지방 재정의 열악함 때문에 계속해서 중앙정부에 매달리지 않을 수 없고, 따라서 중앙정부의 부조리한 시책에도 굴종하지 않을 수 없다는 생각이 지배하는 한, 모든 것은 허사가 될 것이다. 중요한 것은 명석한 판단력과 창의적인 생각이다. 지자체들은 독자적인 돈, 즉 지역화폐를 만들어 쓰면 되는 것이다. (한겨레, 2010-8-3)

양심에 물어보라

인간은 무엇인가라는 물음에 대한 답을 찾을 때 절대로 빼놓을 수 없는 게 있다. 그것은 인간이 본래 거짓말을 하는 존재라는 사실이다. 그러나 우리는 꼭 나쁜 의도로만 거짓말을 하는 것은 아니다. 세상이란 역설로 충만한 곳이기에 살다 보면 선의의, 무해한 거짓말을 하지 않을 수 없는 상황에 직면하는 경우가 허다하다. 문제는 질이 나쁜 거짓말이다.

거짓말에 관련해서, 한 철학도의 기억할 만한 이야기가 있다. 간 스에하루(菅季治)라는 이 일본인 청년은 태평양전쟁 중에 하급 사관으로 복무했고, 패전과 함께 소련에 억류되어 포로수용소에서 지냈다. 그와 함께 억류되었던 많은 일본인들이 전쟁 종결 후 여러 해가 지나서야 고국으로 돌아오게 되었을 때 그들의 귀환이 지연된 것은 당시 일본공산당 지도자가 소련 당국에 보낸 비밀편지에서 "공산주의자로 전향을 하지 않은 포로들은 일본으로 보내지 말 것"을 '요청'했기 때문이라는 소문이 돌았다. 냉전시대가 개시되면서 다시 우익세력이 준동하기 시작하던 일본에서 이 소문은 곧 격렬한 정치적 쟁점이 되었고, 1950년 3월 국회에 특별조사위원회가 구성되었다.

이때 스에하루는 집중적인 심문 대상이 되었다. 소문의 근거는 시베리아의 한 수용소에서 있었던 소련인 장교의 연설이었음이 드러났고, 그때 그가 통역을 맡았던 것이다. 그는 자신은 아무것도 모르고 다만 소련 장교의 연설을 통역했을 뿐이라며, 그 말을 그대로 인용했다. "언제 여러분이 돌아갈 것인가는 여러분 자신에게 달려 있다. … 일본공산당 서기장은 여러분이 반동분자가 아니라 잘 준비된 민주주의자로서 귀국할 것을 기대하고 있다." 그러나 우익계 국회의원들은 이 증언에 만족하지 않았다. 그들은 증인이 '요청했다'라는 러시아말을 '기대했다'라는 말로 잘못 기억하고 있는 게 아니냐고 집요하게 따졌다. 동시에 전국에서 협박편지가 날아들었다. 견디다 못한 그는 철로에 뛰어내려 투신자살을 했다. 32세의 이 철학도 주머니에는 문고본 《소크라테스의 변론》이 들어 있었다.

스에하루는 공산주의자도, 공산당 동조자도 아니었다. 오히려 그는 자신을 정치적으로 이용하려는 공산당에 엄중한 항의를 했다. 그런 청년이 다만 거짓말을 할 수 없다는 자신의 양심 때문에 죽음을 택한 것이다. 시대의 광기가 순결한 젊은 영혼을 희생시킨 것이다.

살기 위해서라고 하면 웬만한 거짓말은 다 용인되는 생활에 길들여진 지금 우리들의 감각으로는 이 청년의 이야기는 좀

극단적으로 들릴 것이다. 아마 우리 같으면 자신의 기억의 불확실함을 구실로 심문자들의 요구에 적당히 응하면서 편안해지고 싶은 생각밖에 없었을지 모른다. 하지만 세상에는 그렇게 하지 못하는 사람들이 있다. 그리고 무엇보다도 그렇게 해서는 절대로 안되는 상황이 있다.

지난 4월 명동성당에서 4대강문제 토론회가 있었다. 그때 서울대 환경대학원 김정욱 교수는 4대강사업이 대운하 공사의 위장임을 입증하는 구체적인 분석결과를 발표했다. 이에 대해 청중 속에 있던 국토해양부 소속 고위 공무원은 대운하와 무관한 사업을 왜 자꾸 그렇게 말하느냐고 항의했다. 김정욱 교수의 답변은 간명했다. "당신의 양심에 물어보라."

사실, 전제(專制)는 국가권력의 본능인지도 모른다. 그렇기에 권력은 끊임없이 거짓말을 하는지도 모른다. 그러나 국가의 거짓말에도 절도가 있어야 문명국가가 가능하다. 그리고 국가가 행하는 거짓말의 질은 궁극적으로는 통치자, 참모, 관료 개개인의 인간됨에 좌우될 수밖에 없다. 공무원도 결국은 개인이지, 언제까지나 국가라는 괴물에 복속된 기계가 아니다. 누구보다 진실을 잘 알면서도, 마구잡이로 진행되는 이 거대한 국가적 프로젝트가 가져올 엄청난 재앙을 외면하고 거짓말을 계속하고 있는 공무원, 정치가, 언론인, 학자들도 그들이 인간인 이상, 언젠가는 거짓말을 못 해서 자살한 저 청년 철학도의 죽음을 이해할 정신적 능력을 갖추게 될 것이라고 믿고 싶다. (한겨레, 2010-8-24)

지역 자립과 지역화폐

도지사를 두 번이나 역임한 인물이 총리에 내정됐다가 낙마하자 해당 지역의 한 언론은 이 사태를 "중앙정치권에 의한 지역인물 배척"으로 보는 반응을 보였다(〈경남신문〉, 2010년 8월 30일). 말할 것도 없이, 이것은 언론답지 못한 반응이다. 누가 봐도 문제가 많은 인물을 단지 자기 지역 출신이라고 옹호한다는 것은 어리석은 일이다. 그러나 그런 어리석음의 배후에 지역민들의 뿌리 깊은 소외감이 있다는 것을 간과해서는 안된다.

실제로, 중앙과 지방의 격차 혹은 불균형은 이제 거의 수습 불가능한 수준이 되었다. 이 불균형의 필연적인 결과는 서울과 지방의 공멸일 것이다. 지금 수도권이 과잉인구로 몸살을 앓고 있는 반면에, 지방은 조용한 절망 속에서 죽어가고 있다.

정치가들은 선거철마다 끊임없는 개발 공약을 늘어놓지만, 그 결과는 예외 없이 아까운 땅과 산천의 파괴로 나타날 뿐이다. 중앙행정기관이나 국영기업체 혹은 대기업의 일부를 지방으로 옮김으로써 문제를 해결하려는 생각은, 그것이 사태를 악화시켜온 기왕의 경제성장 논리에서 조금도 벗어난 게 아닌 이상, 실효성은 거의 없다고 해야 할 것이다.

중요한 것은 역시 민주주의이다. 오늘날 서울이든 지방이든 어디서나 우리의 삶이 불행한 것은 우리가 민주주의를 향유하지 못하고 있기 때문이다. 그리하여 자본과 국가권력이 베풀어주는 시혜에 일희일비하면서 우리는 초라한 삶을 이어나가고 있는 것이다.

　민주주의를 위해서도 시급한 것은 지역공동체의 경제적 자립성이다. 이에 대한 다양한 방책이 있을 수 있지만, 가장 손쉽고 확실한 방법은 지역화폐를 발행하여 지역사회 내부를 순환하게 하는 것이다. 지역화폐는 해당 지역 경계 안에서만 유효한 화폐이기 때문에 전국적인 혹은 국제 간의 거래에는 사용할 수 없다. 그 대신 지역민의 생산적 활동과 노동의 성과를 지역 외부로 뺏기지 않고 지역 내에 보존, 순환시킴으로써 활기 있는 지역경제를 만들 수 있다. 예를 들어, 지역화폐는 대기업이 경영하는 대형할인점들을 통해서 지역민들의 피땀 어린 돈이 서울로, 뉴욕으로, 투기꾼들의 손으로 흘러들어가는 것을 근본적으로 차단할 수 있다.

　흥미로운 선례가 많지만, 대표적인 지역화폐는 1932년 오스트리아의 소도시 뵈르글에서 시행된 실험이다. 세계적인 공황의 여파로 이 소도시 역시 심각한 불황 속에서 실업자가 넘치고 상거래는 저조하고 도시재정은 파탄상태에 빠져 음울한 분위기였다. 이 상황을 타개하기 위해 현명한 결단을 내린 시장이 있었는데, 그는 국가의 법정화폐의 부족 때문에 지역민의 삶이 피폐해질 필요가 없다고 생각했다.

　그리하여 그는 시의회의 협력을 얻어 '노동증서'라는 이름의 지역화폐를 만들어 공무원의 봉급이나 각종 공공사업비로 지불하기 시작했다. 그런데 이 화폐는 특이하게도 시간이 경과하면 가치가 감소되도록 고안되어, 화폐 소지자는 매달 초에 액면가의 1퍼센트에 해당되는 스탬프를 사서 붙여야 했다. 따라서 오래 지니고 있으면 오히려 손해를 보기 때문에 이 화폐는 신속히 순환하고, 소비를 촉진하고, 빠른 경제회복을 가능하게 했다.

뵈르글의 실험은 대성공을 거두었고, 이를 모방하려는 도시들이 늘어났다. 그러자 이 운동의 확산을 우려한 국가권력과 금융자본은 화폐 발행이 중앙은행의 독점적 권리라고 주장하며 이것을 금지했다. 이로써 뵈르글의 실험은 14개월 만에 중지되었다.

중요한 것은, 뵈르글의 실험 중단은 어디까지나 국가권력과 독점자본의 개입 때문이지 지역화폐 시스템 자체의 결함 때문이 아니었다는 사실이다. 지역화폐는 지역사회의 자립성을 강화할 수 있는 가장 효과적이고 유용한 도구라고 할 수 있다. 우리가 언제까지나 중앙정부나 대기업의 시혜를 기다리고 있어서는 영구히 노예 신세를 면치 못한다.

지역화폐를 통한 자주적 삶의 실천은 당장에 어디서든 시작할 수 있다. 만약 권력이 방해한다면 민주주의의 이름으로 우리 모두 힘을 모아 싸워야 할 것이다. (한겨레, 2010-9-14)

농사 경시의 귀결

지난봄 '4대강 살리기'라는 거짓 이름으로 멀쩡한 강을 죽이고 있는 현장에 다녀온 뒤 시인 신경림 선생은 어느 모임에서 "지금 이 공사를 추진하는 사람은 말할 것도 없고 막지 못하는 사람들도 천벌을 면치 못할 것 같은 두려운 느낌"을 술회한 적이 있다. 아름다운 강이 참혹하게 변하는 것을 보면서 시인은 자신의 절망적인 기분을 이렇게 극적으로 표현했을 것이다. 생각해보면 그것은 조금도 과장된 말이 아니었다.

사실 '천벌'은 이미 시작되었고, 지금 서민들의 생활을 위협하기 시작한 채소 품귀 사태는 그 첫 징후의 하나로 볼 수 있다. 물론 이번 사태의 책임이 전적으로 4대강 공사에 있다고할 수는 없을지 모른다. 봄부터 심상치 않았던 이상기후로 올해 작황이 나쁠 것이라는 우려가 많았고, 그 우려가 현실화된 측면이 있음을 부인할 수는 없다. 그러나 4대강 공사로 인해채소 경작지가 심각한 축소를 강요당했다는 것도 분명한 사실이다.

정부 측은 4대강 공사로 줄어든 농경지가 무시해도 좋을 수준이라고 주장하고 있지만, 이것은 매우 정직하지 못한 해명이다. 강기갑(민주노동당) 의원실의 조사에 의하면, 4대강 공사로 사라진 채소 재배지에 대한 정부 측 통계는 일종의 속임수를 내포하고 있다. 즉, 그 통계는 정부에 의해 토지보상비를받는 농토에 한정하여 추산된 것일 뿐, 사유지가 아니라는 이유로 토지보상에서 제외된 하천부지에 대한 고려는 배제하고 있다는 것이다. 그런데 하천 둔치를 포함한 4대강 주변 농지는 강의 흐름에 의해 오랫동안 형성된 옥토 중의 옥토일 뿐만 아니라, 장상환 교수(경상대 경제학과)의 추산에 의하면, 전국 채소 재배면적의 13.5퍼센트라는 막대한 비중을 차지해왔다. 이렇게 아까운 농지가 도대체 합리성이라고는 전혀 없는 토목공사 때문에 돌이킬 수 없이 희생되고 있는 것이다.

게다가 30년에 걸친 각고의 노력 끝에 수도권 35만 가구에 채소를 공급해온 팔당 근처 유기농 단지는 거기에 자전거도로와 '생태공원'을 건설하겠다는 정부 계획 때문에 농사가 중단될 위기에 처해 있다. 팔당 유기농 단지는 대통령 자신이 한때 이곳을 방문하여 세계적인 친환경농업 단지로 육성할 것을 약속했던 곳이다. 이 터무니없는 만행을 정당화할 수 있는 논리를 찾던 나머지 유기농이 강물을 오염시키는 범인이라는 말까지 환경장관이라는 사람의 입에서 나왔다. 유기농마저 오염을 일으킨다면, 그래서 그 때문에 정말 환경이 걱정된다면, 이 나라는 아예 농사를 전면적으로 포기하는 게 옳지 않을까. 그리하여 어디서 어떻게 식량을 구할 수 있을지 모르지만, 우리는 전부 자전거나 타고 매일 '생태공원' 나들이나 하면서 살아가야 하지 않을까.

생각하면, 오랫동안 이 나라의 권력엘리트들은 기본적으로 돈벌이가 안되는 농사에는 철저한 무관심으로 일관했다. 한때 대기업 총수들의 모임에서 우리나라 농지를 거의 전면적으로 없애는 방안까지 거론된 적이 있다. '부가가치'가 높은 산업에 집중해서 그 이익으로 외국에서 식량을 사들여 먹으면 된다는 논리가 깔려 있었던 것이다. 역대 정부들도 책임 있게 장기적인 관점에서 진정으로 농토와 농민을 보호하려는 의지를 행사해본 적이 없다. 4대강 공사는 농사 경시라는 어리석은 사고 (혹은 사고력 결핍)의 노골적인 표현이다.

지금과 같은 배추값 폭등은 우연한 현상도, 일시적인 사태도 아님이 분명하다. 세계 전체적으로 10억의 인구가 굶주리고 있고, 어디에서나 식량위기가 갈수록 급박한 현실이 될 가능성이 높아지고 있는 상황에서 농사를 계속 무시하는 정책의 귀결점을 예견하는 것은 결코 어려운 일이 아니다. 산업국가들 중 가장 낮은 25퍼센트의 식량자급률을 획기적으로 개선해보려는 노력이 없는 한, 파국은 필연적이다. 지금도 계속되는 대량 기아사태로 세계인들의 손가락질과 동정을 동시에 받고 있는 북한의 식량자급률은 65퍼센트가 넘는다는 사실을 기억할 필요가 있다. (한겨레, 2010-10-5)

지하철 공짜표와 배당경제학

노인들을 위한 지하철 무료승차제를 비판하다가 들끓는 여론에 밀려 꼬리를 내리기는 했지만, 이른바 '과잉 복지'에 대한 총리의 부정적인 견해 표명은 일방적인 규탄만을 당해야할 것은 아니었다. 그것은, 이만열 교수의 말처럼, 같은 생각을 갖고 있으면서도 "감히 말을 꺼내지 못한 정치인들에 비하면 꽤 용기 있는"(《경향신문》, 2010년 10월 23일) 발언이었다고할 수 있다. 다만, 부유층에 대한 감세 등 시대착오적인 정책에 대해서는 한마디 언급도 없이, 그리고 청문회에서 자신의신상에 관해 제기된 의혹들을 해소하지도 못한 장본인의 입에서 나온 것이었기 때문에 그 발언은 더 격렬한 반발에 부닥쳤을 것이다.

그러나 노인들의 지하철 무료승차를 '과잉 복지'의 하나로보는 시각은 그에게 국한된 것이 아님이 분명하다. 문제는 이시점에서 그 시각을 '용기 있게' 드러냈다는 점에 있을 것이다. 따져보면, 지하철 무료승차나 무상급식과 같은 제도에 대해 수긍하기 어려워하는 사람들은 실제 우리사회에서 적지 않다. 정치적 성향에 관계없이 그렇다고 할 수 있다. 가난한 사람들에게 혜택을 주는 것은 이해할 수 있지만, 재벌의 자식들에게도 국민의 돈으로 점심을 공짜로 먹여야 한다는 것에 약간이나마 위화감을 느끼지 않는 사람은 드물 것이다.

사람들이 흔히 그렇게 느끼는 것은 무의식중에 이러한 '복지 프로그램'을 사회적 약자에 대한 일종의 시혜 혹은 '보살핌'으로 보는 인도주의적 시각이 있는 탓이다. 가난한 사람들을 위한 제도라고 생각하는 이상, 형편이 넉넉한 사람들에게까지 혜택을 베푸는 게 부당하다는 생각은 자연스럽다. 무상급식 지지자들도 예외는 아닌 듯하다. 그것은 그들의 무상급식 옹호 논리를 보면 짐작할 수 있다. 대체로 그들의 논리는 가난한 아이들이 자기들만이 공짜 점심을 먹는다는 생각이 들면 심각한 심리적 상처를 입을 가능성이 크다는 사실에 근거해 있다.

물론 아이들을 보호하는 것은 교육적으로 매우 중요하다. 하지만 교육을 생각한다면 더욱 정확한 논리를 얘기할 필요가 있다. 즉, 무상급식이든 노인들의 지하철 무료승차이든 그것은 결코 약자에 대한 특별한 배려 때문이 아니라 어디까지나 국가의 의무로서 시행해야 하는 제도임을 명확히 해야 하는 것이다. 모든 시민이 인간답게 위엄 있는 삶을 영위할 '헌법적' 권리를 보장하는 것은 민주국가의 존립이유이다.

게다가 오늘날 국부(國富)란 어떤 개별 기업이나 특정 개인들의 노력의 산물이 아니라는 중요한 사실이 있다. 물론 개별 기업이나 개인의 역할을 무시할 수는 없지만, 더 근본적으로 부를 생산하는 원천은 공동체 전체의 문화적 공통유산이라고 할 수 있다. 공동체 전체 내에서 전승되고 쌓여온 지식·기술·철학·교양이 없다면 아무것도 이룰 수 없기 때문이다. 따라서 공동체의 구성원이라면 예외 없이 무조건적으로 그 부를 향유할 당연한 권리가 있는 것이다.

그런 의미에서 무상급식이나 노인들의 지하철 무료승차 제도는 미약하나마 시민들에게 주는 일종의 배당금이라고 할 수 있다. 왜냐하면 그것은 국부 창조에 공동으로 참여한 자격으로 받는 몫이기 때문이다. 그리고 이 배당금의 경제 전체에 대한 기여도 결코 무시할 수 없다. 이만열 교수는 노인들의 지하철 무료승차에 드는 비용이 "노인들을 뒷방살이 시켜 스트레스 등으로 생길 사회적 비용에 비하면 훨씬 적을 것"이라는 점에서 이 제도의 사회경제적 효과가 크다는 점에 주목했다. 이것은 탁견이지만, 그에 못지않게 실제로 지하철 공짜표가 서민들의 구매력 증대에 상당한 기여를 해왔을 것임에 틀림없다. 면제된 지하철 승차요금에 해당하는 돈은 동네가게를 버텨주는 데 사용되고 있는지 모른다. 그렇다면 지하철 공짜표라는 '배당금'은 서민경제와 궁극적으로 국민경제 전체의 안정화에 기여하고 있는 셈이다. 이런 것에 대한 면밀한 검토 후에 지하철 적자를 운위해도 늦지 않을 것이다. (한겨레, 2010-10-26)

이게 인간의 나라인가

토머스 모어(1478-1535)의 《유토피아》는 1516년에 처음 세상에 나온 이래 늘 좋은 세상을 꿈꾸는 사람들의 마음을 자극하는 마르지 않는 샘이 되어왔다. 이 책을 통해서 모어가 하려고 했던 것은 물론 하나의 이상적인 공동체를 묘사하는 일이었다. 그것은 무엇보다 정의와 평등에 기초하여 누구든 인간답게 살 수 있는 조건이 갖추어진 사회였다. 모어는 그것을 토지공유제를 기초로 한, 돈이 필요 없는, 자급자족의 소박한 생활방식이 구현된 사회로 묘사했다.

이 사회에는 화폐가 없는 대신 공동 물품저장고가 마련돼 있어서 모든 사람들은 각자 생산한 것을 거기에 저장해두고, 필요할 때마다 자유롭게 꺼내 쓸 수 있게 되어 있다. 필요한 생활물자가 모두 늘 거기에 있으므로 누구도 쓸데없는 욕심을 부릴 이유가 없다. 그리하여 사람들은 불안에 쫓기는 일 없이 평화로운 삶을 누릴 수 있는 것이다.

그러나 뒤집어 보면, 이 책은 단지 가공의 이상사회에 대한 몽상이 아니라 당대 영국사회의 부조리와 부정의에 대한 통렬한 비판을 겨냥했다고 할 수 있다. 모어는 헨리 8세가 이혼을 금하는 가톨릭교회에서 벗어나기 위해서 멋대로 '영국교회'를 창립하여 스스로 그 교회의 수장임을 선언했을 때 거기에 동조하기를 거부함으로써 처형을 당하기는 했으나 생애 말년까지 국왕을 측근에서 보좌한 지배층 인사였다. 그러나 그는 동시에 당대 지배층의 전횡과 탐욕에 끝없이 시달리는 백성들의 참상을 외면할 수 없었던 양심적인 인간이었다. 그 양심이 우회적으로 표현된 게 바로 《유토피아》라고 할 수 있다.

모어가 볼 때, 당대의 가장 큰 사회적 부정의는 '인클로저' 현상이었다. 당대 지배층은 양모산업의 발흥에 편승하여 떼돈을 벌기 위해서 농민들의 전통적인 생활근거지인 공유지를 사유화하여 양떼를 키우기 시작했던 것이다. 모어는 이것을 "양들이 사람을 잡아먹는" 현실로 규정했다. 그리하여 생활터전을 빼앗긴 백성들은 도시로 흘러들어 극도의 빈곤을 감수하면서 떠돌이, 걸인이 되거나 범법자가 될 수밖에 없었다. 하지만 이에 대한 지배층의 반응은 이른바 '국법'에 의한 가차 없는 형벌의 집행이었다.

어떤 점에서 《유토피아》는 이 법치의 근본적 허구성을 폭로하는 책이라고 할 수 있다. 작가는 범법자를 처벌하기 전에 범법의 원인을 직시하라는 말을 하고 싶었던 것이다. 《유토피아》 속에서 정의와 평등에 기초한 사회질서를 꼼꼼히 묘사했을 때, 모어는 백성들의 생계수단을 강제로 빼앗아놓고 오히려 그 백성들을 무서운 형벌로 다스리는 지배층의 후안무치한 범죄행위에 대한 간접적인, 그러나 통렬한 고발을 행했던 셈이다.

'용산참사'에 대한 최종적인 법적 판결이 희생자와 그 가족의 책임을 물어 그들에게 무거운 형벌이 내려지는 것으로 끝났다. 인권운동가 박래군 씨의 지적대로, 이것은 "국가권력에 의한 모든 공무집행을 무조건 정당한 것으로 판단한 매우 위험한 판결"이라는 점에서 크게 우려할 일이다. 그것은 이 나라 민주주의가 다시 한번 심각한 상처를 입었음을 보여주는 사태이기 때문이다. 그러나 무엇보다 착잡한 것은 500년도 더 전에 토머스 모어가 엄중히 고발한 부조리한 현실이 고스란히 지금 이 사회에서 재현되고 있는, 심히 시대착오적인 상황이다.

용산참사란 무엇인가. 도시재개발이니 뭐니 하는 온갖 거짓언어를 배제하고 간단히 말하면, 그것은 이 사회의 지배층이 서민들의 생활터전과 생계수단을 강탈하려는 과정에서 생겨난 참극이었다고 할 수 있다.

그런데도 여전히 준엄한 '국법'은 희생자들의 책임을 묻고, 크나큰 고통을 안겨주고 있다. 남편이 불타 죽고, 이제 아들까지 감옥에 보내게 된 어머니(전재숙 씨)가 대법원 판결 직후 눈물을 흘리며 했던 비통한 말처럼, "있는 사람 살리고 없는 사람 다 죽이는 이 나라는 정말로 이해가 안 가는" 나라임이 틀림없다. 이것을 인간의 나라라고 할 수 있을까?(한겨레, 2010-11-16)

자유인 리영희

부음을 듣고 내내 마음이 울적하다. 육친도 아니고, 특별한 사적 인연이 있는 것도 아닌데 왜 이럴까. 장일순(1928-1994), 권정생(1937-2007) 선생님이 돌아가셨을 때도 이런 기분이었지만, 그때에 비해서도 상실감이 더 크다. 연평도 사건 이후 더 급박해진 위기상황 때문일까. 10년 전 서해상에서 남북 간 충돌이 발생했을 때 '북방한계선'의 의미와 성격을 분명하게 밝혀주신 선생님은 이 상황에 대해서도 하고 싶은 얘기가 있지 않았을까.

서둘러 빈소를 찾고 싶었으나 자신을 광고할 필요가 있는 사람들로 북적대고 있을 것 같아 미루고, 대신 오랜만에 선생님의 책을 몇권 꺼내서 두서없이 읽기 시작했다. 이내 그 특유의 치밀하고 견실한 문장에 빠져서 시간 가는 줄 모르고 읽는 행복을 누렸다. 낯익은 문장이 대부분이지만, 다시 보니 의미가 새롭고, 세월에 관계없이 지금도 생생한 현실성을 갖는 표현과 생각이 풍부했다.

리영희(1929~2010)는 탁월한 언론인, 학자이자 뛰어난 문장가이기도 했다. 젊은 시절 내가 그의 글에 매료된 것은 무엇보다 그의 힘차고 정밀한 문체 때문이었다. 실제로 지금도 별로 변하지 않았지만, 우리 세대가 글을 쓰기 시작했을 때 직업적 문필가들의 문장은, 극소수를 제외하고, 절대로 본받을 만한 게 아니었다. 새 세대의 감수성을 표현한다는 글들이 매우 비논리적이거나 감상적인 문체였다. 그 상황에서 리영희라는 한 외신기자의 문장은 나와 같은 문학도가 질투를 느끼며 흉내를 내고 싶은 극히 모범적인 것이었다. 무엇보다 리영희의 문장에는 지적 태만과 후진성의 징표라고 할 수 있는 쓸데없이 현학적인 표현이 없었다. 자주적인 사고와 판단력으로 사태의 근저를 집요하게 파헤쳐 진실에 이르고자 하는 강인한 지적 체력에서 리영희를 능가할 사람이 없었다.

실제로 그의 글은 아무나 흉내 낼 수 있는 게 아니었다. 왜냐하면 그 문장은 단순한 지적 훈련이 아니라 험한 세월의 굽이굽이를 온몸으로 부딪치며 살아온 한 양심적인 지식인의 전

인격이 뒷받침된 것이었기 때문이다. 박경미 교수(이화여대 기독교학과)의 말처럼 "그 일생 자체가 한국 현대사의 결정판이자 사회적 전기(傳記)"라고 할 수 있는 리영희의 생애는 가장 수준 높은 지식인의 일생이었다.

지식인이란, 리영희 자신의 정의에 의하면, 자주적 정신과 양심에 의거하여 인류의 보편적 이상에 충성하는 '자유인'이다. 근 50년에 걸친 치열한 언술활동, 그리고 그로 인한 끊임없는 수난은, 본질적으로 이 자유인의 '자유'를 행사하려는 의지 때문이었다. 인간적 위엄을 제일 소중하게 여기는 리영희에게 그것은 양도할 수 없는 권리이자, 억누를 수 없는 생리적인 욕구였다. 군사통치하에서 그는 무엇보다 "생리적으로 숨을 쉴 수 없을 만큼" 고통을 느꼈던 것이다. 그가 가장 혐오한 것은 노예의 삶이었다.

그러나 리영희가 바란 것은 결코 이상향이 아니었다. 그는 누구보다 인간의 이성을 신뢰했으나 이성의 한계를 잘 알고 있었다. 그가 바란 것은 "최소한의 도덕성이 통용되고, 상식이 통하는" 사회였다. 해방 이후 지금까지 남북한 어디서든 활개를 치고 있는 것은 몰상식과 비이성이었다. 민주정부 10년 동안에도 그는 권력에 비판적이었다.

리영희의 생애를 관통한 것은 철저한 무사(無私)의 정신이다. 20대 통역장교 시절 진주 기생 앞에서 객기를 부리다가 자신의 왜소함을 자각했다는 유명한 일화는 그의 지적·정신적 강인성을 뒷받침하는 근본 에너지가 무엇이었던가를 짐작게

한다. 그것은 자기를 내세우지 않는 근원적 겸허함, 소박함이었다. 비슷한 연배였던 장일순을 자신의 정신적 스승이라고 서슴없이 말할 수 있는 인간이 리영희였다. 장일순과의 교유 탓도 있겠지만, 만년에 이를수록 리영희는 '문명'의 위기 증상에 예민한 관심을 드러냈다. 부탁도 드리지 않았는데《녹색평론》에 원고를 자진해서 보내주신 것 등은 그런 관심의 표명이었을 것이다. 리영희라는 위대한 정신이 남겨놓은 사상적 유산은 크고 깊다. (한겨레, 2010-12-7)

IV. 원자력과 민주주의

탈석유 남북협력 체제를 위하여

어쩌다가 이렇게 한심한 상황이 되었을까. 다른 것은 몰라도 전쟁 걱정만은 덜게 되었다는 게 '햇볕정책' 이후 우리들의 생활실감이었다. 그래서 아무리 정권이 바뀐다고 하더라도 새로이 정립된 남북관계가 뿌리째 흔들릴 것이라고 예상한 사람은 별로 없었다. 남북의 화해·협력은 단순히 실용주의적 견지에서 보더라도 '남는 장사'임이 확실한 것이었기 때문이다.

그런데 그게 아니었던 모양이다. 지금 어떠한 상황에서도 평화를 염원하는 사람들도 많지만, 전쟁불사를 외치는 사람들도 적지 않다. 심지어 "사흘만 참으면 이길 수 있다"고 전쟁을 부추기는 언론도 있다. 이런 경우 '이긴다'는 게 구체적으로 뭘 뜻하는지 생각을 해보고 하는 말인지 모르겠지만 말이다.

물론 북한에 대한 적개심은 근거가 없는 게 아니다. 무엇보다 북한 지도부는 동족상잔의 전쟁을 일으킨 원죄가 있고, 그 상처는 깊고 돌이킬 수 없는 것이다. 그렇다 하더라도 엄연히 유엔 회원국의 하나인 사회체제를 부정하고, 그 붕괴를 기다린다는 것은 심히 어리석은 일이다. 중요한 것은 어디까지나 합리적인 사고이다. 북한 체제의 붕괴를 상정한 대북정책이란 단지 어리석기만 한 게 아니라 자칫하면 남북의 처참한 공멸로 발전할 수 있는 시나리오일 뿐이다.

북한 체제 붕괴의 판단 근거가 무엇인지 모르지만, 그 근거가 부실한 것임을 시사하는 증언도 꽤 있다. 가령 지난 20년간 북한을 드나들며 의료지원사업을 계속해온 재미동포 의사 오인동 씨의 증언이 그렇다. 그는 최근에 펴낸 책 《평양에 두고 온 수술가방》(2010)에서 이즈음 북한 주민들의 생활상에서 '고난의 행군'이 끝났음을 보여주는 윤택한 기운이 느껴진다고 말하고 있다.

현재 중국의 지도적 사회사상가 원톄쥔(溫鐵軍) 교수의 경험담도 마찬가지이다. 원 교수는 농촌·농민·농업의 부흥 없이는 중국의 미래가 없다는 관점에서 이른바 '삼농문제'를 줄기차게 제기해왔고, 그 결과 '삼농문제'는 지금 중국정부의 공식 현안이 되었다. 그런데 최근 원 교수가 쓴 북한 방문기에 의하면, 북한의 농업생산은 근래 점차 향상되고 있을 뿐만 아니라, 부분적이지만 시장거래도 활기를 띠고 있다. 예를 들어, 평양의 '동목리 자유시장'에서는 다양한 소비물자가 거래되고, 산촌 사람들의 안색이나 옷차림도 그렇게 곤궁한 것 같지는 않다는 것이다.

그런데 문제는 휴전 이후 북한 사회의 복구과정이 소련식 모델에 입각함으로써 석유와 기계 없이는 농업생산이 불가능하게 된 구조를 갖게 되었고, 이 구조를 근본적으로 바꾸는 게 쉽지 않다는 점이다. 게다가 북한은 이미 1970~1980년대에 도시화·공업화가 과도할 정도로 진전되어 농촌인구는 3분의 1 이하로 급감했다. 그리하여 1990년대 초 소련 붕괴 후 석유공급이 중단됐을 때 거기에 대응할 수 있는 조건(농산물 자급능력과 내수시장 확보)이 처음부터 결여돼 있었던 것이다. 그 결과가 바로 극심한 식량부족, 대규모 기아사태, 거기에 따른 극심한 체제 불안정이었고, 이를 극복하기 위한 비상수단으로 나온 게 '선군사상'과 핵개발이었던 것이다.

한때는 남한보다 앞선 공업사회였던 북한이 에너지·식량 위기에 봉착하자마자 '천민국가'로 떨어진 것은 결국 석유에 기반한 그 발전모델 때문이었다고 할 수 있다. 그런데 그 모델은 따져보면 서구식 산업화를 모방해온 남한의 발전 방식과 근본적으로 다른 게 아니다. 이것은 석유공급이 중단된 상황에서 남한 사회가 어떻게 될지 잠깐 상상해보면 알 수 있다. 그때는 아마도 그 어떤 전쟁에 못지않은 아비규환의 참상이 벌어질 것이다.

그런데 이것은 실제 이대로 가면 조만간 닥칠 수밖에 없는 상황이며, 북한의 경우는 단지 선례에 불과하다. 그렇게 보면 우리가 북한의 임박한 붕괴를 운운한다는 것은 실로 가소로운 짓이다. 지금 우리에게는 유기농을 기반으로 한 지속가능한 생활을 남북이 공유하기 위한 평화·협력 체제의 확보보다 더 긴급한 과제가 없다. (한겨레, 2010-12-28)

독립언론의 고달픔

우리의 삶이 조금이라도 더 인간적인 것이 되려면 민주주의가 살아나야 한다. 실제로 4대강 보호 문제와 남북 간 화해·협력 문제를 포함한 이 사회의 평화적 존속을 위협하는 온갖 인권, 생존, 생활에 관한 긴급한 현안들은 기본적으로 민주주의의 회복 없이는 아무것도 해결될 수 없음이 분명하다.

민주주의가 과연 구체적으로 무엇인지, 따지고 들면 이야기가 복잡해질 수 있다. 그렇다 하더라도 이해하기 어려운 것은 가령 정치학자 최장집 교수의 최근 발언이다. 그는 선거를 통한 정권교체의 가능성이 열려 있는 이상, 현재 한국의 정치상황을 민주주의의 위기로 간주하는 것은 잘못이라고 말하고 있다. 내가 보기에 민주주의에 대한 이런 관점은 마치 시(詩)를 일정한 길이를 가진 언어 조직이라고 정의하는 것과 같다. 그것은 민주주의에 대한 극히 형식주의적인 정의, 즉 심히 공허한 정의라고 할 수밖에 없다. 그것은 선거에 의한 독재체제의 성립을 설명할 수도 없을 뿐만 아니라, 지금 완전히 일방적인 독주를 계속하고 있는 권력의 횡포에 말할 수 없는 분노와 슬픔을 느끼고 있는 수많은 사람들의 마음을 우습게 여기는 관점이다.

무엇보다 지금 우리가 민주주의의 소중함을 절박하게 느끼고 있다는 사실 자체가 민주주의 위기의 명백한 증거일 것이다. 한동안 우리가 한국인으로 산다는 것에 자부심이 있었다면 그것은 군사독재에 대한 피나는 항거 끝에 민주주의를 쟁취한 경험에 근거한 것이었다. 일본의 양심적 지식인들이 한국을 부러워하고, 서양인들이 한국인을 더이상 경멸하지 못하는 결정적인 이유가 바로 거기에 있었다. 그런데 지난 몇 년간 그 민주주의가 어이없이 망가져버렸다. 민주주의는 완성품이 있는 게 아니라 언제나 새로 시작해야 할 영구혁명임을 우리가 잊고 있었는지 모른다.

그 영구혁명에서 핵심적인 것은 말할 것도 없이 언론이다. 언론은 사실에 충실해야 하지만, 100퍼센트 객관적인 사실 전달이라는 것은 있을 수 없다. 언론은 사실과 사건을 취사선택할 수밖에 없고, 그 과정에서 해석이라는 주관적인 판단과 평가가 불가피하다. 중요한 것은 이 주관적인 개입이 얼마나 공동체 전체의 이익, 즉 공공성에 충실한 각도에서 행해지는가이다. 소수 기득권층의 이익을 편파적으로 옹호하고, 끊임없이 다수 민중의 요구를 폄하·무시하는 언론을 언론이라고 부를 수 없는 이유가 여기에 있다.

언제나 마찬가지이지만, 지금은 정말 언론의 소임이 막중한 때라고 하지 않을 수 없다. 바야흐로 나라 안팎을 막론하고 인간다운 사회가 과연 지속될 수 있을지 매우 불투명한 상황이 전개되고 있기 때문이다. 이 상황에서 어용언론과 돈벌이에 혈안이 된 사이비 언론이 막강한 권력을 휘두르며 활개를 치고 있는 언론 현실을 생각하면 실로 암담하기 짝이 없다. 설상가상으로 '조중동' 텔레비전이 곧 출현하여 민주적 언론공간이 극도로 위축될 것을 생각하면 절망적인 기분이다.

그러나 상황이 나빠질수록 독립언론이 중요해진다는 것은 말할 것도 없다. 독립언론만 활발하다면 설령 보수세력이 계속 권력을 행사한다 하더라도 별로 걱정할 것은 없다. 하지만 지금 〈경향신문〉과 〈한겨레〉의 발행 부수는 '조중동'을 포함한 여타 모든 '보수파' 신문 전체 발행 부수의 10퍼센트이다. 결국 이 때문에 집권세력이 거리낌 없이 민주주의를 모욕하고 유린하는 게 가능한 것이다.

요즘 '진보정치'의 가능성을 위해 궁리하고 모색하는 사람이 많다. 이들의 노력이 헛되지 않기 위해서도 독립적 언론의 영향력이 커져야 한다. 재벌이 주는 광고 없이는 살아남기 힘든 오늘의 언론 상황을 생각하면 우울하지만, 그렇다고 현실을 저주하고 있을 수만은 없다. 〈한겨레〉도 〈경향신문〉도 재벌 광고를 받아야 하는 현실을 서글퍼하기 전에 각자가 어둠을 밝히는 작은 촛불을 켜는 게 낫다. 그래서 우리 모두 유료 구독자가 되고, 개미 광고주가 될 필요가 있다. 이게 민주주의를 살릴 수 있는 첩경이다. (한겨레, 2011-1-18)

지역공동체를 살리자면

세상 돌아가는 게 갈수록 불길하고, 흉흉하다. 농촌에서는 가축들이 대량으로 생매장을 당하는 참상이 계속되고, 도시에서는 농산물을 비롯한 생필품 가격이 가파르게 치솟고 있다. 그런가 하면 평양에서는 굶주림과 혹한 속에 난방이 되지 않는 생활에 견디지 못해 속절없이 사망하는 노인들이 급증하고 있다는 소문도 들린다.

지금 북아프리카에서 벌어지고 있는 민중봉기도 그렇다. 이것은 오랫동안 민중을 기만하고 억압해온 독재체제를 종식시키기 위한 저항운동이라는 점에서 환영할 일이지만, 또한 그 봉기의 배후에는 심각한 기후변화, 식량위기 및 석유자원 고갈 문제가 있다는 사실을 생각하지 않을 수 없다. 엊그제 유엔식량농업기구(FAO)가 발표한 통계에 의하면, 금년 1월에 세계의 식품 가격 수준은 유엔이 기록을 시작한 1990년 이후 최고치에 달했다. 이 추세는 장기적으로 약간의 부침은 있겠지만 완화될 성질의 것이 아니다. 왜냐하면 그것은 세계 도처에서 점점 걷잡을 수 없는 기후 난조 현상이 벌어지면서 작황이 갈수록 나빠지고, 설상가상으로 농경지가 광범위하게 사막화하고 있는 상황을 반영하고 있기 때문이다.

사실 이 모든 것은 예견된 사태라고 할 수 있다. 수십 년 전부터 선각자들은 기후변화에 대해 계속해서 말해왔고, 생태적 한계와 사회적 균형을 무시하는 개발·발전 방식과 경제성장 노선의 필연적인 파탄을 경고해왔다. 그러나 정치지도자들은 이 긴급 현안에 대해 무책임한 자세로 일관해왔다. 세계의 사막화를 막고, 농업을 지속가능하게 하자면 석유 의존적인 산업적 영농을 지양하고, 유기농을 권장하며, 가족농 중심의 농촌공동체를 보호·장려해야 한다는 것은 이미 중요한 상식이 되었다. 그런데도 아직 한국정부는 영농의 대규모화와 경쟁력

166

제고라는 수십 년간 되풀이된 '농정 원칙'을 되뇌고 있을 뿐이다. 완전히 비현실적인 이 공허한 말을 듣다 보면 현재 25퍼센트밖에 안되는 식량자급률을 개선하고자 하는 최소한의 의지라도 정부에 있는지 매우 의심스럽다.

농업은 앞으로 갈수록 중요해질 게 확실하다. 자동차나 전자제품은 없어도 살 수 있지만, 먹을 게 없으면 삶이 끝이라는 것은 상식이다. 그런데 우리는 불량식품일지라도 당장은 먹을 것이 넘쳐나는 상황에 익숙해진 탓인지 이 기초적인 상식을 흔히 망각하고 지낸다. 그러나 곧 이 망각의 대가가 얼마나 비싼 것인지 알게 될 날이 올지 모른다. 지금 세계 전역에서 먹을 것을 확보한다는 게 점점 어려워진다는 사실을 암시하는 징후가 뚜렷해지고 있기 때문이다.

그러나 지금까지의 행태로 보나, 권력의 본성으로 볼 때, 국가가 정책을 변경하여 농사다운 농사를 살릴 것이라고 기대할 수는 없다. 사실, 진짜 농사란 원래 '경제성장'과는 아무런 상관이 없는 철저히 지역공동체에 뿌리박은 생명활동이다. 그러므로 국가이기심과 권력의 집중화에 중독이 된 중앙정부가 지역공동체를 살리고자 하는 진심 어린 의지를 갖고 있다고 믿는 것은 어리석은 일이다.

지역공동체를 살리고자 하는 의지는 지역민 자신들에게서밖에 나올 수 없다. 국가와 정부의 시책이 달라지기를 기다려봤자 백년하청이라는 것을 우리 모두 깨달을 필요가 있다. 우리가 끝끝내 기댈 수 있는 것은 지역민 자신의 지혜와 역량밖에 없고, 그 지혜와 역량은 오로지 지역민끼리의 협동과 연대를 통해서만 발현될 수 있다.

오늘날 풀뿌리 차원에서 공동체를 살리기 위한 많은 시도가 있지만, 아마도 가장 유력한 것은 지금 세계적으로 확산 중인 지역통화운동이라고 할 수 있다. 지역통화는 이자가 없고, 따라서 자산축적 수단이 아니라 오로지 교환을 원활히 하는 매개 수단으로 기능한다. 그러므로 그것은 지역경제에 활기를 가져다주고, 풍요로운 인간관계를 창조하는 데 크게 기여할 수 있다. 나아가 지역통화운동을 통해서 우리는 화폐의 본질에 대한 근원적인 이해에 도달하고, 세계의 평화와 민주주의를 파괴해온 현존 달러체제의 바깥을 내다보는 시야를 확보할 수 있다. (한겨레, 2011-2-8)

협동적 삶의 아름다움

석유값이 치솟자 정부가 내놓는 대책이란 게 또 에너지절약운동이다. 물론 원유 가격이 지금 배럴당 100달러를 넘어가고 있는 것은 아랍권을 휩쓸고 있는 민중봉기의 영향이 크다. 그러니까 석유공급 문제는 이 지역의 상황이 어떻게 되느냐에 따라 달라질 것이라고 생각할 수 있다. 그래서 한국경제가 감당하기 힘들 만큼 석유값이 오른다 해도 그것은 일시적인 시런일지 모르고, 따라서 에너지절약운동으로 이 시기를 무사히 넘기면 된다고 생각할 수도 있다.

그러나 딴것은 몰라도, 석유문제만은 이제 임시 미봉책이 통하지 않을 것이다. 국제에너지기구(IEA)에 의하면 세계의 석유생산은 이미 정점을 지났다. 그렇다면 아랍권의 동향에 관계없이 값싼 석유 시대는 끝났음이 분명하다. 사실 이것은 충분히 예견된 사태이다. 화석연료문명의 종언을 암시하는 증언과 징후가 그동안 허다히 존재해왔기 때문이다.

제1차 '오일쇼크' 이후 수십 년이 지난 지금에 와서도 옥외조명이나 승강기 운행 감축 따위의 에너지 절약밖에 대책이 없다는 것은 이 나라가 삶의 장기적인 비전을 결여한 하루살이 인생들의 사회라는 것을 말해준다.

현재 한국경제의 근본문제는 그것이 거의 전적으로 값싼 석유에 의존하고 있다는 데 있다. 지금은 농사도 석유 없이는 아무것도 할 수 없는 상태가 되었다. 그런데도 석유공급에 이상이 생기면 그날로 망하게 되어 있는 이 극히 취약한 토대를 외면하고 우리는 이 상태가 언제까지나 계속될 수 있는 것처럼 행동하고 있다.

이 엉터리 사회의 모습은 가령 덴마크와 비교하면 훨씬 더 선명하게 드러난다. 1973년에 석유위기가 닥쳤을 때 덴마크의 에너지 자급도는 1.5퍼센트, 식량자급률도 30퍼센트에 불과했다. 그러나 석유위기는 덴마크인들을 각성시키는 계기가 되어, 그들은 재생가능에너지를 실용화하고 화석연료 의존도를 낮춘다는 목표를 내걸고 전력을 기울였다. 그리하여 1977년에는 에너지세를 신설하고, 또한 석유류의 국내 가격은 국제 석유 시세 변동에 관계없이 높은 수준으로 유지하는 정책을 채택함으로써 재생가능에너지 개발을 적극적으로 장려했다. 다른 한편, 풍력, 태양광, 바이오매스 발전에는 면세나 세금환급 혜택을 부여함으로써 재생가능에너지의 개발과 보급을 급속도로 확대시켰다. 그 결과 지금 덴마크의 에너지자립률은 130퍼센트, 식량자급률도 300퍼센트가 되었다.

주의할 것은 이 성과에는 덴마크의 정치적·사회적 성숙도와 높은 시민적 교양이 반영되어 있다는 사실이다. 예를 들어, 높은 석유 가격이나 에너지세를 감수하겠다는 시민들의 자발적인 자세 없이는 지금과 같은 에너지 자립은 꿈도 꾸지 못할 일이었을 것이다. 그렇게 하기까지는 지도층의 현명한 결단도 필요했겠지만 무엇보다 민주주의가 살아있기에 그것이 가능했다고 할 수 있다.

생각해보면, 덴마크의 민주주의는 이 나라의 오래된 협동조합운동의 역사와 긴밀히 관련되어 있음에 틀림없다. 18세기에 전면적인 토지개혁을 통해 자작소농 중심 사회로 근대를 맞이했던 덴마크는 몇 차례의 전쟁 끝에 국토 절반을 잃는 절망적 현실을 헤치고 세계에서도 드물게 평화롭고 견실한 민주주의 사회로 성장해왔다. 이 성공적인 역사의 원동력이 된 게 바로 활기찬 협동적 삶이었던 것이다. 거대자본이 지배하는 세상에서 살아남기 위해 소농들은 일찍부터 생산과 유통, 소비 부문에 걸쳐 서로 연대하고 연합함으로써 수많은 협동조합을 출현시켰다. 그리고 협동조합의 자치적·민주적 방식 속에서 사람들은 자신의 삶을 자주적으로 통제하는 능력과 습관을 키워왔다고 할 수 있다.

오늘날 덴마크의 노동조합 조직률은 87퍼센트에 달한다. 그뿐만 아니라, 유전자조작식품 등 과학기술에 관한 중요한 사회문제가 있으면 전문가들에게만 맡겨놓지 않고 시민들이 직접 참여하여 토론하고 결정하는 '시민합의회의'를 운영하고 있다. 지금 덴마크의 대학진학률은 40퍼센트에 불과하지만, 시민적 교양 수준은 대학 졸업자로 넘쳐나는 어떤 사회보다도 높다.(한겨레, 2011-3-1)

원자력과 민주주의

센다이(仙台)는 아들이 살고 있기 때문에 여러 번 가본 곳이다. 비행기가 태평양 쪽으로 나갔다가 다시 육지를 향해 짙푸른 바다 위를 낮게 날아 눈부신 모래밭과 숲을 넘어 활주로에 착륙하는 동안의 주변 경치는 숨이 막힐 만큼 아름답다. 센다이공항은 언제나 시골 역사 같은, 조용하고 한가로운 분위기에 감싸여 있다. 단정한 모습의 부근 농가들과 그 사이 잘 정돈된 논밭은 여기가 가난하지만 근면하고 성실하게 사는 사람들의 삶터임을 알려준다.

그 아름다운 곳이 일시에 폐허가 되고, 수많은 사람들이 삶터와 가족을 잃고 슬퍼하는 모습을 보고 있자니 비통한 심정을 가눌 수 없다. 인간의 삶이란 이토록 허망한 것인가.

따져보면, 아무리 잘난 척해도 우리는 모두 자연 앞에서 철저히 무력할 수밖에 없다. 따라서 우리는 자연의 섭리에 순응하며, 슬픔을 견디고 묵묵히 파괴된 삶터의 복구에 나서는 수밖에 없다. 언젠가 또다시 자연재해로 허물어진다 해도 삶을 재건할 수밖에 없는 게 인간의 운명인지 모른다.

그러나 원자력사고는 우리가 순응해야 할 재해가 결코 아니다. '원자력의 평화적 이용'이란 게 근본적으로 허구이며 속임수임은 새삼 말할 필요도 없다. 이것은 히로시마(広島) 원폭투하 이후 핵개발의 역사를 들여다보면 누구라도 알 수 있다. 무엇보다 잊지 말아야 할 것은 원전이란 원폭과 뗄 수 없는 관계 속에서 국가의 군사적 야망과 핵자본의 이익, 기생적인 정치가, 관료, 학자, 언론이 만들어낸 합작품이라는 점이다.

원자력발전이 성립하기 위한 기본적 전제조건은 절대적 안전성이다. 이 안전성이 지켜지지 않을 때, 궁극적인 결과는 인간생존의 전면적인 붕괴이다. 방사능과 생명은 공존할 수 있는 게 아니다. 흔히 피폭 허용치 운운하지만, 지구 전역에 미치는 만성적 방사능 장해를 고려하면 허용치란 말장난일 뿐이다.

원전에 확실한 게 있다면, 언제든 사고가 나게 마련이라는 사실이다. 체르노빌이나 후쿠시마(福島) 원전의 방사능 대량

172

방출 사태는 예측 불가능했던 게 결코 아니다. 정부와 원전 관계자는 언제나 은폐하고 거짓말을 하지만, 실제로 원전에서는 크고 작은 사고가 끊임없이 일어나고 있다. 인간이 하는 일에서 완벽성이란 있을 수 없다. 지금 후쿠시마 원전사고는 예상하지 못한 지진해일(쓰나미) 때문이라고 하지만, 원래 예상치를 벗어나는 게 자연재해의 본질이다.

다중방호 장치를 아무리 잘한다 해도 사고의 완벽한 방지란 논리적으로 불가능하다. 왜냐하면 인간은 실수를 범하는 존재이기 때문이다. 이것은 불가피한 인간조건이다. 이 근본적인 인간조건을 무시하고, 절대적 안전성을 요하는 위험시설을 옹호·장려한다는 것은 오늘날 권력자들 사이에 만연한 정신질환이 그만큼 깊다는 뜻일 것이다.

원전으로 기후변화에 대응할 수 있다는 주장도 우라늄 채굴, 정련, 운반, 처리 등에 수반하는 석유 소비를 생각하면 근거 없는 낭설이다. 원전의 경제성이라는 것도 최종적인 폐쇄 비용까지 고려하면 완전히 허구임이 이미 충분히 논증되었다. 무엇보다 중요한 것은 원전에서 발생하는 핵폐기물을 이 지구에서 안전하게 처리할 수 있는 방법이 전혀 없다는 점이다. 그렇기에 반핵운동에 평생을 바친 시민과학자, 다카기 진자부로(高木仁三郎, 1938-2000)는 원전을 '화장실 없는 맨션아파트'라고 불렀던 것이다.

후쿠시마 원전 재앙이 주는 교훈은 단 하나뿐이다. 이미 숱한 핵실험과 원전사고로 심히 오염된 생태계를 현 상태나마 유지하려면 당장에 모든 원자력발전소에 대한 폐쇄 조치에 들어가야 한다는 것이다. 그러나 문제는 이 엄청난 재앙을 겪고도, 권력엘리트들은 원자력을 포기하지 않을 것이라는 점이다. 예를 들어, 이 와중에 며칠 전 미국 대통령은 원전 장려 정책을 계속하겠다는 발언을 했다. 원전사업에 진출하려는 에너지 기업 '엑셀론'과 워싱턴의 막강한 로비단체 '핵에너지연구소 (NEI)'가 예전부터 오바마의 유력한 후원자였다는 사실과 이 발언이 관계가 없다고 할 수 있을까? 민주주의를 살리지 못하면 만사가 끝이다. (한겨레, 2011-3-22)

대안이 없다고?

일본 후쿠시마 상황이 다소 진정되는 듯하지만, 안심할 수 있는 수준은 전혀 아니다. 이미 대기 중에 방출된 방사성물질도 엄청나지만, 지금은 손상된 원자로에 끊임없이 투입되고 있는 냉각수가 바다로 유출됨으로써 심각한 해양오염이 계속되고 있다.

게다가 이 상황이 어떻게 종식될지 아무도 모른다. 원자로 안정화 작업이 순조롭게 진행될지도 불확실하다. 세계적 지진학자 이시바시 가쓰히코(石橋克彦) 교수에 따르면, 태평양판은 1923년 간토(관동)대지진 이후 70~80년 지속된 '평온기'를 지나 지금은 대지진과 해일(쓰나미)을 빈번히 일으키는 '활동기'에 접어들었다. 이 가설이 옳다면 해안을 따라 밀집해 있는 일본 원전들의 운명은 바람 앞의 촛불이라고 할 수 있다.

생각해보면, 사상 최대 핵 사고로 알려진 1986년의 체르노빌 사고도 후쿠시마에 비하면 아무것도 아닐 가능성이 높다. 체르노빌 사태는 넓고 비옥한 땅을 죽음의 땅으로 만들고, 멀리 떨어진 서유럽에도 심각한 피해를 끼쳤을 뿐 아니라 그 후유증은 지금도 계속되고 있다. 그런데 중요한 것은 막대한 피해를 끼친 이 방사능이 가동한 지 8년밖에 되지 않은 원자로 1기에서 분출된 것이었다는 점이다. 후쿠시마에서는 4개의 원자로가 손상되었고, 그것도 전부 40년 넘게 가동한 원자로들이다. 즉, 이들 노후 원자로 속에는 방대하게 누적된 방사능이 쌓여 있을 것이다. 그렇다면 지난 한 달 동안 방출된 것은 그만두고, 이대로 간다면 생태계의 방사능오염 수준은 상상을 초월하는 게 될지 모른다.

방사능은 생태계와 양립 불가능하다. 46억 년 전 지구 탄생 이후 생명체가 출현하기까지 20억 년이 경과해야 했던 것은 원시 지구에 가득 찬 방사능이 제거돼야 했기 때문이다. 지금도 우주에서 끊임없이 방사선이 들어오지만, 오존층이 막아주는 덕분에 지상의 생물이 살 수 있는 것이다. 아직도 자연방사능이 미약하게 존재하지만, 그렇다고 해서 핵실험이나 원전사고에 의한 인공방사능의 생태계 유입은 용인될 수 없다.

자연방사능이나 엑스레이촬영을 들먹이며 안전성을 운운하

는 것은 범죄행위이다. 방사능 허용 기준치라는 것 자체가 원래 핵 산업 보호를 위한 자의적인 수치임을 알아야 한다. 방사능의 근본 유해성은 미량이라도 호흡과 먹이사슬을 통해 체내 농축이 된다는 데 있다. 그것이 내부피폭이라는 것이다. 사람들이 비를 맞지 않으려 하고, 먹을 게 없다며 불안을 느끼는 것은 극히 자연스런 반응이다.

이해할 수 없는 것은 이 상황에서도 대안이 없으니 원전을 계속할 수밖에 없다는 생각이다. 원전업계와 무관한 사람한테서도 이런 발언이 나온다는 게 문제이다. 전형적인 것은 경제학자 이정우 교수가 지난주 〈한겨레〉에 쓴 글('진퇴양난의 원전', 2011년 4월 4일)이다. 그는 현재의 높은 원전 의존도를 고려할 때, 원전을 포기하고 재생에너지를 개발하자는 '환경근본주의자'의 주장은 지나친 이상론이라고 규정한다. 한번 터지면 곧 대재앙이 될 뿐 아니라 끊임없이 쌓이는 핵폐기물도 합리적 처리 방법이 없는 발전방식을 중단해야 한다는 극히 상식적인 생각이 어째서 이상론일까. 이정우 교수는 원전에 대한 철저한 감독을 주문한다. 물론 면밀한 관리·감독은 중요하다. 그러나 치명적인 사고란 늘 예측을 뛰어넘는다는 사실을 기억해야 한다. 무엇보다 핵 사고는 생태계에 회복 불능의 영구적 손상을 끼친다는 점에서 여타 사고와 차원을 달리한다는 사실을 잊어서는 안된다.

히로세 다카시(広瀬隆)는 핵문제를 집요하게 파헤쳐온 독립 저술가이다. 그는 지난 20년간 체르노빌 다음에 사고가 날 곳은 프랑스 아니면 일본이 될 것임을 강조해왔다. 지난해 출간된 《원자로 시한폭탄》(2010)에서는 "일본이 10년 후에도 존재해 있을까 묻는다면 나로서는 확실히 말하기 어렵다"고 말했다. 결국 후쿠시마에서 그의 예언은 적중했다.

원전의 장래를 예측하는 데는 정상적인 사고력이면 충분하다. 원전사고는 반드시 일어난다. 문제는 언제, 어디서냐 하는 것뿐이다. 대안이 없다는 구실로 원전 가동을 계속한다는 것은 자연과 미래세대에 대한 테러이다. (한겨레, 2011-4-12)

과학자와 민초들의 운명

후쿠시마 핵발전소 사고로 당장 가장 큰 피해를 입는 것은 말할 것도 없이 민초들이다. 높은 사람들이 멀리 떨어진 도쿄에서 "안심해도 된다"고 헛소리를 하는 동안, 사고 현장에는 시급 1,900엔짜리 하청노동자들이 원자로 안정화 작업에 필사적으로 매달려 있다. 언론은 가미카제 특공대를 들먹이며 '자기희생 정신' 운운하고 있지만, 인간으로서 견딜 수 없는 일을 시켜놓고 노동자들을 미화하는 것은 위선이라기보다 범죄행위이다.

발전소 현장 노동자들 외에, 최대 피해자는 역시 풀뿌리 백성들이다. 사고 직후 자살한 농민도 있다. 30년 이상 유기농을 하며 학교의 급식 재료를 공급해왔던 농민이었다. 한평생 정성 들여 보살펴온 땅이 방사능오염으로 못쓰게 된 현실 앞에서 심정이 어떠했을까.

살아있는 농민과 어민들의 상황도 절망적이다. 후쿠시마는 원래 비옥한 농경지대이고, 그 해안은 풍부한 수산물의 보고였다. 핵 사고는 민초들의 지속가능한, 자율적인 삶의 토대를 철저히 파괴해버렸다. 밭에 씨를 뿌리고 있어야 할 농민들과 바다로 나갔어야 할 어민들은 지금 도쿄에서 연일 시위를 하며 "우리의 삶을 돌려달라! 우리의 미래를 돌려달라!"고 외치고 있다.

그동안 핵발전을 추진하거나 옹호해온 학자와 전문가들은 지금 어떤 생각을 하고 있을까? 사고 발생 직후부터 내가 제일 궁금하게 생각해온 게 이것이다. 사상 최악의 핵 재앙을 초래한 이번 사고로 일본은 국토의 상당부분을 상실하고, 일본인들의 건강은 심신 양면에 걸쳐 장기간 심각한 후유증을 앓게 될 것이다. 실제로 이런 사태를 예견하고 비록 소수이지만 양심적인 학자, 지식인, 활동가들이 끊임없이 경고를 해왔다. 그럼에도 정부나 핵 산업계와 한통속이 된 학자, 전문가, 언론인들은 비판적 목소리를 일관되게 무시해왔다.

하기는 일본이든 어디든 오늘날 핵 산업에 비판적인 목소리를 내면 출세는 물론, 연구자로서 역경에 처하게 된다는 것은 과학자들 자신이 가장 잘 알고 있다. 비판적 연구자는 정부, 기업, 동료들로부터 '왕따'를 당하기 쉽기 때문이다.

예를 들어, 후쿠시마 사태 이후 갑자기 일본 미디어에서 큰 주목을 받고 있는 고이데 히로아키(小出裕章)라는 핵전문가가 있다. 그는 핵공학자로서 자신이 왜 핵발전에 반대하는가를 여러 권의 저술을 통해 열심히 발언해왔다. 그런데 현재 교토 대학 원자로실험소에 있는 이 환갑을 넘긴 과학자의 직위는 '조교'이다. 한국의 대학에서 말하는 조교와는 다르겠지만, 어쨌든 일본의 대학에서도 그 직위는 최하위직임이 분명하다. 최근 이 고이데 선생의 인터뷰를 번역 게재한 〈프레시안〉은 그를 '연구원'으로 소개하고 있었다. 아마 환갑 넘은 이가 '조교'라는 게 이해하기 어려웠을 것이다.

예외가 없진 않겠지만, 오늘날 거대 과학기술 시대에 과학자가 정부나 기업의 뜻에 거스르는 연구를 한다는 것은 사실 생각하기 어렵다. 실제로 현재 과학자 중에 정부, 군부, 대기업의 이해관계와 연계돼 있지 않은 연구를 하는 사람은 거의 없다고 단언할 수 있다. 그 결과는 독립적 과학연구, 자유로운 과학정신의 몰락이다. 과학자들이 창부나 다름없는 신세로 전락해버린 이런 현실에 절망했던 저명한 생화학자 에르빈 샤르가프(1905-2002)는 생애 말년을 우울과 고독 속에서 보냈다. 그는 '작은 과학'이 진짜 과학이라고 말했다.

당연하지만, 일본 과학자들 중에도 조금씩 반성의 목소리가 들리고 있다. 그중 눈에 띄는 것은 주부(中部)대학 교수 다케다 구니히코(武田邦彦)라는 인물이다. 그는 원자력위원회 전문위원으로 일본 핵 사업의 중심부에서 일을 해왔다. 그런 사람이 이제 눈을 떠서 자신의 블로그에 사죄의 글을 올리고 있다. "지금까지 수만 년 동안 조상들이 의지하고 살아온 대기와 대지, 바다가 오염되고 초토화돼버린" 것을 개탄하고, 자신이 그동안 "사려 깊지 못했음"을 인정하고 있다. 그러나 이제 와서 사죄를 한들 무슨 소용이 있는가. 민초들의 삶터를 돌이킬 수 없이 무너뜨린 다음에…. (한겨레, 2011-5-3)

'시민과학자'를 기다리며

후쿠시마 사태 이후 원자력이라는 괴물 때문에 줄곧 가위눌려 지내고 있는 느낌이다. 핵 산업은 한번 중대사고가 발생하면 그동안의 이익 전체를 훨씬 능가하는 손해를 입힐 뿐만 아니라, 궁극적으로 지구를 거주 불가능한 공간으로 만들어놓을 게 분명한 프로젝트이다. 핵 산업 추진세력이 이것을 모를 리 없다. 그들은 핵발전의 절대 안전성을 되뇌면서도 진심으로는 그렇게 믿지는 않았을 것이다. 지구생태계가 파괴되거나 오염되면 자본가나 권력자라 할지라도 살아남을 수 없다는 것은 명백하다. 그런데도 그들은 왜 이 끔찍한 짓을 계속해왔고, 지금도 그만두려고 하지 않는 것일까?

이 상황에서 제일 아쉬운 것은 양심적 과학자·전문가들의 사회적 발언이다. 정부나 핵 산업계의 이해관계를 대변하는 어용학자들의 상투적인 발언이 아니라 독립적 연구자들의 발언이야말로 가장 필요하다고 할 수 있다. 실제로 지금 우리가 국내에서 원자력에 관련해서 구해 볼 수 있는, 그런 발언이나 문헌은 거의 전부가 해외의 연구자나 전문가들에 의한 것이다. 물론 국내에서 작성된 자료도 없는 것은 아니지만, 그것들은 대체로 반핵운동단체에 속한 시민운동가들, 즉 비전문가에 의한 실무적 문건이다. 따라서 이 문건들도 최종적으로 의지하고 있는 것은 해외의 관련 전문가들이 쓴 자료이다.

물론 외국의 과학자들이라고 해서 발언이 자유로운 것은 아니다. 오늘날 과학연구라는 것은 거의 모든 분야에 걸쳐서 국가 혹은 자본의 요구와 연계되어 행해지고 있기 때문에 과학자가 독립적인 목소리를 내는 것은 쉬운 일이 아니다. 특히 원자력 관련 연구는 그것이 국가주의 혹은 군사적 논리와도 연관되어 있기 때문에 더 그렇다고 할 수 있다.

실제로 60년 이상 핵 산업이 성행해왔는데도 지금 인류사회에는 인공방사능이 과연 얼마나 어떻게 사람과 생명체에 영향을 미치는지에 대한 정설(定說)이 없다. 이렇게 된 것은, 간단히 말해서, 권력에 의한 정보의 독점과 독립적 목소리에 대한 억압 때문이라고 할 수 있다.

핵 산업 추진세력은 끊임없이 방사능 피해의 규모를 축소·은폐하려 하면서, 심지어는 미량의 방사능은 생명체에 유익하다는 주장까지 해왔다. 그리고 이 상황에 이의를 제기하는 연구자들은 예외 없이 수난을 당하거나 노골적인 박해를 받아왔다. 오늘날 세계보건기구(WHO)조차 방사능 피해에 대한 독자적인 견해를 자유롭게 발표하지 못하고 있다는 사실을 아는 사람은 많지 않을 것이다.

이런 현실에서도 방사능이 얼마나 무서운 것인가를 우리가 알게 된 것은 몇몇 양심적인 과학자·전문가들의 의로운 결단 덕분이다. 그들이 없었다면 우리는 보이지도 않고 냄새도 없을 뿐만 아니라, 많은 경우 피해가 10~20년 뒤에 나타나기 시작하는 방사능의 가공할 피해를 알지 못하고, 또 그동안 행해진 무수한 핵실험, 원자력발전, 열화우라늄폭탄 따위로 세계 전역에 방사능오염이 확산되고 있는 것도 모르고 있었을 것이다.

비단 원자력기술뿐만 아니다. 갈수록 첨단 과학기술에 대한 의존도가 높아지는 상황에서 오늘날 독립적인 과학자의 존재는 점점 더 중요해지고 있다. 그러나 현실 속의 과학자들은 점점 더 자본과 국가의 노예가 되어가고 있다. 이 개탄스러운 상황이 극복되지 않는 한, 과학기술은 인간다운 삶의 증진에 기여하기는커녕 삶 자체를 근원적으로 망가뜨리는 악마의 도구가 될 수밖에 없다. 이 악마의 도구가 되기를 단호히 거부하면서, 과학기술의 인간화와 민주화를 위해 헌신하는 과학자가 진정한 '시민과학자'일 것이다. 그런 시민과학자를 볼 수 없는 사회는 희망이 없는 사회이다. (한겨레, 2011-5-31)

원자력 광기

지난 석 달 동안 〈한겨레〉에 나는 원자력 이야기만을 써왔다. 이번에도 그럴 수밖에 없다. 지금도 후쿠시마에는 방사능이 대량 유출되고 있지만, 놀랍게도 이 엄중한 사태에 대해서 장기적 안목에서 포괄적·심층적인 보도와 분석을 하고 있는 매스컴은 거의 없다. 사고 초기에 잠깐 부산한 움직임이 있었을 뿐, 어느새 시들해져버렸다. 언론이 다루지 않으면 사람들은 무슨 일이 있는지 모르고 관심도 없다.

정말 이래도 될까. 이 묵시록적인 사태에 이토록 무신경·무관심할 수 있다는 게 믿어지지 않는다. 짐작건대 원자력 홍보 기관에 의한 대언론 로비가 매우 치열했을 것이다. 오늘날 매스컴이란 결국은 영리를 추구하는 조직이다. 따라서 막강한 광고주의 영향력을 벗어나는 것은 쉽지 않을 것이다.

그러나 원자력에 관한 한 언론 자신이 이 문제를 제대로 다룰 만한 능력과 지식을 갖추고 있는지도 심히 의심스럽다. 지금 젊은 기자들은 어렸을 적부터 원자력이라면 깨끗하고 값싼 에너지라는 구호를 끊임없이 듣고 자란 세대이다. 그게 국내외에 걸친 막강한 이권세력이 꾸며낸 완전한 거짓말이며 속임수라는 것을 깨우쳐주는 비판적 언론을 접할 기회도 거의 없었다. 내용을 모르면 문제의식 자체가 생겨나지 않는다. 서글픈 일이지만, 이게 지금 한국 언론의 다수 현역 기자들의 실상인지 모른다.

하기는 나 자신도 마찬가지이다. 후쿠시마 사태의 추이를 불안하게 지켜보며, 지금까지 끊임없이 자료를 읽고 인터넷을 뒤적이면서, 내가 그동안 너무 무지했다는 자탄을 금할 수가 없었다. 30년 전 오스트레일리아 출신 의사이자 세계적 반핵 운동가인 헬렌 칼디콧의 책 《원자력 광기》(1978, 개정판 1994)를 처음 접하고 큰 충격을 받은 이후, 나는 핵 관련 자료를 꽤 읽었고, 새로 눈을 떴다고 생각했다. 그때 내린 결론은 이 세계에 핵이 존재하는 한, 설사 핵전쟁이 없다고 해도, 잠재적인 핵위협 그 자체에 의한 공포와 불안 때문에 인간의 삶은 근본적으로 허무주의라는 질병을 벗어날 수 없다는 것이었다.

그러나 소련이 붕괴하고 냉전시대가 종결되면서 핵전쟁의 위협이 크게 완화되었다고 생각하자 어느새 관심이 엷어져버렸다. 나는 원자력발전이 핵무기 산업과 일란성 쌍둥이라는 사실을 간과하고 있었다. 인간의 터무니없는 교만과 어리석음이 만들어낸 가장 흉측한 괴물이 '평화산업'을 참칭하며 계속 확장되고 있는 현실에 둔감했던 것이다. 후쿠시마 사태는 그런 무지몽매 속에 빠져 있던 내게 엄청난 충격이었다. 부끄럽기도 했다.

그러나 그런 부끄러움 따위는 아무것도 아니다. 지금 후쿠시마 사람들이 직면한 비통한 현실은 형언할 수가 없다. 무고한 백성들이 하루아침에 정든 고향과 삶터를 잃고, 낯선 도시의 친척집과 피난소를 기웃거리며 기약 없이 방황하고 있다. 피난을 못 간 이들은 극도의 불안 속에 장차 아이들에게 닥칠 불행과 비극 때문에 잠을 이루지 못한다. 후쿠시마만의 풍경이 아니다. 일본 전역에서 사람들은 심한 우울증에 시달리고 있다. 게다가 양심적인 과학자들의 예측대로라면 조만간 일본 땅 대부분이 인간이 건강하게 살 수 없는 오염지역이 될지 모른다. 그러면 대체 뭘 먹고 살며, 아이들을 어떻게 낳아 키울 것인가.

가증스럽게도 아직 '엘리트'들은 반성할 줄 모른다. 최초에 원자력 도입을 주도했던 나카소네(中曾根) 전 총리의 반응이 대표적이다. 그는 이번 사태에 대해 '유감천만'이라고 남의 말 하듯이 하고는, '세계의 공공재'인 원자력 진흥이 계속 필요하다는 망언을 내뱉었다. 온전한 인간정신과 절대로 양립할 수 없는 악마의 기술, 그게 원자력의 본질이다. (한겨레, 2011-6-23)

독일의 위대한 선택

〈경향신문〉에 처음 글을 쓴다. 언제까지 계속할지 모르지만, 귀중한 지면을 헛되이 쓰지 않도록 최선을 다할 작정이다. 독자들을 위해 칼럼 제목에 대한 설명이 약간 필요할지 모르겠다. 수하한화(樹下閑話)라는 제목을 택한 것은 별다른 이유가 없다. '수하'란 원래 보리수 아래, 즉 석가모니께서 깨달음을 얻은 자리를 뜻하는 말이다. 수하석상(樹下石上)이라는 불가(佛

家)의 용어가 있다. 출가 수행자가 세속의 명리를 잊고 무념무상의 자리에 든다는 뜻이지만, 그것은 나 같은 속물이 감히 넘볼 수 없는 경계이다. 내게는 그냥 여름날 시원한 나무 그늘에서 한가로운 잡담을 하듯 두서없는 얘기를 해보고 싶은 욕망이 있을 뿐이다.

무슨 이야기부터 할까 궁리해봤지만, 요즘 내가 절실하게 생각하고 있는 것에서 시작할 수밖에 없다. 이미 여러 곳에서 원자력문제에 관해 많은 말을 했지만, 아직도 크게 미진한 느낌이다. 이 문제에 대한 언론의 이상할 정도의 둔감한 반응을 생각하면 더 그렇다. 내가 보기에 지금 한국의 언론은 공동체의 안위에 관련하여 심각한 직무유기를 행하고 있다.

1986년의 체르노빌 사고 때는 민주화라는 절박한 현안에 가려져 우리에게는 원자력이 긴급한 문제가 되기 어려운 상황이었다. 게다가 당시 한국인들의 지리 감각으로는 체르노빌은 아주 먼 곳이었다. 하지만 후쿠시마는 사정이 전혀 다르다. 사고 후 5개월이 되었지만, 여전히 수습 전망은 불투명하고, 방사성물질은 끝없이 방출되고 있다. 이처럼 방사능 누출이 기약 없이 계속된다면 후쿠시마 인접 지역은 물론 일본 전토를 포함하여 한반도와 인근 해역도 무사하지 못할 것은 명백한 일이다. 그런데도 사고 직후 잠깐 부산스러웠을 뿐, 어느새 후쿠시마 사태는 언론의 시야를 벗어나버린 것 같다.

우리가 원전문제에 관심을 가져야 하는 것은 건강피해를 걱정해서만이 아니다. 어차피 원자력산업은 이제 존립 명분을 잃어버렸다. '안전신화'는 간단히 붕괴되었고, 경제성도, '청정에너지' 이미지도 모두 거짓이며 가면이라는 게 확연히 드러났다. 핵폐기물을 최종적으로 처분할 합리적 방도가 없다는 원전의 가장 치명적인 결함도 이제는 누구나 아는 상식이 되었다.

그런데도 여전히 원자력과 결별할 수 없다고 믿는 사람이 많다. 아마도 아직은 대체에너지가 없고, 또 무엇보다 풍부한 전력 없이는 문명생활이 안된다는 선입관 때문일 것이다. 하기는 지금과 같은 막대한 전력소비를 구조적으로 강제하는 생활양식을 지속하고자 하는 한, 해결책이 있을 수 없는 것은 당연하다. 무진장한 자연에너지를 확보한다는 것은 지금도, 장래에도, 지난할 것이기 때문이다.

그러나 원자력 의존 시스템의 폐기는 인간이 자신의 미래를 생각한다면 반드시 실현해야 할 과제이다. 왜냐하면 원자력체제는 현세대의 단기적인 이익을 위해 미래세대의 생존·생활의 가능성을 근원적으로 파괴하는 심히 어리석은, 광기의 시스템이기 때문이다.

희망적인 것은 이 시스템을 포기할 것을 결정한 나라가 있다는 사실이다. 독일, 이탈리아, 스위스, 덴마크가 그런 나라인데, 특히 주목할 것은 독일이다. 다른 나라들은 아예 원전을 도입하지 않았거나 도입했다 하더라도 소규모인 것에 비해 독일은 경제대국이면서 17기의 원전을 보유한 나라이다. 당연히 원자력의 정치적·경제적·사회적 비중이 매우 높을 수밖에 없다. 그런 독일이 전면적 탈원전을 결의했다는 것은 가히 세계사적 사건이라 할 수 있다. 왜냐하면 거기에는 문명의 방향전환이 암시되어 있기 때문이다.

게다가 이 전환이 기독민주당이라는 보수파 주도의 정부에서 이루어졌다는 게 더 흥미롭다. 돋보이는 것은 지도자의 자세이다. 메르켈 총리의 원전 폐쇄 결정이 임박한 선거 때문이라는 해석도 타당하지만, 총리 자신의 개인적 자질도 결코 무시할 수 없다. 원래 동독 출신 물리학자인 메르켈은 후쿠시마 원전의 수소폭발 장면을 영상으로 보자마자 그게 무엇을 의미하는지 대뜸 이해했다고 술회했다. 그랬기 때문에 그는 바로 3개월 전에 자신이 주도해서 성사시켰던 원전 확대 정책을 과감히 철회하고, 또 기득권세력의 반발에 맞서서 2022년까지 원전을 완전히 폐기하기 위한 절차를 시작할 수 있었던 것이다.

그 절차도 극히 합리적이고, 민주적이었다. 총리는 '안전한 에너지 공급을 위한 윤리위원회'를 구성하여 관련 문제를 검토하도록 의뢰했고, 이 위원회는 2개월간의 논의를 거쳐 원전 폐기의 필요성을 설명하는 보고서를 제출했다. 위원회는 지진, 홍수, 항공기 추락 등에 의한 예상 가능한 원전사고를 면밀히 검토·평가하였고, 체르노빌과 후쿠시마 이후에도 원전에 집착하는 것은 '윤리적 의무'를 방기하는 것임을 강조했다.

부러운 것은 원자력을 기술적·산업적 문제 이외에 윤리적 문제로 파악하는 건전한 양식이다. 게다가 이 '윤리위원회'에는 정치적 중립성이 철저히 보장되었다. 누가 봐도 독립적인 전문가, 과학자, 철학자들 17명으로 구성된 윤리위원회는 관계 전문가 30명을 초청하여 장시간 토론하면서 그것을 텔레비전으로 실황중계도 했다. 모든 절차가 정직하게, 공개적인 방식으로 진행되었다.

말할 것도 없이, 메르켈 총리의 이런 자세는 독일사회의 문화적 성숙과 생태적 교양을 반영한 것이다. 그리고 무엇보다 오랫동안 치열하게 계속돼온 반핵운동이 없었다면 독일정부의 탈원전 결정은 불가능했을 것이다. 지난 6월 30일 독일 하원에서 압도적 표차로 원전의 단계적 폐쇄가 가결되던 날 녹색당 원내총무는 말했다. "오늘의 역사적 결의는 30년 넘게 반핵운동에 헌신해온 시민들 덕분입니다. 특히 몇몇 시민의 이름을 국회의사록에 기재함으로써 그 공로를 영구히 기리고자 합니다." 이날의 결의를 '30년 전쟁의 종언'으로 표현한 언론도 있었다.

산업대국의 탈원전은 쉬운 일이 아니다. 그러나 그 결의를 통해서 독일은 대량생산 - 대량소비 - 대량폐기라는 악순환을 강요하는 미국식 문명으로부터 벗어날 것을 명확히 선언했다. 궁극적인 성공 여부에 관계없이 독일의 선택은 그 자체가 살아있는 인간정신의 위대함을 드러내었다고 할 만하다. (경향신문, 2011-8-11)

제비뽑기, 민주주의의 활로

곽노현 서울시교육감의 일은 매우 유감스럽다. 오늘날 우리 사회에는 허다한 문제가 있지만 아이들이 '교육지옥'에 갇혀 불행한 성장기·사춘기를 보내고 있는 것보다 더 가슴 아픈 일은 없을 것이다. 이게 한 사람의 힘으로 해결될 리 만무하지만, 어쨌든 이 절망적인 교육 현실을 조금이라도 타개할 것으로 믿고 곽 교육감을 지지해온 사람들이 많다. 그런데 어이없게도 그에게 선거법 위반 혐의가 씌워졌고, 그것도 교육자로서는 가장 불명예스러운 '돈'문제로 걸려들었다. 곽 교육감이 자기방어에 성공할지 어떨지는 모르지만, 그것과 관계없이 이미 그는 치명타를 입었고, 따라서 계속적인 직무수행이 어렵게 되었다.

그러나 언론보도에 드러난 것만이라도 편견 없이 읽어보면 곽 교육감이 말하는 '선의'가 거짓말이 아닌 것을 느낄 수 있다. 내 느낌으로는 양심적인 법학자·인권활동가로서 그가 일관된 삶을 살아왔다는 것은 분명해 보인다. 내가 곽 교육감이었다면 어떻게 했을까 나는 잠시 생각해보았다. 선거 막판에 후보 단일화가 승리의 절대적인 조건이라고 생각되는 상황에서 상대방의 양보를 얻기 위해서 나는 어떻게 했을까. 물론 온갖 설득노력을 다하겠지만, 이미 거액을 선거판에 투입한 상대방이 돈을 요구하거나 당선 뒤에 요직을 줄 것을 약속하라고 한다면? 아마 틀림없이 나는 그런 요구를 끝내 물리치지 못했을 것이다. 그런 점에서 곽 교육감은 나보다 더 윤리적인 인간임이 확실하다. 선거가 끝난 뒤에야 양쪽 참모들 사이에 돈을 주고받기로 밀약이 돼 있었다는 것을 인지했다는 곽 교육감 측의 설명은 사실인 것으로 보이기 때문이다.

물론 나 같은 인간이 그 상황에서 어떻게 행동했을까 가정하는 것은 중요하지 않다. 그게 사태의 옳고 그름을 판단하는 기준이 될 수는 없다. 다만, 내가 말하고 싶은 것은 곽 교육감은 평균적 인간보다는 더 윤리적인 인간일 가능성이 높다는 것이다. 문제는 그런 윤리적 인간도 오늘날 우리의 정치환경에서는 언제든 치욕적인 상황에 직면할 수 있다는 사실이다. 그렇다면, 결국 무엇이 문제인가?

한마디로, 그것은 근본적인 결함을 가진 정치시스템의 문제이다. 흔히 제도보다도 사람이 더 중요하다고 말한다. 일리가 없지 않지만, 적어도 정치에 관한 한, 본질적인 중요성을 갖는 것은 제도임이 분명하다. 일찍이 철학자 칸트는 "오직 좋은 정치체제를 통해서만 사람들이 높은 수준의 도덕적 문화를 유지할 수 있다"고 말했고, 루소 역시 "덕성이 좋은 제도를 만드는 게 아니라 좋은 제도가 덕성을 기른다"고 말한 바 있다. 중요한 것은 개개인의 과오나 책임을 따지기 이전에, 사람이 특별히 노력을 하지 않아도 비교적 쉽게 도덕적인 삶을 살 수 있도록 허용하는 제도를 만들고, 유지하는 것이다.

'안철수 현상'만 하더라도 그렇다. 안철수 교수는 실력 있고 깨끗하고 성실한 사람으로 대중들에게 꽤 널리 알려져온 것

같다. 그러나 지금까지 정치와는 아무 관계없이 살아온 이가 느닷없이 서울시장 선거에 나설 것을 고려한다는 이야기가 나오자마자 열광적인 반응을 얻었다는 것은 아무래도 비정상적인 상황이라고 하지 않을 수 없다. 언론은 이 열광적 반응이 기성 정치에 대한 대중들의 누적된 환멸에 기인한 것이라고 진단했다. 이것이 옳은 진단이라고 해도 '썩은' 한국의 정치가 과연 '출중한' 개인의 힘으로 극복될 수 있다는 것인가? 인물이 없어서 지금 이 나라의 정치가 엉터리라고 보는 것은 반드시 옳은 것도 아니고, 오히려 매우 위험한 논리이다. 따져보면, 지금 이 나라의 정치인들 중에는 개인적으로 자질이 우수한 사람이 적지 않다. 안철수 현상으로 아마 그들 중 상당수는 자존심이 크게 상했을 것이다.

개개인의 자질이 아니라, 정치시스템이 근본문제라는 것은 후쿠시마 사태를 보더라도 분명히 알 수 있다. 원자력발전이라는 것은 그 자체로 결함투성이인 위험천만한 기술이다. 따라서 그것은 이 세상에서 조만간 마땅히 사라져야 한다. 그런데도 하필이면 지진 다발 국가가 원전을 54기나 건설·가동해왔다는 것은 아무리 생각해도 미친 짓이다. 온전한 정신상태, 최소한의 이성적 판단력이 있다면 불가능한 일이다. 그러나 일본의 정책결정자들은 그것을 용인했고, 심지어 후쿠시마 사태가 진행 중인 상황인데도, 지금 일본 정치가들 상당수는 여전히 원전을 지지하고 있다. 이런 근본적인 몰상식의 원인은 말할 것도 없이 정경유착에 있다. 이 정경유착은 오늘날 일본과 한국, 미국을 포함한 많은 나라의 민주주의가 패퇴하고, 합리적인 정치적 결정을 불가능하게 하는 근본원인이 되고 있다. 생각해보면, 정경유착은 선거에 의한 대의제 정치제도가 계속되는 한, 절대로 해소될 수 없는 문제이다. 왜냐하면 선거나 선거에 기반을 둔 정치를 결정적으로 좌우하는 것은 돈이기 때문이다.

제아무리 민주주의를 표방하더라도 선거에 의한 대의제 시스템은 금권정치를 결코 벗어날 수 없다. 지금 정부와 국회가 다수 민중의 진실한 이익을 대변하지 못하고, 4대강 공사와 같은 국토 유린행위를 '국책사업'이라는 이름으로 마구 밀어붙일 수 있는 근원적인 이유가 여기에 있다. 앞으로 갈수록 세계는 위기상황에 빠져들 것이다. 그런 상황에서 정치가 계속 이처럼 자본에 의해 지배당하고 있는 구조를 벗어나지 못한다면 어떻게 될 것인가?

그러나 활로가 없는 게 아니다. 정말 합리적인 정치체제를 위한 훌륭한 방법이 있다. 그것은 제비뽑기에 의해 시민의 대표를 뽑는 방법이다. 제비뽑기는 정경유착을 끊어내고, 시민의 대표들이 사심 없이 토의하고 결정을 내릴 수 있게 하는 거의 유일한 합리적 방법이다. 이것은 아테네 민주주의를 300년 동안 지켜냈던 방법이고, 르네상스기 이탈리아 도시국가들의 흥륭을 뒷받침했던 방법이다. 뿐만 아니라, 지금도 부분적이지만 다양한 형태로 여러 나라의 민주주의를 실질적으로 지탱하고 있는 방법이다. 나는 제비뽑기와 선거와 임명제를 적절히 혼합함으로써 참다운 민주주의가 실현될 수 있는 활로가 열릴 것이라고 믿는 사람의 하나이다. 독자들에게 《추첨 민주주의》 (마이클 필립스·어니스트 칼렌바크, 개정판 2008)라는 책을 숙독할 것을 권하고 싶다. (경향신문, 2011-9-8)

방사능, 언론, 상상력

지난주에 이화여대에서 '원자력과 민주주의'라는 집회가 열렸다. 사흘 동안 계속된 이 집회는, 내가 아는 한, 후쿠시마 참사 이후 한국에서 열린 가장 본격적인 원자력 관련 시민토론회였다. 어떤 의미에서 이것은 역사적인 의의를 가진 집회였다. 적지 않은 사람이 참석해 중요한 정보와 지식을 나누고, 원자력 의존 시스템에서 하루빨리 벗어나기를 바라는 간절한 염원을 표현하고 공유했다. 그러나 유감스럽게도 이 집회의 중요성을 주목하고 그에 상응하는 취재·보도를 한 언론은 거의 없었다.

집회에서는 중요한 이야기들이 많았지만, 특기할 것은 현재 건설 중인 경주의 중저준위 방사성폐기물 처리장에 관한 동국대 의대 김익중 교수의 발표 내용이었다. 김 교수는 지난 몇년간 이 방폐장 건설 현장을 주의 깊게 지켜본 자신의 경험을 근거로 이게 얼마나 치명적인 위험을 내포하고 있는 공사인지를 자세히 설명했다.

문제의 출발은 방폐장의 부지 선정 자체에 있었다. 즉, 문무왕릉 맞은편 해안에 막대한 비용을 들여 지하시설을 만들고 있는 이곳은 강한 지하수맥이 통과하는 자리이다. 공사 중인 지금도 매일 수천 톤의 물이 쏟아지고 있다. 여기에 콘크리트 공사를 강행·완료한다고 해도, 장차 대재앙을 초래할 것이라는 것은 길게 말할 필요가 없다. 장기적으로 수맥의 세찬 압력을 견뎌낼 수 있는 인공 구조물은 존재할 수 없기 때문이다. 반영구적으로 환경에서 격리시켜야 할 핵폐기물 저장시설을 이런 식으로 짓고 있다는 것은 실로 경악할 일이다. 이것은 무모하다기보다 불가사의한 행태라고 할 수밖에 없다. 이렇게 말도 안되는 일이 벌어지고 있는데도 지금 이 사실을 아는 사람은 극소수이다. 이것을 취재·조사·보도하면서 집요하게 추궁하는 언론이 없기 때문이다.

원자력이나 방사능 문제에 관해 언론이 둔감한 이유가 무엇인지 나는 잘 모른다. '원자력 마피아'라고 하는 막강한 권력을 가진 이익집단이 있고, 그 권력에 기생해 살아가는 전문가·학자·언론이 이 나라에도 엄연히 존재하는 게 사실이다. 하기는 아무리 양심적인 언론이라 하더라도 살아남자면 광고주와 권력으로부터의 압력을 피할 수 없을 것이다. 그렇다 해도 후쿠시마라는 대참사를 목격했음에도, 원자력에 대한 언론의 무관심과 침묵이 계속된다는 것은 참으로 이해하기 어려운 현상이다.

지금 독립적인 연구자들의 견해에 의하면, 일본 국토의 절반 이상이 방사능으로 오염되었다. 이른바 '내부피폭' 메커니즘, 즉 호흡이나 먹이사슬을 통한 방사성물질의 생체 축적·농축 때문에 장차 오랫동안 일본 땅에서 사람들이 건강하게 산다는 것은 매우 어렵게 되었음이 분명하다. 이 상황에서 수많은 사람이 심각한 정신적·심리적 장애에 시달리는 것은 필연적이다. 일본이라는 국가는 지금 건강한 삶을 위한 기반을 크게 상실할 위기에 처해 있다고 할 수 있다. 이미 일본의 부유층과 중산층 다수가 이민을 결심하거나, 적어도 가족의 거주지를 해외로 옮겼거나 옮길 것이라는 소식이 심심찮게 들려오고 있다.

그래도 일본은 영토가 큰 나라이다. 만약 한국의 원전 한 곳에서라도 중대사고가 터진다면 어떻게 될까. 나는 후쿠시마 사태 이후 원자력 관련 문헌과 자료를 집중해서 읽어왔다. 읽으면 읽을수록 우리가 지금 살아있는 게 기적이라는 생각을 떨쳐버릴 수가 없다.

어느 날은 심각한 불안 때문에 잠을 설칠 때가 있다. 세계 최고 수준의 과학기술력을 가진 국가들, 즉 미국과 옛 소련과 일본에서 차례차례 중대한 원전사고가 터졌다는 사실이 무엇을 의미하는지 우리는 깊이 생각할 필요가 있다. 현재 한국은 세계 최고의 원전 밀집 국가이다. 그리고 방사능 대량 유출 사고는 언제나 '예상을 초월한' 원인으로 일어난다는 점도 생각하지 않으면 안된다.

게다가 중대사고가 없어도 원전에서는 평상시에도 미량이지만 늘 방사능이 누출되고 있다. 예를 들어, 미국의 의료통계학자 제이 굴드(1915-2005)가 쓴 《내부의 적》(1996)이라는 책이 있다. '원자로 주변에서 지내는 생활이 치러야 하는 높은 비용'이라는 부제가 말해주듯이, 이 책은 원자로 주변 50마일 내지 100마일(80~160킬로미터) 내 거주지역에서 암 및 기타 질환이 발생하는 비율이 타 지역에 비해 현저히 높다는 사실을 밝히고 있다. 굴드는 가동 중인 원자로에서 끊임없이 누출되는 저선량 방사능에의 일상적 노출로 인한 '내부피폭' 때문에 사람들이 치명적인 건강피해를 입을 수 있음을 미국 보건당국의 공식 자료에 대한 꼼꼼한 검증을 거쳐서 명확히 입증했다. 원자력당국은 늘 허용 기준치 운운하며 미량의 방사능은 아무 문제가 없다고 강변하지만, 방사능에 관한 한, 기준치라는 것은 의학적 근거가 있는 게 아니라는 것을 간과해서는 안된다.

원자력시스템을 조속히 폐기해야 할 이유는 허다하다. 그러나 가장 중요한 이유는 원자력시스템을 이대로 방치하면 인간 생존의 자연적 토대는 물론이고, 사회적 기반 자체도 조만간 반드시 붕괴할 것이라는 점이다. 원자력을 그만두면 대안이 무엇이냐고 묻는 사람들이 있지만, 대안을 운위하기 전에 생각해야 할 훨씬 더 중요한 문제가 있다. 즉, 우리의 생활이 원자력이라는 극단적으로 불합리한 에너지에 의존하면서까지 막대한 전력을 소비해야 성립할 수 있는 것이라면, 이성적인 인간으로서 우리가 과연 그런 생활을 긍정할 수 있느냐 하는 것이다.

지금 우리에게 가장 절실한 것은 새로운 삶에 대한 근원적인 욕망과 상상력이다. 원자력시스템을 폐기하는 것이 단순히 전력생산 시스템의 변경을 뜻하는 것일 수는 없다.

이화여대의 집회에서 문규현 신부가 들려준 감동적인 일화가 있다. 2003년 부안 방폐장 반대운동이 치열하게 전개되고 있던 당시, 자신의 전 재산에 해당하는 소를 판 돈을 운동에 보태달라고 찾아온 시골 할머니가 있었다. 홀몸으로 평생 막노동을 하면서 여섯 자녀를 키운 그 할머니는, 자기 자식들은 장성해 외지로 나갔지만, 남의 자식도 내 자식이라며 아낌없이 운동을 돕고자 했다. 좋은 삶을 상상할 수 있는 능력은 어떻게 길러지는가. 그것은 아마도 풀뿌리 민중사회에서 오래 계속되어온, 하지만 그동안 우리 대부분이 잊고 있었던, 상부상조와 공생공락의 전통으로 회귀해야만 획득 가능한 능력인지 모른다. (경향신문, 2011-10-6)

FTA, 농사 안 짓고 살 수 있다는 환상

"황금빛으로 물결치는 벼들이 익어가는 논 가운데로 다섯 대의 APC 전차대가 마구잡이로 진격하고 있었다. 베기를 기다리는 익은 벼들은 종횡으로 질주해 들어오는 무한궤도 전차에 유린되고 짓이겨졌다. 앞의 전차가 지나간 자리를 다음 전차가 통과하는 식의 배려도 없었다. 묘판도, 모심기가 막 끝난 논도 무시되었다. 스포츠카라도 된 듯이 전차들은 제멋대로 논에 새로운 길들을 만들어놓고 있었다. 아메리카 병사들의 심중에는 아시아 농경민족의 심정을 이해할 수 있는 공통인자가 결여돼 있었다." 이것은 1967년 〈아사히(朝日)신문〉에 연재된 베트남전쟁 르포기사 중의 한 대목이다. 당시 큰 주목을 받은 이 르포의 필자는 혼다 가쓰이치(本多勝一)라는 젊은 기자였다. 그는 이후 일본의 양심적 저널리즘을 대표하는 대기자로 성장, 지금도 현역 기자로 활동하고 있다.

한·미 자유무역협정(FTA)을 기어이 성사시키려고 기를 쓰는 사람들을 보며 문득 생각난 게 이 르포기사였다. 예전에 읽다가 노트에 적어둔 기억이 있어서 한참 뒤적여 찾아 읽어보니 새삼 충격적이다. 전쟁 중의 베트남 농촌에 관한 이 강렬한 묘사는 그대로 오늘의 한국 농촌 상황에 대한 비유라고 할 수 있다. 여기서 '미군 전차대'는 물론 농산물 개방을 강요하는 '자유무역' 논리다. 그러나 한미FTA가 아니더라도, 이미 오래전부터 우리의 농촌은 절망 속에서 신음해왔다. 이제 한미 FTA가 통과, 발효되면 한국의 농업·농민·농촌을 결정적으로 끝장낼 쓰나미가 밀어닥칠 것이다.

따져보면, '아시아 농경민족'에 대한 몰이해는 '아메리카 병사들'만의 것이 아니다. 언제나 경제논리를 내세워 농촌 따위는 어떻게 되어도 상관없다고 생각하는 대한민국의 자본가,

정부 책임자, 관료, 어용언론, 어용학자 그리고 선거 때마다 '가난한 농민의 자식'임을 참칭해온 이른바 선량(選良)들도 거의 대부분 '아메리카 병사들'보다 하등 나을 게 없다.

지금 국회에서는 주로 '투자자 - 국가소송제(ISD)'라는 조항을 두고, 이것을 한미FTA에서 삭제하도록 재협상을 해야 된다, 안된다 하는 입씨름이 계속되고 있다. 조금이라도 상식이 통하는 사회라면, 국가의 주권행사를 근본적으로 제약할 게 분명한 이 독소조항을 용납해서는 안된다는 것은 길게 말할 필요가 없다. 그러나 ISD 조항이 아니더라도, 한미FTA 자체가 이미 나라의 주권 포기를 전제로 한 조약임을 간과해서는 안된다. 이렇게 말하는 것은, 한미FTA가 한국의 농업과 농민을 희생시키기로 작정을 하고 맺어진 통상조약인 이상, 농업을 방기한 국가가 진정한 주권국가일 수는 없다고 생각하기 때문이다.

한미FTA의 내용을 보면, 국내 농업의 중요성은 철저히 무시되어 있다. 모든 정황으로 볼 때, 협상 개시 때부터 이미 정부는 사실상 이 나라에서 농업은 더이상 필요 없다는 판단을 내렸을 가능성이 크다. 쌀만은 지킨다고 공언했지만, 그것은 무의미한 말이었다. 2004년의 세계무역기구(WTO) 다자간 교섭에서 10년간의 최소수입의무(MA) 기간 경과 후에 관세화로 간다는 게 이미 결정되었기 때문에 쌀 문제는 한·미 양자 교섭에서 별반 정책적 의미를 가질 수 없었기 때문이다.

농사를 대하는 근본자세에서는 현 정부나 지난 정부나 별로 다른 게 없다. 한미FTA의 후속협상 과정에서 '참여정부'의 원래 의도가 어느 정도 왜곡된 점이 있다고 하더라도, 이 조약에 참여정부의 기본적 농업관이 반영되어 있음은 결코 부정할 수 없다. 그런 점에서 현 정부가 한미FTA를 지난 정부의 작품이라고 선전하는 것도 야비하지만, 이에 대해 참여정부 관계자들이 크게 반발하고 있는 것도 별로 설득력이 없다. 그들도 노무현 정부가 국내 농업을 무시 혹은 적어도 경시한 것에 대해서는 인정하지 않을 수 없을 것이기 때문이다.

이 점과 관련해서는 한명숙 전 국무총리가 솔직한 발언을 한 바가 있다. 그는 연전의 어떤 시민모임에서 "노무현 정권 집권기간 동안 우리나라 농민이 500만 명에서 350만 명으로 줄어든 사실을 어떻게 생각하느냐"는 청중의 질문에 답하는 과정에서 "당장 경제성장을 중시하는 현재의 구도 속에서 농업에 대한 관심을 가질 여유가 국정 속에서는 존재할 수가 없었다"고 말한 것이다(《경향신문》, 2009년 11월 9일).

'국정' 속에 농업의 자리가 존재할 수 없었던 것은, 결국 농업이 국가 전체의 경제효율성과 경쟁력을 떨어뜨린다는 그릇된 신념의 소유자들이 계속해서 이 나라를 운영해왔기 때문이다. 또한, 값싼 식품을 선호할 수밖에 없는 서민층의 여유 없는 생활형편도 해외 농산물 수입을 확대하고, 국내 농산물을 등한시하는 구조가 지속되는 것을 도왔다고 할 수 있다. 당장의 경제논리로만 본다면, 이런 셈법이 틀린 것은 아니다. 그러나 말할 것도 없지만, 농사는 통상적인 산업의 일부가 아니고,

단순한 화폐증식 수단일 수도 없다. 농사는 인간공동체가 성립·존속하는 데 절대적으로 필요한 '사회적 공통자본'이며, 특히 독립자영농민은 장기적 지속이 가능한 유일한 생활방식, 즉 지역순환경제 시스템의 근본 토대이다. 단지 식량안보 문제 때문에 농사가 중요한 것은 결코 아니다.

그러나 지구 전역에 걸친 급속한 사막화, 농지의 쇠퇴와 축소, 기후변화로 인해 세계의 식량생산 능력이 갈수록 감퇴되고 있는 지금 식량안보 역시 간단한 문제가 아니다. 현재 대부분의 산업국가에서 식량자급률은 100퍼센트가 넘지만, 한국은 겨우 25퍼센트이다. 이것은 심히 두려운 사태이다. 이미 '피크오일'이 지났다는 유력한 설도 나오고 있지만, 모든 징후로 보아서 값싼 석유 시대는 이제 끝났거나 조만간 끝날 것임이 확실하다. 그렇다면 수십 년간 값싼 석유에 의존해 경제성장을 하면서 공산품 수출, 농산물 수입이라는 구조를 유지·확대해온 한국 경제와 사회는 어떻게 될까? 대량 기아사태라는 파국에 직면하지 않는다고 장담할 수 있을까? "여러분은 식량을 자급할 수 없는 나라를 상상할 수 있는가? 그런 국가는 국제적 압력에 노출되어 주권을 상실할 위기에 처한다." 이것은 세계 각국에 끊임없이 '자유무역'을 강요함으로써 자립적 농사 기반을 박탈해온 미국의 전 대통령 조지 W. 부시가 어느 해 시정연설에서 했던 말이다. (경향신문, 2011-11-3)

한미FTA, 이대로 안되는 이유

지금 일본에서는 환태평양경제동반자협정(TPP) 교섭 참가 문제를 놓고 논쟁이 분분하다. 이 협정은 만약 일본이 참가하게 된다면 사실상 미·일 자유무역협정(FTA)이 될 가능성이 큰 통상조약이다. 따라서 그들에게는 한·미 자유무역협정이 좋은 참조 사례가 될 것임이 분명하다. 한·미 협정의 구체적인 내용을 보면 일본이 미국과의 협상에서 무엇을 얻고 잃을지 예상할 수 있기 때문이다.

그런데 적지 않은 논자들은 한·미 자유무역협정을 근거로, 일본이 환태평양경제동반자협정에 참여하는 것은 망국의 길로 가는 것이라고 단언하고 있다. 대표적인 논객은 통상관료 출신으로 현재 교토대학 경제학부 교수인 나카노 다케시(中野剛志)이다. 그의 논점은 명쾌하다. 한·미 자유무역협정은 미국에만 일방적인 이익을 줄 뿐, 한국에는 '극도로 불리한' 통상조약이 되고 말았다는 것이다. 그는 한국산 공업제품에 대한 미국 쪽의 관세는 이미 충분히 낮고, 따라서 한·미 자유무역협정을 통한 관세 철폐가 한국 쪽에 주는 이득은 사실상 무의미한 것임을 지적한다. 이처럼 무의미한 관세 철폐의 대가로 한국이 얻은 것은 무엇인가. 한국 대통령이 미국의 국빈으로 초대되어 성대한 환영을 받은 것 이외에는 아무것도 없다는 게 나카노 교수의 결론이다.

그러나 한·미 자유무역협정이 정말 무서운 것은 이것이 단

순한 무역 자유화 협정이 아니라는 점 때문이다. 이 통상조약
은 기본적으로 '미국적 표준'을 강요함으로써 한국사회 고유
의 가치와 풍습과 제도, 헌법적 가치를 근원적으로 무너뜨릴
가능성이 매우 높다. 지금 정부와 어용언론은 '괴담'이라고 치
부하고 있지만, 오늘날 미국사회는 가난한 사람들의 지옥이다.
예를 들어, 비싼 민간 의료보험에 가입하지 못한 4,500만 인구
중에는 기본적 치과치료도 받지 못하고, 집에서 펜치를 가지
고 상한 치아를 제 손으로 빼야 하는 사람도 드물지 않다. 이
게 초강대국 미국의 현실이다.

　게다가 한·미 자유무역협정이 규정한 시장개방화 원칙에 따
라 조만간 한국의 공적 보험과 상호부조 체계가 미국 보험회
사들의 이익을 위해 해체를 강요당할 가능성도 크다. 금융, 법
무, 특허, 회계, 전력, 가스, 수도, 택배, 전기통신, 건설, 유통,
고등교육, 의료기기, 항공수송 등 다양한 분야도 장래가 불안
하기는 마찬가지이다. 원래 한국정부가 한·미 자유무역협정
협상을 개시할 때 내세운 주요 명분은 미국식 '선진' 제도를
도입함으로써 서비스산업의 경쟁력을 높인다는 것이었다. 그
러나 현실적으로 미국에 대하여 거의 대부분 비교열위에 있는
한국의 서비스산업은 전면적 붕괴라는 참혹한 사태에 직면할
지도 모른다.

　가장 이해할 수 없는 것은 '투자자-국가소송제' 조항의 수
용이다. 이것은 투자자의 이익 때문에 자국의 공공질서와 사
회적 약자 및 자연환경을 보호해야 할 국가의 주권행사를 근

원적으로 무력화시킬 수 있는 치명적인 규정이다. 한국정부는 이것은 미국에 진출하는 한국 기업을 위해서도 필요한 규정이라고 강변해왔다. 그러나 미국은 '한·미 자유무역협정 이행법'에 의해 자신의 주권행사를 침해하는 어떠한 규정도 불법이라고 선언했다. 따라서 논리적으로 볼 때, 이 투자자-국가 소송제는 사실상 한국에만 적용될 조항이라고 할 수 있다. 국회의원들 중에서 이 문제를 파악한 사람이 있었을까?

나는 '국익'이라는 말을 싫어하지만, 한국의 정관계 상층부와 기득권세력이 과연 '국익'이 무엇인지 판단할 능력을 갖고 있는지 매우 의심스럽다. 만약 그들이 조약의 내용을 잘 알고도 한·미 자유무역협정을 밀어붙였다면 용서할 수 없는 중죄를 저지른 것이고, 몰랐다면 그 무지와 만용은 실로 경악할 만한 것이다. 그러나 생각해보면, '국익'이라는 것은 공허한 말에 불과한 것일지 모른다. 이 조약을 밀어붙인 사람들이 실제로 염두에 둔 것은 한·미 어느 쪽이든 대다수 민중의 이익이 아니었을 것이기 때문이다.

원래 인류사회에서 무역은 호혜적 교환을 위한 것이었다. 하지만 콜럼버스 항해 이후 근현대사에서 무역이란 주로 강자가 약자를 수탈하기 위한 강력한 수단으로 기능해왔다. 지금 미국경제는 바람 앞의 촛불이다. 이것은 대량실업, 양극화, 빈곤, 인권 무시를 구조적으로 강요하는 신자유주의 정책노선에 기인한 것이다. 따라서 1퍼센트에게 집중된 부를 99퍼센트도 고르게 향유할 수 있는, 즉 좀더 정의롭고 인간적인 사회를 지향하기 위한 근본적 전환이 없는 한 미국의 미래는 없다고 할 수 있다. 그럼에도 미국정부는 미국 자신은 철저히 예외로 하면서 타국에 대하여 완전개방을 강요하는 '자유'무역의 확대를 통해 활로를 찾는 구태의연한 방법을 고집하고 있다.

한국에서는 별로 알려지지 않았지만 기억해야 할 게 있다. 그것은 지난 10월 '한·미 자유무역협정 이행법'이 미국 의회에서 통과될 때, 민주당 의원들은 찬성 59명, 반대 130명으로 대다수가 반대표를 던졌다는 사실이다. 이것은 민주당이 비교적 서민층을 대변한다는 점을 고려하면 중요한 의미를 갖는다. 즉, 그것은 미국에서도 한·미 자유무역협정이 국민경제 전체보다도 특권적인 극소수의 이익을 위한 것이라는 인식이 광범하게 존재한다는 증거인 것이다.

실제로 지금 가장 걱정스러운 것은 한·미 자유무역협정을 통해 이미 절망 속에 신음하고 있는 한국의 농업이 사실상 끝장날지도 모른다는 사실이지만, 그렇다고 해서 미국의 진짜 농민인 가족농들이 혜택을 볼 가능성이 있는 것도 아니다. 이익을 보는 것은 지금까지 그래왔던 것처럼 막대한 정부보조금을 받는 미국의 기업형 대농, 축산업자, 메이저 곡물회사들일 뿐이다. 다시 말해서, 미국이든 한국이든 종래의 불공정한 사회구조가 조금도 달라질 게 없는 것이다.

자유무역협정을 새로운 경제성장의 동력으로 삼겠다는 사람들이 간과하고 있는 중대한 문제가 있다. 그것은 이제 세계가 석유 및 자원 고갈, 에너지위기, 기후변화, 환경파괴로 인해 사실상 경제성장이 불가능한 시대로 접어들었다는 엄연한 현실이다. '발틱운임지수(BDI)'라는 게 있다. 이것은 석탄, 석유, 광석, 곡물 등을 대량으로 운반하는 외항 화물선의 고용 상황을 알려주는 세계적 통계 수치인데, 수년 후의 무역과 세계경제가 어떻게 될 것인지 알려주는 지표이다. 이 지수는 2008년 금융위기 사태 때 90퍼센트나 급감했다가 그 후 잠시 회복한 뒤에는 계속해서 침체를 기록하고 있다.

특히 앞으로 세계경제 상황에 미칠 결정적인 요인은 원유공급 문제이다. 오랫동안 '피크오일' 문제를 외면해왔던 국제에너지기구(IEA)도 마침내 2010년 10월 보고서에서 세계의 원유 생산이 2006년에 정점을 지났음을 인정했다. 현대 산업사회는 지난 반세기 동안 한마디로 값싼 원유에 의존해서 성장을 해왔다고 해도 과언이 아니다. 이제 그러한 값싼 석유 시대가 지나갔다면, 이제 종래와 같은 성장은 불가능하다는 것은 확실하다.

그동안 농사마저도 대부분 석유에 의존했던 생활방식은 지금 획기적인 방향전환을 하지 않으면 안될 시점에 이르렀다. 소련과 동유럽 사회주의권이 붕괴된 직후 석유공급이 중단됨에 따라 일시에 사회 전체가 기능 마비 상태에 빠지고, 마침내 비참한 대량 기아사태에 직면했던 북한의 상황은, 이대로 가면 조만간 석유 의존 사회 전체가 불가피하게 맞닥뜨릴 상황이라고 할 수 있다. 거의 대부분의 산업이 값싼 석유에 의존할 뿐만 아니라, 에너지 낭비 및 환경파괴적 생활방식에 깊게 중독되어 있는 한국사회가 그 상황에서 예외가 될 수 있을까? 이 엄중한 전망에 비춰 볼 때, 한·미 자유무역협정이란 실로 시대착오적인 생존전략이라고 하지 않을 수 없다. 피크오일과 자원·에너지·환경 위기라는 사활적인 요인을 고려하지 않고 '진보'를 꾀하는 것은 망념일 뿐이다.

이제 갈수록 세상에서 중요한 것은 자립적인 식량·에너지 생산능력일 것임은 자명하다. 그런 의미에서 장기적인 활로는 농업 중심의 자급적·협동적 지역공동체 재건에 있다는 것은 길게 말할 필요가 없다. 수출만이 살길이라는 미망에 사로잡혀 유일하게 지속가능한 삶의 원천인 농사를 계속 깔본다면, 그 궁극적인 결과는 감당할 수 없는 비극일 것이다. 한·미 자유무역협정은 폐기되어야 한다. (한겨레, 2011-11-30)

더러운 채무, 더러운 조약

에콰도르는 전통적으로 전형적인 남미 국가의 하나였다. 전형적이라고 하는 것은 오랜 세월 동안 식민지였다가 독립 후에는 군인들 혹은 귀족들에 의한 독재정치 및 그들과 결탁한 외국계 자본가가 지배하는 수탈구조 속에서 다수 민중이 노예처럼 굴종적인 삶을 강요당해온 나라였기 때문이다.

그 에콰도르가 민주적 선거에 의해서 정부를 구성할 수 있게 된 것은 1970년대 말에 이르러서였다. 그러나 자유선거제도가 도입되었다고 해서 에콰도르의 가난한 민중의 생활이 나아질 수는 없었다. 장기간에 걸친 억압과 수탈의 구조가 끈질기게 지속되고 있었기 때문이다. 부패하고 무능한 권력엘리트들은 기득권층과 외국 자본가 - 투자가들의 이익을 에콰도르 민중의 이익보다 늘 우선적으로 고려했다.

그 결과, 실제로 풍부한 자연자원이 있음에도 불구하고 국민의 30퍼센트 이상이 절대빈곤 속에서 극심한 고통을 겪어야 했다. 게다가 매년 국가예산의 거의 절반을 외채를 상환하는 데 사용해야 하는 회계구조 때문에 국민경제가 회생될 수 있는 전망은 거의 없었다.

그런 나라에 희망이 생겨난 것은 2006년 12월의 대통령 선거였다. 이 선거에서 젊고 유능한 경제학자 라파엘 코레아는 에콰도르경제를 짓누르는 외채문제를 우선적으로 해결할 것을 핵심 공약으로 내걸었고, 결국 대통령으로 선출되었다. 이듬해 대통령직에 취임한 뒤에 그는 자신의 공약을 실행하기 위해서 '공공채무심사위원회'라는 것을 구성했다.

이 위원회는 1976년부터 2006년까지 30년간 에콰도르가 빚진 대외채무의 구체적인 내용과 그 성격을 면밀히 검토하는 것을 목적으로 구성되었다. 위원회의 객관적인 공정성을 담보하기 위해서 국내의 관련 전문가들 이외에 몇몇 외국인 학자들도 위원회에 참여했다. 2008년 11월에 제출한 보고서에서 채무심사위원회는 에콰도르가 빚진 외채 중 많은 부분이 '정당성'을 결여한 채무임을 확인했다. '정당성'을 결여했다는 것은 그것들이 "이전 정부들의 부적절한 통치에 의해서 발생한 부채"일 뿐만 아니라, "과도한 이자율, 커미션, 뇌물이 연루되어" 있는 부채라는 뜻이었다. 이러한 보고서의 결론에 근거하여 코레아 대통령은 '도덕적 정당성이 없는' 부채 상환을 거부한다고 공개적으로 선언했다.

당연하게도 국내외의 채권자들로부터 엄청난 반발이 있었지만, 결국 국제 채권시장에서 에콰도르 국채는 하루아침에 거의 휴지조각이 되어버렸다. 이 상황을 지켜보고 있던 코레아 대통령은 이듬해 4월, 액면가의 30퍼센트 이하로 떨어진 에콰도르 채권을 은밀히 헐값으로 사들였다. 그 결과, 에콰도르는 오랫동안 국민경제를 짓누르던 무거운 채무압력으로부터 거의 벗어났고, 그때까지 외채 상환에 허비하던 예산을 가난한 사람들을 위해 쓸 수 있게 되었다.

이 흥미로운 이야기에서 주목할 것은 '정당성 없는 채무'라는 개념이다. 이것은 파리대학 교수를 역임한 러시아 경제학자 알렉산더 사크(1890-1955)가 1927년에 정립한 개념이다. 사크는《정부의 공공부채 승계 문제》라는 저서를 통해서 혁명, 전쟁, 식민지로부터의 해방, 군사통치의 종식에 이은 민간정부의 성립 등등, 국가 체제나 정부 형태가 변할 때 그러한 국가 변혁에 의해 그 이전의 국가 혹은 정부가 갖고 있던 대외채무를 어떻게 할 것인가 하는 실제 문제에 관한 이론을 전개했다.

그 과정에서 '더러운 채무(odious debt)'라는 용어가 탄생한 것이다. '더러운 채무'란 요컨대 독재정권이 국민의 동의 없이, 국민의 이익이 아니라 자신과 측근들의 사적 이익을 위해 빌려 쓴 돈을 말한다. 그리고 대개의 경우 채권자는 그 돈의 용도를 알고 있거나 혹은 알 수 있는 위치에 있었다고 말할 수 있다.

민주적 선거에 의해 선출된 권력일지라도 국민의 이익보다 사익을 추구하고, 기본적 인권을 유린하며, 국제법의 근본원칙을 어기는 범죄적 정권이 되는 경우는 드물지 않다. 그러한 정권이 진 빚도 '더러운 채무'의 범주에 포함해야 한다는 것이 오늘날 이 방면 연구자들의 공통된 견해이다. 사실, '더러운 채무'라는 논리에 의거하여 부채 탕감을 요구하거나 부채 상환을 거부해온 실제 사례는 적지 않다. 예를 들어, 인종차별체제와 싸워 흑인해방을 쟁취했던 남아프리카공화국의 넬슨 만델라(1918-2013)를 포함한 제3세계 국가지도자들이 옛 상전이었던 서구 '선진국'들에게 채무 말소를 요구했을 때, 그들이 지적한 것은 바로 식민주의 혹은 신식민주의적 지배관계에서 비롯된 부채의 '더러운' 성격이었던 것이다.

말할 것도 없이, '더러운 채무'는 그대로 '더러운 조약'의 논리로 연결될 수 있다. '더러운 채무'라는 개념이 성립한다면, 그 실질적인 내용이 특권층을 제외한 대다수 국민의 이익에 반하는 외국과의 조약이나 협정은 '더러운 조약'으로 규정될 수 있다. 따라서 국민적 차원에서 그것의 파기를 요구하는 것은 극히 정당한 것이다.

한·미 자유무역협정은 이런 의미에서 가장 전형적인 예가 될 수 있다. 나는 한미FTA가 발효된다면 조만간 그 '더러운 조약'의 실체가 확연히 판명될 날이 올 것이라고 생각한다. 왜 나하면 아무리 따져보더라도, 이 통상협정에 한·미 양국 다수 민중의 이익을 위한 진실한 배려가 털끝만큼이라도 들어가 있다고는 도저히 말할 수 없기 때문이다. 이것은 1퍼센트를 위하여 99퍼센트를 희생시켜온 신자유주의 정책노선의 심화·확대판에 불과한 협정일 뿐이다. 게다가 인류사회는 지금 자원·에너지·환경 위기라는 전대미문의 복합적 위기상황에 직면해 있다. 이 시점에서 자원낭비와 환경파괴를 구조적으로 강제하는 미국식 생활양식을 더욱 강화하려는 것은 심히 시대착오적인 발상임이 분명하다.

원래 무역은 호혜적 교환을 위한 것이었으나, 오늘날 미국 주도의 '자유무역'이란 세계를 황폐화하고, 공공성을 파괴하며, 민주주의를 유린하는 치명적인 메커니즘이다. 만약 한미 FTA가 발효되어 지속된다면 그것은 다수 민중의 삶에 견디기 어려운 질곡이 될 것이다. 따라서 한미FTA는 마땅히 폐기되어야 한다. 그러나 문제는 이 '더러운 조약'의 파기를 선언할 수 있는 진정으로 민주적인 정부를 세우는 데 우리가 과연 성공할 수 있느냐 하는 것이다. (경향신문, 2011-12-1)

후쿠시마와 상상력

어느새 또 한 해가 저물고 있다. 금년에도 많은 일이 있었지만, 적어도 내게는 2011년은 후쿠시마 사태로 아마도 죽을 때까지 잊을 수 없는 해가 될 것 같다. 후쿠시마 핵 사고는 한마디로 묵시록적 재앙이었다. 그것은 일시에 인간생존의 근본 토대를 파괴하고, 무고한 민중의 삶을 뿌리에서부터 망가뜨렸다. 더욱이 방사능에 의한 대기와 해양의 오염 상황은 수습 전망이 아직도 불투명한 채 지금도 진행 중이다.

지난 3월, 사고 직후부터 나는 다른 일이 좀처럼 손에 잡히지 않았다. 비통한 심정을 금할 수도 없었지만, 원자력이란 첨단 기술의 결말이 결국 이런 것인가, 한번 중대사고가 터지면 모든 것을 허사로 만들어버리는 이 기술의 배후에 있는 것은 어떠한 정신구조인가, 그것은 도덕적 니힐리즘이 아닌가 등등, 생각이 혼란스러웠기 때문이다.

그러나 한 사람의 지식인으로서 나는 당장 무엇을 어떻게 해야 할지 생각하지 않을 수 없었다. 그래서 그동안 외롭게 싸워온 반핵활동가들을 만나 이야기를 듣고, 관련 문헌과 자료를 열심히 찾아서 읽었다. 그리고 내가 알게 된 것을 이웃들과 공유하기 위해서 글과 강연의 형식으로 많은 발언을 해왔다. 그럼에도 아직도 내가 갖고 있는 지식은 천박하고, 따라서 제대로 된 발언을 못 했다는 미진한 느낌을 떨쳐버릴 수가 없다.

후쿠시마 사고는 세계 최고 수준의 기술선진국에서 터졌다는 점에서 더욱 충격이 컸다고 할 수 있다. 다시 말해서, 원자력이라는 것은 군사용이든 민생용이든 궁극적으로는 인간의 제어능력을 벗어나는 가공할 기술임이 명확히 드러난 것이다. 물론 1979년의 미국 스리마일 핵발전소 사고와 특히 1986년의 소련 체르노빌 핵폭발 사고를 통해서 인류사회는 원자력이 더이상 용납돼서는 안될 괴물임을 이미 분명하게 학습을 했었다. 그러나 군사독재체제를 깨고 어떻게 민주화를 실현할 것인가가 최대 현안이었던 당시의 한국사회에서는 원자력은 부차적인 관심사일 뿐이었다.

그러나 말할 필요도 없지만, 그동안 사정은 완전히 달라졌다. 대다수 시민들이 의식하기도 전에 어느새 이 나라는 세계에서 손꼽는 핵발전소 과밀 국가가 되었다. 그렇다면 후쿠시마 사태로 국토의 절반 가까이를 사실상 상실했다고 볼 수 있는 일본의 절망적인 상황은 결코 남의 일이라고 할 수 없다. 그럼에도, 놀라운 것은, 우리사회에 지금 원자력에 관한 긴장된 의식이 거의 없다는 사실이다. 나는 이 현상의 원인이 일차적으로 언론의 직무유기에 있다고 생각한다. 〈경향신문〉이나 〈한겨레〉 같은 '진보' 매체조차 후쿠시마 사고 직후 잠깐 동안을 제외하고는, 도쿄 특파원이 보내오는 간단한 기사 이외에 원자력에 관한 집중된 논의를 보여주지 않고 있다.

원자력문제와 관련하여 한 가지 확실한 게 있다면, 그것은 세계 어디에서나 정부와 업계, 어용언론, 어용학자들이 늘 진실을 끊임없이 왜곡하고 은폐한다는 점이다. 그들은 사고가 나기 전에는 핵발전소의 절대적 안전성을 장담하다가, 막상 사고가 터지면 방사능이란 게 자연에도 있는 것이므로 별로 걱정할 필요가 없다고 태연히 말한다. 후쿠시마 사태에서도 이 '거짓말의 공식'은 변함없이 되풀이되었다. 실제로, 막대한 돈을 들여 엉터리 홍보와 거짓말을 하지 않고는 핵발전은 존립 불가능한 시스템이다. 안전성이나 경제성은 물론, 환경과 윤리적 문제 등 어떤 측면을 보더라도 핵발전시스템을 정당화할 수 있는 합리적인 논거란 전혀 존재하지 않기 때문이다. 하지만 유감스럽게도 이 거짓의 장막을 걷고, 진실을 심층적으로 집요하게 파헤치는 미디어가 없다. 언론이 말해주지 않는 이상, 일반시민들이 진실을 접할 수 있는 가능성은 극히 낮을 수밖에 없다. 언론의 이러한 직무유기는 아마도 원자력이란 테마가 미디어 소비자들의 시선을 끌지 못할 것이라는 판단 때문일 수도 있고, 혹은 관계기관이나 업계로부터의 은밀하거나 노골적인 회유·압력 때문일지도 모른다. 그러나 어쩌면 그보다 더 근원적인 문제가 있는지도 모른다.

후쿠시마 사태와 관련해서 내가 가장 궁금하게 생각해온 것은, 이 엄청난 참사에 대해 어떤 식으로든지 책임을 져야 할 사람들이 많을 텐데 어째서 공개적으로 사죄하고 벌을 받겠다는 개인이나 기관이 없는가 하는 사실이다. 사고 직후에, 사무라이의 전통을 이어받아 어쩌면 할복을 하는 사람이 나타날지도 모른다는 생각이 얼핏 들었지만, 그것은 나의 어리석은 착각이었다. 현실은 내가 예측한 것과는 정반대였다. 대표적인 예는 아흔 살이 넘은 나카소네 야스히로(中曾根康弘) 전 총리였다. 그는 1954년, 국회에서 처음 원자력개발 예산안을 입안·통과시킨 주역으로, 말하자면 일본 핵 산업의 정치적 대부인 셈이다. 그런 인물이 최근 언론에 등장하여 후쿠시마 사고에 대해 단지 "유감천만"이라고 가볍게 언급하고는 향후에도 원자력이 계속돼야 한다는 생각을 피력하고 있었다. 그동안 원자력업계의 대변인 노릇을 해온 일본의 주류 언론이나 어용학자들도 별로 다르지 않다. 엄청난 사태 앞에서 대체로 기회주의적인 침묵을 지키고 있지만, 상당수는 오히려 산업경쟁력이라는 시대착오적인 논리를 다시 꺼내 들고 원자력의 포기가 불가하다고 말하고 있다.

생각해보면, '원자력 마피아들'에 의한 광범한 인명손상과 자연파괴는 용서할 수 없는 범죄 혹은 테러임이 분명하다. 그러므로 그들은 전범에 준하는 책임을 추궁당하고, 형벌을 받아야 마땅하다고 할 수 있다. 그런데도 이들 자신이 스스로 사죄를 하지 않는 것은 물론이고, 이들에 대한 책임을 철저히 묻는 언론도 없는 이해하기 어려운 상황이 계속되고 있다. 일본만의 문제가 아니다. 지금 가장 불가사의한 것은, 후쿠시마라는 파국적인 재앙을 보면서도 도리어 이것을 한국이 원자력 강국으로 도약할 기회로 삼자는 한국 정부와 원자력 관계자들의 정신구조이다. 이것을 단지 비윤리적인 태도라고 비난할 수는 없다. 이 정신구조는 오늘날 이 사회에 만연해 있는 정신적 황폐화·빈곤화의 노골적인 표출에 불과한 것일지 모르기 때문이다. 후쿠시마 사태로 인해 우리는 타자의 운명에 대한 근원적 관심 — 상상력 — 을 결여할 때, 한 사회가 어느 정도까지 추하고 짐승스러운 사회로 떨어질 수 있는지 극명하게 볼 수 있게 되었다. (경향신문, 2011-12-29)

V. 성장시대의 종언

비례대표제, 합리적 정치의 선결 조건

"어떡하면 좋겠습니까?"

"보를 전부 폭파하고 강을 원상태로 돌리면 됩니다."

"얼마 전에 완공했는데 폭파하려 하겠습니까? 22조 원이나 들인걸요."

"이제 시작입니다. 4대강에 만들어놓은 보들을 그냥 놔두면 그 후유증 때문에 돈이 계속 들어갈 겁니다. 수질 악화, 퇴적, 역행침식, 홍수 증가가 나타날 것이고, 앞으로 한국 국민의 출혈은 상상할 수 없을 정도일 겁니다. 4대강사업의 후속 비용을 지속적으로 부담할 경제력을 가진 나라는 지금 지구상에 없습니다. 독일의 경제력으로도 어림없습니다. 보를 폭파하는 것이 경제적으로 가장 값싸고 효과적입니다. 22조 원이 소모된 지금 없애는 것이 앞으로 후속 비용을 더 많이 들이고 없애는 것보다 훨씬 이익이지요."

이것은 지금 독일에 거주하고 있는 어떤 한국인과 독일의 저명한 하천관리 전문가(칼스루에 공대 베른하르트 교수) 사이에 최근 있었던 대화 내용을 인용한 것이다. 이 대화의 질문자를 포함한 몇몇 재독 한인들은 2010년 6월부터 현지에서 '번역연대'라는 모임을 결성하여 외국어로 된 자료와 정보들을 우리말로 옮겨 인터넷을 통해 열성적으로 소개해왔다.

정부의 완강한 부인에도 불구하고, '4대강 사업'이 '대운하'

를 상정하지 않고는 전혀 설명할 수 없는 공사였다는 것은 알 만한 사람은 다 알고 있다. 독일 거주 한국인들이 이 문제에 특히 민감했던 것은 까닭이 있다. 원래 '대운하' 계획은 이명박 대통령이 후보 시절에 독일의 마인-다뉴브운하를 둘러본 끝에 얻은 착상이라고 말했기 때문이다. '번역연대'의 출발점은, 독일의 예로써 '대운하' 혹은 그 위장된 형태인 4대강사업을 정당화하고자 한 정부와 어용학자, 어용언론의 논리에 내포된 속임수와 거짓을 묵과할 수 없었다는 데 있다. 그리하여 그들은 유럽의 하천 상황에 관련된 귀중한 과학지식에 근거하여, 국내의 어떤 비판세력보다도 더 안타깝고, 더 고통스러운 심정으로 우리나라의 보물 중의 보물인 4대강과 그 유역이 전면적인 파괴에 노출된 현실에 맞서왔던 것이다.

이명박 정부는 공사 완료 전부터 나타나기 시작한, 4대강사업의 온갖 후유증을 열심히 은폐하려 하지만, 분명한 것은 이렇게 계속 덮고 간다면 막대한 돈이 들어간 이 국책사업이 결국 나라의 존망에 관계되는 엄청난 재앙이 될 가능성이 높다는 것이다. '4대강 사업'은 정부의 실책이라기보다 결코 용서할 수 없는 인재(人災)로 규정될 날이 곧 올 것이다.

따져보면 4대강사업은 극단적인 경우에 불과하다. 꼭 이명박 정부만 그런 게 아니지만, 특히 이 정부는 4대강 이외에도 광우병 쇠고기 수입문제, 용산참사, 미디어법, 한미FTA 등등 사활적인 중요성을 가진 대부분의 정책결정 과정에서 국민의 의견을 진지하게 들어보려는 자세를 한 번도 취하지 않았다.

명백히 주권재민을 천명하고 있는 헌법을 정부 자신이 끊임없이 무시·폄훼해온 것이다.

국제사회가 알아주는 훌륭한 민주화 투쟁의 역사를 가진 나라에서 자유선거로 집권한 정부에 의해 이처럼 허망하게 민주주의가 퇴행을 강요당해온 이유는 과연 무엇일까? 여러 원인을 들 수 있겠지만, 결정적인 것은 현행의 한국정치를 규정하는 제도적 틀 그 자체의 결함에 있다고 나는 생각한다.

물론 정치인 개개인의 자질도 중요하다. 그런 의미에서 지금 많은 한국인들이 양심적인 정치가들을 고대하는 심정은 자연스럽다고 할 수 있다. 그러나 더 깊이 생각해보면, 가장 중요한 문제는 인물이 아니라 결국 제도와 시스템이라는 것을 인정하지 않을 수 없다.

기본적으로 오늘날 한국에서는 대통령이 유일한 현자임을 자처하며 전횡과 폭주를 계속하더라도, 그가 국회 다수당을 지배하고 있는 이상, 권력 남용을 제어할 방법이 없다. 그 필연적인 결과는 나라 전체에 미치는 재앙일 것이지만, 궁극적으로는 권력자 자신도 불행을 면치 못한다. 이것은 숱한 선례에서 보아온 역사적 철칙이다. 그런데도 권력자의 권력 남용이 끊임없이 계속되는 것은 무릇 절제된 권력행사란 결코 쉽지 않다는 것을 단적으로 알려준다. 권력자 개인의 사람됨만 괜찮으면 권력과 겸손이 양립할 수 있으리라고 믿는 것은 환상임이 분명하다.

양심과 상식에 어긋나는 정치에 오래 익숙해져온 결과, 사람들은 대개 정치라면 무조건 더럽다고 가까이하지 않으려 한다. 나 자신도 오랫동안 그런 정서 속에서 살아왔다. 그래서 정치에 대한 미련은 접고, 지역 중심의 소규모 공동체 속에서의 협동적 자치생활이 더 현실적이고 생산적인 대안이라고 생각해왔다.

그러나 새만금, 4대강, 한미FTA, 남북관계의 악화 그리고 후쿠시마 사태는 국가 차원의 건전한 정치적 이성이 작동하지 않는 한, 모든 게 허사라는 것을 명확히 상기시켜주었다. 그래서 나는 어둠을 저주하기보다는 촛불 하나라도 켜는 게 낫다는 심정으로 최근에 녹색당 창설에 용기 있게 나선 젊은이들을 돕기 시작했다. 녹색당은 아직 한국에서는 낯설지만, 이미 세계 70여 개 국가에 걸쳐 인류사회가 부닥친 공통 현안을 '녹색적 비전'에 입각하여 정치적으로 해결하기 위해 결집한 21세기 유일한 국제주의적 정당이다.

그런데 새 정당을 꿈꾸는 과정에서 매우 중요한 문제가 새삼 시야에 들어왔다. 즉, 지역구 중심 소선거구제에 의한 지금과 같은 의회 구성 방법으로, 한국의 국회가 앞으로 끊임없이 닥칠 온갖 엄중한 위기에 대처하는 것은 차치하고, 우리사회가 최소한의 합리적인 사회로 나아가는 게 과연 가능할 것인가 하는 문제이다. 현재처럼 국회의원 대다수가 지역구라는 국지적 이해관계에 얽매여 협소하고 단기적인 시야밖에 가질 수 없는 구조 속에서 국가와 세계적 차원의 문제에 집중하는 국회를 기대하는 것은 처음부터 불가능하기 때문이다.

내가 보기에 선거법을 고쳐 적어도 독일 정도의 비례대표제를 확보하는 것보다 더 나은 현실적 해법이 없는 듯하다. 그렇게 하지 않으면 국회가 편협한 국소적 이해관계로부터 자유로운 대표자들에 의한 진실로 양심적이고 합리적인 정책결정의 장이 되기를 기다려봤자 백년하청일 것이다. 후쿠시마 사고 이후 독일이 핵발전소의 단계적 폐기라는 실로 모범적인 결정을 내린 데에는 30년 이상의 역사를 가진 녹색당 이외에 비례대표제라는 요인이 큰 작용을 했음이 확실하다. (경향신문, 2012-1-26)

농민에게 기본소득을

'발틱운임지수'라는 게 있다. 석탄, 철광석, 곡물을 비롯하여 설탕, 철강제품, 비료, 목재, 시멘트 등 산적(散積)화물을 운반하는 부정기 외항선의 운임 동향에 관해 런던의 해운 관계기관에서 매일 발표하는 수치이다. 이 수치는 세계경제가 몇달 혹은 몇년 뒤 어떻게 될지 미리 알려주는 경기선행지수가 될 수 있다. 화물선 운임 결정요인은 기본적으로 세계 전체의 산업활동 상황에 달려 있기 때문이다. 석탄, 철광석, 곡물 등은 오늘날 거의 모든 산업을 뒷받침하는 기본원료이다. 당연히 산업이 활발하면 원료를 운반하는 선박의 운임이 높아지고,

저조하면 선박의 운임이 낮아진다.

이처럼 중요한 의미를 갖는 발틱운임지수가 지금 가파르게 하락하고 있다. 1985년에 지수 1,000으로 시작하여 2008년 5월에 12,000포인트라는 최고치를 기록한 이래, 몇달 뒤 월스트리트 금융파산 상황에서 660으로 뚝 떨어졌다가 얼마 후 약간의 회복세를 보여주는 듯했지만, 다시 하락하여 마침내 최근에는 2008년 말 수준으로 추락하고 있다. 이 추세는 본질적으로 현재 세계 전체가 직면하고 있는 금융위기, 나아가 전반적 경제위기에 직결된 사태라는 것은 말할 필요가 없다.

지금 자본주의의 종말 운운하는 사람들도 있지만, 어떻든 세계경제의 전망이 어두운 것은 틀림없는 사실이다. 현재 그리스가 겪는 비참한 상황은 예외적인 게 아니라 곧 세계 전역으로 확대될 가능성이 높다.

현재의 세계 자본주의 위기는 그동안 경제성장을 뒷받침해온 핵심 요인들이 사라져가고 있는 데에 주된 원인이 있음이 확실하다. 즉, 석유를 비롯한 값싼 자원과 값싼 식량, 값싼 노동력이 더이상 존재하지 않는 시대가 시작된 것이다. 특히 석유라는 '마법의 물질'은 결정적이다. 지난 반세기 이상 세계의 경제성장은 기본적으로 값싼 석유 덕분이었다고 할 수 있다. 석유는 에너지 이외에 산업사회의 존속에 불가결한 온갖 재료와 원료의 원천이다. 그 때문에 고갈돼가는 석유 확보를 둘러싸고 산업국가 간에 갈수록 피나는 경쟁이 벌어질지 모른다. 그러나 석유가 재생 불가능한 자원인 이상, 석유의 대량소비에 의존하는 산업구조를 벗어나지 않고 석유 확보 경쟁에만 매달린다면 설령 일시적인 성공이 있다 하더라도 결국은 공멸할 것임은 자명한 일이다.

식량위기도 심히 위협적인 문제이다. 금융투기꾼에 의한 국제식량가격 조작도 문제이지만, 그보다 더 중요한 것은 세계의 농토가 급격히 축소되거나 사막화되고 있다는 좀더 근본적인 문제이다. 지난 몇십 년간 화학비료와 농약의 대량 투입으로 엄청난 곡물 증산이 가능해졌으나 동시에 토양침식과 토질악화라는 심각한 후유증이 나타났다. 게다가 식량생산에 이용되어야 할 양질의 광대한 땅이 공장식 축산 사료와 생물연료를 위해서 허비되고 있다.

결국 이 모든 것은 산업사회의 종말이 시작됐음을 알려주는 뚜렷한 징후이다. 그렇다면 지금 우리들에게는 대량생산 - 대량소비 - 대량폐기를 확대·반복해온 산업경제 방식과는 질적으로 다른 방식, 즉 지역 중심의 자립적·자급적 생활방식을 조금이라도 많이 확보하려는 시도보다 더 중요한 일은 없다고 할 수있다. 그런 의미에서 중요한 것은 농사의 중요성에 대한 재인식이다. 인류사회에 미래가 있다면, 싫든 좋든 그것은 새로운 농경시대일 것이라는 점을 우리는 직시해야 한다.

다가오는 총선과 대선을 앞두고 이 사회에는 지금 온갖 공약과 계획, 제안이 난무하고 있다. 그러나 놀라운 것은, 이러한 숱한 계획 속에, 경제성장이 멈춘 상황에 어떻게 대응할 것인지에 대한 논의가 전무하다는 사실이다. 무슨 근거인지 모르지만, 계속적인 성장을 암묵적인 전제로 하는 한, 그 모든 제안은 공허한 것으로 끝날 공산이 매우 높다.

지금은 재벌이 동네의 골목시장에까지 들어와서 서민들의 생계수단을 위협하는 시대이다. 재벌의 탐욕을 비난하기 전에 이게 무엇을 뜻하는 현상인지 생각해볼 필요가 있다. 이것은 재벌도 이제는 벼랑 끝에 몰려 있다는 명백한 증좌인 것이다. 그러나 계속해서 노골적인 약육강식의 길로 가서는 누구도 살아남을 수 없다. 유일한 활로는 공생의 원리를 익히고, 공생을 가능케 하는 유일한 삶의 양식인 '순환경제'를 실천하는 길밖에 없다. 그러자면 무엇보다 중요한 것은 오늘날 사멸 직전에 있는 농업·농촌·농민을 살리는 일이다.

최근 일본정부는 농사를 시작하는 젊은이들에게 연간 150만 엔을 7년간 지급하겠다는 결정을 내렸다. 주로 노인들밖에 남아 있지 않은 농촌 상황이 이대로 간다면 농사를 계승할 세대가 단절될 것이라는 위기를 느꼈기 때문이다. 이렇듯 중대한 결단이 정부 차원에서 나오는 것을 보면 일본은 그래도 합리적인 사고력이 아직 남아 있는 사회라고 할 수 있다. 한국의 정치판에서는 여야를 막론하고 최소한의 위기의식조차 없다. 국내의 농사를 보호하는 것보다 '해외농지'를 확보하거나 "농지가 아니라 곡물 딜러를 확보하는 게" 더 중요하다고 생각하는 것이 이 나라 권력엘리트들의 뿌리 깊은 사고방식이다.

농사를 살리는 것은 당면 위기에 대한 지혜로운 대응일 뿐만 아니라 한국사회의 난제 중의 난제, 즉 수도권 과밀현상과 지역균형발전 문제의 해결에도 결정적인 의미를 갖는다. 중앙의 주요 기관 지방 이전이라는 방식으로 이 문제가 해결되지는 않는다. 지역균형발전을 위해서는 지역경제가 우선 살아나야 하지만, 중요한 것은 지역경제의 핵심이 농사라는 사실이다. 이것은 어느 나라든 마찬가지이다. 농사를 살리면 지역의 토착 소상공업이 살아나고, 지역사회와 마을문화가 활기를 찾고, 거기에 뿌리를 박고 살고자 하는 사람들이 자연히 늘어나게 마련이다.

그렇다면 어떻게? 복잡한 방법이 필요 없다. 일본처럼 농사를 지으려는 젊은이들에게 월급을 주는 것도 좋지만, 나는 농사일을 하는 사람 모두에게 기본소득으로 매월 정액을 일률적으로 평생 지급하는 게 가장 좋은 방법이라고 믿는다. 이른바 농촌대책용 국가예산을 진정으로 농민을 위해서 쓴다면, 그것만으로도 충분한 재원이 될 수 있을 것이다. 문제는 정치적 의지이다. 물론 시대착오적인 '자유무역협정' 따위를 밀어붙이는 정치상황에서 이것은 불가능하다. 합리적인 사고, 양질의 정치가 통하는 사회를 어떻게 구축할 것인가? (경향신문, 2012-2-23)

'이익균점권'이라는 사상

1948년의 제헌헌법에는 노동자의 '이익균점권'을 규정한 조항이 있었다. 박정희시대에 삭제된 이 조항은 외국의 헌법에서 베낀 게 아니라 국회에서 장시간 치열한 토론 끝에 성립된 것이었다. 지금 이 사실을 아는 사람은 많지 않지만, 제헌헌법 제18조 제2항은 "영리를 목적으로 하는 사기업체에 있어서는 근로자는 법률의 정하는 바에 의해서 이익의 분배에 균점할 권리가 있다"라고 명시하고 있다. 지금 생각하면 놀랄 만큼 진취적이라고 하지 않을 수 없다.

이익균점권이라는 개념의 선진성은, 가령 최근 이 사회에서 얘기되고 있는 '이익공유제'와 비교해보면 금방 드러난다. '이익공유제'의 목적은 대기업과 중소기업의 상생을 위한 것이라고 알려져 있다. 물론 이것은 재벌에 의한 폭군적 지배구조를 완화하고, 경제적 균형을 어느 정도 바로잡는 데 기여할 수 있을 것이다. 그런데 문제는 지금 대부분의 사람들이 이익공유제가 성립하자면 무엇보다 재벌의 동의가 있거나 적어도 재벌을 설득하는 데 성공하지 않으면 안된다고 생각하고 있다는 점이다. 다시 말해서, 현재 이 사회에는 이 나라의 실질적인 '주인'은 재벌이며, 일반시민은 '하인'에 불과하다는 인식이 광범하게 깔려 있는 것이다.

주목해야 할 것은 제헌헌법의 이익균점권은 이익공유제와 전혀 차원이 다른 것이라는 사실이다. 이익균점권의 논리에는

자본가의 눈치를 보는 왜소한 자세가 들어 있지 않다. 이익균
점권의 핵심 논리는 노동자에게는 자본가와 함께 기업활동의
열매를 나누어 가질 '당연한 권리'가 있다는 것이다.

이러한 논리를 뒷받침하고 있는 것은 실로 문명적인 자본-
노동관이다. 실제로 제헌국회에서 이익균점권을 주창했던 전
진한(錢鎭漢, 1901-1972)에 따르면, "노동을 상품시하여 자본에
예속시키는 것은 고루한 사상"이다. 그의 생각으로는, 노동자
는 '노력'을 출자했다는 의미에서 자본가와 다름없는 자본가
이며, 따라서 이윤을 균점하는 것은 지극히 자연스러운 일이
었다.

이런 논리는 오늘의 상황에서 과격한 급진 사상으로 여겨질
수 있다. 하지만 전진한은 반공 우익 성향의 대한노총을 건설
하고, 대한민국 초대 사회부장관을 지낸 인물이다. 그러나 전
진한은 간단히 좌우 어느 쪽으로 분류될 수 있는 사상가는 아
니었다. 그는 공산주의 독재체제를 반대한 것에 못지않게 자
본가에 의한 일방적 사회지배를 극히 우려했다. 그 결과, 결국
독재자 이승만과 결별하고, 노농당(勞農黨)이라는 독자적 정당
을 만들어 "대중의 창의와 자유를 실질적으로 실현"하기 위한
사회 건설에 헌신했다. 개인적 자유가 보장됨과 동시에 상호
연대의 협동체 속에서 삶을 향유할 수 있는 '자유협동주의'가
그의 이상이었다.

따라서 그는 150년 전 독일과의 전쟁에서 패한 이후 절망적
인 상황에 떨어졌다가 다종다양한 자율적 협업체와 협동조합

을 형성함으로써 마침내 세계 일류 국가로 등장한 덴마크의 예를 들어서 시민들 자신의 자립·자치·협동적 삶의 중요성을 강조했다. 전진한의 자유협동사회란 사람마다 알맞은 자기 자리를 얻어서 거기서 자신의 타고난 소질과 재능을 마음껏 발휘하는 사회(各得其所 各盡其性), 즉 "음악에 있어서 악사가 각자 법열 속에서 자유로이 자신의 악기의 성능과 자기의 개성을 발휘하여 전체와 협동함으로써 하나의 심포니를 형성하는" 것에 비유할 수 있는 사회였다.

전진한은 여러모로 특이한 인물이었다. 그는 극빈 가정 출신으로, 여관의 심부름꾼으로 소년기를 보내고, 나중에 명문대학을 나온 뒤에는 입신출세가 아니라 민족 독립과 자립을 위한 협동조합운동에 헌신하다가 투옥되어 옥살이를 했고, 풀려나와서는 오랫동안 산중에서 참선을 하다가 해방을 맞이했다. 해방 후 정치가로 활동했지만 죽을 때까지 참선수행을 계속했다. 스스로 말하기를 자신에게는 "정치는 부업이고, 참선이 본업이었다."(이흥재, 《노동법 제정과 전진한의 역할》, 2010 참고)

지금 우리는 갈수록 심화되는 경제적·정치적·사회적 불안과 앞이 보이지 않는 혼돈 속에서 침로를 잃고 헤매고 있다. 온갖 정황으로 보아 이제 자본주의체제로는 더이상 나아갈 길이 없음이 점점 분명해지고 있다. 어떻게 할 것인가? 이 상황에서 무엇보다 필요한 것은 장기적 안목을 갖춘 예지의 정치, 그리고 그것을 뒷받침하는 사상·철학임은 말할 것도 없다. 전진한의 정치사상과 그의 치열한 실천은 우리가 어디로 어떻게

가야 할지 암시해주는 소중한 나침반이 될 수 있다. (시사IN, 232호 2012-2-25)

원자력과 인간성 상실

고리원전 1호기의 냉각시스템이 12분간 중단 상태에 있었다고 한다. 경악을 금할 수 없다. 더 놀라운 것은 한 달 뒤에야 원자력안전위원회에 보고됐다는 사실이다. 사고 낌새를 우연히 알아챘던 한 시의원이 없었더라면 이 사건은 끝내 은폐됐을 것임이 확실하다. 그렇게 볼 때, 12분 후 전원이 회복되었다는 것도, 회복되었으니 이제는 안심해도 된다는 말도 과연 어디까지 믿어야 할지 알 수가 없다.

원전이란 원래 가공할 위험성을 내포한 시설이지만, 고리원전 1호기는 유별나게 사고가 빈번한 핵시설로 이미 널리 알려져왔다. 설계수명대로 폐쇄해야 마땅한 노후 시설을 무리하게 연장가동함에 따른 필연적 현상이다. 지금까지 중대사고가 없었던 것은 기적일지도 모른다.

그런데도 원전당국이나 정부는, 후쿠시마 이후에도, 고리원전을 포함한 전국의 원전에 대한 확실한 안전대책을 강구하고 있다는 증거를 아무것도 보여주지 않고 있다. 유일한 조치는 원자력안전위원회를 대통령 직속 기구로 옮긴 일이지만, 그

수장에 평생 원전업계와 함께 일해온 인사를 임명함으로써 위원회의 존재이유를 정부 스스로 부정하는 몰상식을 드러냈다.

어쩌려고 이러는 것일까? 이 땅에서 중대한 원전사고가 터지면 어떻게 될지 상상이 정말 안되는 것일까? 일본은 그래도 한국보다 훨씬 영토가 넓다. 만약 한국에서 사고가 난다면 어디로 도피할 수 있을까. 가령 서울은 직접적 방사능 피해지역에서 벗어난다 할지라도 배후지를 잃은 서울이 과연 기능을 제대로 할 수 있을까.

원자력은 완벽한 관리·통제가 불가결한 기술이다. 사소한 실수 하나가 언제라도 방사능 대량 유출 사태로 이어질 수 있기 때문에 원자력시설은 겹겹의 방호설비를 갖추도록 설계되어 있고, 원전당국과 국가에는 가장 엄격한 안전관리 책무가 있다. 그러나 원전은 아무리 엄격히 안전조치를 강구한다 해도 사고가 나지 않는다는 보장이 없다. 단지 사고 발생 확률이 낮아진다는 것뿐이다. 본래 생명과 상용(相容) 불가능한 게 방사능이기 때문에 방사능 방출 사고는 절대로 있어서는 안된다. 그럼에도 '낮은 확률'을 '절대적 안전성'과 혼동하는 사람들이 있다.

예컨대 요시모토 다카아키(吉本隆明)라는 지식인이 그렇다. 전후 일본사회에서 온갖 문제에 관해 발언을 하고, 많은 젊은 이들의 사상 형성에 지대한 영향을 끼친 것으로 평가돼온 이 '지(知)의 거인'은 원자력에 관해서는 평생 일관된 옹호 입장을 견지해왔다. 그는 며칠 전 사망 직전에 가진 인터뷰에서도,

후쿠시마 사고의 영향으로 인류가 쌓아온 "최첨단 과학기술의 성과"인 원자력을 포기하는 것은 "인간이 다시 원숭이 시절로 되돌아가자"는 얘기라며, 필요한 것은 방사능에 대한 '완벽한' 방어책을 강구하는 것이라고 주장했다.

그런데 인간사에 과연 완벽성이라는 게 존재할 수 있는가. 인간이란 원래 실수를 하게 마련인 존재이다. 이것은 움직일 수 없는 인간조건이다. 이 점을 망각할 때 인간은 끔찍한 괴물이 될 수 있다. 일찍이 철학자 하이데거(1889-1976)가 원자력에 관해 강한 의문을 품었을 때, 근본적인 논거가 바로 그것이었다. '원자력 시대와 인간성 상실'이라는 강연(1963)에서 하이데거는 말했다. "설령 원자력에너지를 관리하는 데 성공한다 하더라도 그것으로 인간이 기술의 주인이 되었다고 말할 수는 없다. 그러한 관리가 불가결하다는 것이야말로 … 결국 인간이 원자력을 제어할 수 없다는 것, 인간의 근본적인 무능을 은밀히 폭로하는 것이다."

원자력이라는 대책 없는 기술을 인간생활에 도입한 것은 아무리 생각해도 정상적인 사고의 산물이라고 생각되지 않는다. 그것은 인간성에 내재된 뛰어넘을 수 없는 한계를 무시하지 않고는 있을 수 없는 사고방식이기 때문이다.

하지만 돌이켜 생각해보면, 원자력에 대한 완벽한 통제가 가능하다는 믿음은 공허한 관념에 빠지기 쉬운 도시 지식인의 망상에 불과한 것임이 분명하다. 왜냐하면 원자력 옹호자·추진론자 중에서도, 적절히 관리만 한다면 원전이 절대 안전하다고 진심으로 믿는 사람은 없을 것이기 때문이다. 단적인 증거는 원전이 언제나 가난한 시골 벽지만을 골라서 건설되어왔다는 점이다. 실제로 원전 부지를 고를 때 정부와 업계가 항상 고려하는 첫째 조건은 "인구가 적고, 학력 수준이 낮고, 서울에서 먼 곳"(영덕·영양·울진·봉화지역 2012년 19대 총선 녹색당 후보 박혜령 씨의 말)임은 누구도 부정할 수 없을 것이다.

그리고 바로 여기에 원자력체제의 치명적인 비윤리성이 있다. 원자력은 미래의 인간 후손과 이 세상의 숱한 생령들에 대한 배려 없이 오로지 현세대 인간의 단기적인 이익을 위한 것이라는 점에서 원천적인 부도덕성을 내포하고 있지만, 동시대의 사회적 약자들의 희생도 서슴없이 요구하는 폭력적 기술이다. 위험구역에서 생명을 걸고 일하지 않으면 안되는 현장 노동자들은 말할 것도 없고, 원전지역 주민들도 늘 불안과 두려움 속에서 살아가지 않을 수 없기 때문이다. 자기 동네에 원자력시설이 들어서는 것을 기꺼이 반길 사람은 있을 수 없다. 그럼에도 시골 사람들이 결국 원전을 받아들이는 것은 피폐한 지역경제 때문에 달리 먹고살 방도가 없다고 생각하기 때문이다.

오늘날 지방의 피폐상황은 산업화 이래 농촌공동체의 희생을 강요하며 도시 중심의 번영을 추구해온 일관된 정책노선의 당연한 결과이다. 그리고 바로 이 농어촌지역의 강요된 빈곤을 이용하여 원전을 받아들이게 하고, 또다시 그 자리에 원전을 증설하려는 게 권력엘리트들의 습관적인 행태이다.

정부와 업계, 어용학자, 어용언론만의 책임이라고 할 수는 없다. 흥청망청 전기를 소비하면서도 그 전기 속에 포함된 약자들의 피눈물에 대해서는 아무것도 모르고, 알려고도 하지 않는 도시민들의 죄도 결코 가벼운 게 아니다. 그래서 나는 원전을 새로 건설하려면 권력의 중심지인 서울의 세종로나 강남의 번화가에 세울 것을, 반어법이 아니라, 진심으로 제안하고 싶다. 그렇게 하지 못하겠다면 어디에서도 세워서는 안된다고, 누구보다 서울 사람들이 들고 일어나 절규해야 한다. (경향신문, 2012-3-22)

원자력과 유기농

후쿠시마 사고 이후 1년이 경과했음에도 수습 상황은 여전히 불투명하고, 피해는 계속 확산되고 있다. 일본의 피해는 말할 것도 없지만, 태평양 건너 미국에서도 유아사망률이 높아졌다는 소식이 들려오고 있다. 생명과는 절대 공존할 수 없는 방사능의 본성을 생각한다면 놀랄 일도 아니다.

그러나 가장 우려되는 것은 농사문제이다. 2차 세계대전 이후 소위 열강들에 의한, 무수한 대기 중 핵실험이 있었고, 거기에 체르노빌, 후쿠시마 등 대규모 핵 사고로 지금은 이미 생태계가 회복 불가능할 만큼 오염되어 있는 상태이다. 그런 점에서 후쿠시마 사고 직후 인근에서 70대 유기농 농부가 자살한 것은 특기할 만하다. 그 농부는 평생 애써 가꾸어온 농사기반이 하루아침에 파괴되자 절망했던 것이다. 원전사고에 의한 최초의 희생자가 바로 농민이라는 사실은 매우 상징적이다. 농민은 인간생존의 토대 중의 토대를 보살피는 사람이다. 원자력은 이 토대를 근원적으로 파괴하는, 생명의 적이라는 명확한 사실을 후쿠시마의 늙은 농부가 죽음으로 증언한 셈이다.

보통 원자력의 대안으로 재생가능에너지를 말하지만, 나는 원자력에 대한 진짜 대안은 '유기농'이라고 생각한다. 이렇게 생각해야만 원자력문제의 본질을 제대로 간파할 수 있고, 핵 없는 세상을 올바르게 상상할 수 있다. 원자력의 대안이 재생가능에너지라고 말하면, 단지 전력생산 방식이 바뀌면 된다는 차원에서 생각이 머물기 쉽다. 그리고 재생가능에너지라면 전기를 얼마든지 풍요롭게 써도 괜찮다는 얘기가 되기 쉽다. 그러나 우리는 에너지를 풍부히 쓰는 게 과연 좋은 삶인지 깊게 생각해볼 필요가 있다.

원자력에는 허다한 문제가 있지만, 무엇보다 인간차별을 구조적으로 내포하고 있다는 절대로 간과할 수 없는 점이 있다. 약자들의 희생 없이는 한순간도 버틸 수 없는 대표적인 시스템이 원자력체제인 것이다. 가령 위험구역 내에서 일하지 않으면 안되는 현장 노동자의 처지를 생각해보자. 원전은 끊임없이 손질이 필요한 기계시설이기 때문에 늘 누군가가 피폭을 각오하고 들어가서 일하지 않으면 안된다. 그런데 그 노동자들은 먹고살기 위한 최후의 수단으로 위험하고 힘겨운 노동을 하지 않을 수 없는 극빈층일 수밖에 없다. 언제나 불안과 공포 속에서 살아가야 하는 원전 인근 주민들도 마찬가지이다. 중대사고가 없어도 원전에서는 평소에도 저선량 방사선이 끊임없이 누출된다. 그래서 장기적으로는 결국 토양도 물도 오염되고, 내부피폭에 의한 피해를 입을 수밖에 없는 것이다.

중요한 것은 약자를 희생시키지 않고, 사람들이 안심하고 자식을 낳고 기를 수 있는 사회를 만드는 것이다. 재생가능에너지 체제로의 전환도 그것이 좀더 인간적인 사회를 만드는 데에 이바지할 수 없다면 별 의미가 없을 것이다.

스치다 다카시(槌田劭)라는 환경사상가가 있다. 원래 교토대학 금속공학 교수였지만, 1970년대 초 오일쇼크를 통해서 재생 불가능한 자원에 의존하는 산업사회가 조만간 붕괴할 수밖에 없다는 '충격적인' 깨달음 때문에 대학을 그만두고 '쓰고 버리는 시대를 생각하는 모임'이라는 시민단체를 조직했다. 그러고는 스스로 텃밭을 가꾸고 농산물직거래운동을 계속해왔다. 그는 지금 자신이 동네 아주머니나 할머니들과 어울려 콩을 기르고 된장을 만드는 게 자본과 산업과 국가의 논리에 봉사하는 학자생활보다 더 보람 있는 일이라고 생각하는 사람이다. 그도 역시 오래전부터 원자력을 반대해왔다. 그에 따르면 우리가 원자력을 허용해서는 안될 제일 중요한 이유는 그것이 공생의 원리를 근본적으로 부정하기 때문이다. 유기농은 한마디로 공생의 원리에 입각한 농법이다. 유기농을 제대로 하려면 자연의 원리에 겸허히 순응하는 것 못지않게 상부상조의 인간관계를 중시할 수밖에 없다. 배타적인 이익추구의 논리는 결코 유기농의 원리가 될 수 없다. 스치다 선생은 공생공빈(共生共貧)이라는 말로, 남과 더불어 평화롭게 살려면 자기를 내세우지 않는 검소한 삶이 중요하다고 말한다.

원자력시스템은 자본과 국가의 논리, 어용학자, 어용언론 등 온갖 기득권세력으로 구성된 막강한 권력체제이다. 이 체제는 민주주의를 비웃고, 자연파괴와 인권유린을 아무렇지도 않게 자행한다. 이것을 극복할 수 있는 것은 시민들의 민주적 역량뿐이다. 그러나 민주적 역량은 단순한 결심만으로 되는 게 아니다. 유기농을 근간으로 하는 자립·자치·분권적 삶에 뿌리를 박지 않은 민주주의는 껍데기뿐이라는 사실을 우리는 늘 기억해야 한다. (시사IN, 236호 2012-3-24)

녹색정치의 가능성, 언제쯤 열릴까

총선 결과는 실망스럽기 이를 데 없다. 선거란 무엇보다 집권세력의 공죄를 준엄하게 심판하는 행위여야 하고, 그 심판은 민주주의의 존속에 불가결하다. 이것은 초보적인 진실이다.

그런데 딴것은 제쳐두고, 현 정권은 민간인 사찰 문제 하나만으로도 엄중한 정치적 단죄를 받아야 마땅했다. 사찰이란 민주주의를 근원적으로 파괴하는 가장 비열한 통치방식이다. 개인적 약점을 캐내 정치적 저항이나 반대 목소리를 침묵시키려는 게 '사찰'의 동기이기 때문이다. 그런 짓을 끊임없이 자행했다는 증거가 속속 드러나는 상황에서의 선거였음에도, 집권세력이 또다시 국회 제일권력을 차지하는 기이한 사태가 발생했다. 이 나라 민주주의의 심각한 패퇴를 보여주는 서글픈 증거가 아닐 수 없다.

그러나 달리 생각하면, 이번 선거의 결과는 집권당의 승리로 해석하기 어려운 것도 사실이다. 이미 여러 사람이 지적했듯이, 정당별 득표 결과를 보면 범여권에 비해 범야권 쪽의 지지율이 더 높기 때문이다. 그러니까 야당세력은 이번에 실질적인 승리를 거두고도 패배한 셈이다. 이 모순은 말할 것도 없이 현행 선거제도의 불합리성 때문이다. 한 지역에서 최다 득표자 1인만 선출되는 제도는 필연적으로 민주적 대표성을 심각하게 왜곡한다. 패한 후보를 지지한 유권자들의 뜻은 전혀 반영되지 못하는 구조인 것이다. 이 명백한 모순에 대한 보완책의 하나가 비례대표제이지만, 현재 여의도의 비례대표 의석은 보완책이라고 하기에는 그 비중이 너무나 미미하다.

원래 대의제 민주주의는 결함 많은 제도이다. 하지만 현재로서는 다른 현실적 대안이 없는 이상, 다양한 보강 장치를 마련하는 게 필요하다. 가장 중요한 것은 민의를 최대한 바르게 반영할 수 있는 방법의 확보이다. 그런 의미에서 지금 긴급한 것은 개헌이 아니라 선거제도의 개혁일 것이다. 대표성의 왜

곡이 불가피한 현 선거제로는 최소한의 합리적 정치도 기대하기 어렵기 때문이다.

이 상황에서의 선거는 민주주의를 가장한 요식행위일 뿐, 기득권층의 영구 집권을 보장하는 장치 이외에 아무것도 아니기 쉽다. 미국에서 그렇듯이 한국의 정치도 이대로 가면 결국 기본적 정책 방향이 별로 다를 게 없는 양당 독재체제로 굳어질 게 틀림없다. 현 선거제는 새로운 사상과 철학을 가진 신생 정치세력을 절대로 용납하지 않기 때문이다.

그런데 문제는 우리 모두가 직면한 현실이 이제는 기성의 사상, 관념, 가치에 의해서는 한 걸음도 더 나아갈 수 없는 벽에 부딪혀 있다는 사실이다. 오늘날 갈수록 심화되는 세계적인 환경·자원·에너지·금융 위기는 지금까지 화석연료에 기반을 둬왔던 성장경제시대가 끝나가고 있음을 알려주는 신호라고 할 수 있다. 따라서 성장의 시대를 뒷받침해온 낡은 사고와 제도의 효력이 더는 지속되지 못한다는 것을 알 필요가 있다. 이 엄중한 문제를 계속 외면할 때, 그 궁극적인 결과는 집단적 자멸 사태일 것이다.

그렇게 보면 설령 이번 선거결과가 야당세력의 승리였다 해도 그게 꼭 의미 있는 승리였을지는 의문이다. 왜냐하면 현재 야당세력이라고 해서 시대현실의 심각성에 대한 그들의 인식이 과연 믿을 만한 것인지 매우 의심스럽기 때문이다. 비근하게는 한미FTA나 4대강문제, 원자력에 관한 문제의식만 해도 그렇다. 이 현안들에 대해 그들은 지금 자기들끼리도 의견이

엇갈려 있다. 그것뿐만 아니다. 예를 들어, 지속가능한 삶을 생각할 때 무엇보다 중요한 농업문제에 대해서 이번 선거에서 민주통합당은 놀랍게도 단 한마디의 언급조차 하지 않았다.

이 나라에서 산업화가 시작된 이래 역대 정권에 의해 한국의 농사는 끝없이 홀대를 당해왔고, 노무현 정부 역시 예외가 아니었다. 노무현 정부 집권기간 동안 농촌인구는 500만에서 350만으로 줄어들었다. 이것은 150만의 인구가 일자리를 잃거나 도시빈민으로 전락했다는 것을 뜻하지만, 실은 더 중요한 것은 한국의 농업이 이제 사멸 직전에 이르렀다는 기막힌 사실이다. 여야를 막론하고 권력엘리트들은 언제나 농업 규모의 확대, 농사의 기업화, 경쟁력 강화라는 공허한 말만을 되풀이해왔다. 그러면서 그들은 그 경쟁력 논리의 궁극적인 결과가 무엇인지 한 번도 두려운 마음으로 성찰해본 적이 없고, 지금도 마찬가지이다.

경제성장이 멈춘 시대의 삶은 어떻게 될까. 확실한 것은 원래 그래왔듯이 소농 중심의 순환적 농사야말로 인간다운 삶의 최후 보루일 수밖에 없다는 사실이다. 어차피 화석연료 혹은 원자력에 의존하는 성장경제시대는 몰락의 길로 접어들었다. 이 과정에서 자원과 에너지 확보를 둘러싼 경쟁이 격화되고, 전쟁까지 일어날지도 모른다. 그러나 그렇게 석유를 확보한들, 장기 지속될 수 없음은 뻔한 일이다.

따라서 경제규모를 확대하여 문제를 해결하려는 고식적인 방식이 아니라 공생과 상부상조의 원리에 따른 삶을 재창조하는 게 새로운 시대의 핵심 과제일 것임이 분명하다. 그것이 시대적 요구에 부응하는 현명한 방식이라는 것은 말할 나위가 없다. 어차피 앞으로의 사회는 새로운 농경 중심 사회일 게 틀림없고, 따라서 성장 없는 시대를 대비한다는 의미에서도 지금은 건강한 농사기반의 확보보다 더 중요한 일이 없다고 할 수 있다.

현재의 선거제도로는 이러한 장기적인 대책, 근본적인 방향 전환을 위한 치열한 논의를 위한 정치적 틀의 형성이 불가능하다는 게 문제이다. 시대착오적인 성장논리로부터 벗어나야 할 필요성을 말하는, 진실로 생산적인 목소리가 이런 선거판에서 주목을 받는다는 것은 애초에 기대할 수 없기 때문이다.

이번 선거에서 녹색당이 처한 처지가 바로 그러했다. 세계 70여 개 국가에 존재하는 게 녹색당이지만, 한국에서는 이번에 최초로 등장하여 선거에 참여했다. 녹색당은 탈핵·탈성장·농업회생을 최대 긴급 현안으로 인식하고, 구체적이고 현실적이며 효과적인 대책들을 제시했다. 하지만 거대 정당들의 그늘에 가려 녹색당의 목소리와 문제의식은 완전히 변두리로 밀려나고 말았다. 녹색당 자신의 역량부족 탓도 크지만, 거대 정당의 고식적인 목소리 이외에 이단적인 목소리의 시민권을 허용하지 않는 선거제도하에서, 이것은 신생 정당의 피할 수 없는 운명이었다. 독일 의회의 구성만큼이라도 비례대표제가 확대되지 않는 한, 우리사회에서 녹색정치가 열릴 가능성은 희박하다고 하지 않을 수 없다. (경향신문, 2012-4-19)

녹색당에 거는 희망

집권당의 승리로 끝난 선거결과를 보다가 머릿속에 떠오른 말이 있다. 그것은 "정신이상이란 꼭 같은 짓을 되풀이하면서 다른 결과가 나오기를 기대하는 행태"라는 아인슈타인의 말이다. 왜 이 말이 생각났는지 나 자신도 정확히 모르지만, 어쩐지 우리 모두가 지금 치유하기 어려운 어떤 정신질환을 앓고 있는 게 아닌가 하는 기분을 떨쳐버릴 수가 없다.

선거가 끝나면 판에 박은 이야기들이 늘 쏟아진다. 이번에도 예외가 아니어서, 이명박 정권의 엄청난 실정에도 불구하고 야당이 패배한 까닭이 무엇인지 구구한 설명들이 개진되고 있다. 하지만 이 모든 이야기는 대체로 유사한 결론에 귀착한다. 요컨대 야당세력이 정권 심판론만 들고 나왔지 설득력 있는 대안을 내놓지 못했기 때문이라는 것이다. 혹자는 그들이 후보 단일화와 공천 작업에 쫓긴 나머지 구체적인 정책공약을 준비할 시간이 없었다는 해설도 곁들인다.

급조된 신생 정당도 아니고 오랜 역사를 가지고 있는 ─ 게다가 국민의 세금으로 운영되는 부설 정책연구소를 가진 ─ 주요 정당이, 어째서 정책공약을 선거에 임박해서 준비해야 하는지 알다가도 모를 일이지만, 그보다 더 중요한 문제가 있다. 즉, 만약에 시간이 있었다면 신뢰할 만한 비전과 대안이 나올 수 있었을까.

나는 솔직히 새누리당에 대해서는 별로 하고 싶은 말이 없다. 당명을 바꿔가며 쇄신을 운위하고, 듣기 좋은 공약을 제시하면서 '경제민주화'를 말하지만, 그 모든 게 결국 헛소리라는 것을 모르지 않기 때문이다. 기득권층의 이익을 완강히 옹호하고 사회적 약자를 철저히 외면하는 데 익숙한 그들의 체질이 쉽게 변할 수 있으리라고 믿는 것은 어리석은 일이다. 이 나라의 보물 중의 보물인 4대강이 처참하게 파괴되고 있음에도 끝끝내 침묵으로 일관해온 '정치지도자'가 이끄는 정당에 대해서 대체 무슨 말을 할 수 있으랴. 그런 의미에서 "같은 짓을 되풀이하면서 다른 결과를 기대하는" 행태는 새누리당에는 해당되지 않는다고 할 수 있다. 왜냐하면 언제나 꼭 같은 행동을 되풀이해왔지만, 어차피 그들은 기득권층의 이익을 지키고 확대하는 것 말고는 다른 결과를 기대한 바도 없고, 앞으로도 그럴 것이기 때문이다.

문제는 민주통합당이다. 한때 집권을 했으나 준비되지 않은 권력, 서툴고 실력 없는 권력이라는 조소를 당했고, 마침내 한미FTA 체결이라는 결정적인 패착에 의해 자신의 정치적 지지기반을 거의 완전히 상실했던 뼈아픈 경험이 민주통합당 사람들에게는 있다. 그런데 이번 선거에서 또다시 획기적인 정책을 제시하는 데 실패한 게 사실이라면, 민주통합당이야말로 "같은 짓을 되풀이하면서 다른 결과를" 기대하는 정치집단의 전형이라고 해도 될 것이다.

그러나 돌이켜 생각해보면, 민주통합당이 설득력 있는 대안이나 비전을 제시하지 못하는 것은 당연하다고 할 수 있다. 이렇게 말하는 데는 이유가 있다. 이번에 선거관리위원회를 통해 배포된 민주통합당의 홍보물을 보면, 이 나라의 농업에 관한 언급 자체가 없다. 이것은 결코 작은 문제가 아니다. 다 알고 있듯이 역대 정권에 의해 우리 농촌은 끝없이 홀대를 당해왔고, 노무현 정부 시절도 예외가 아니었다. '참여정부' 5년 동안 우리나라 농민은 500만 명에서 350만 명으로 줄어들었다. 이것이 궁극적으로 의미하는 것, 즉 우리 농업이 조만간 사멸할지도 모른다는 두려움을 아직도 느끼지 못하고 있다면, 그들은 지난 4년을 아무것도 배운 것 없이 허비했음을 고백하는 셈이라고 할 수 있다.

지금은 지속가능한 농사를 중심에 두지 않는 어떠한 정책, 어떠한 비전도 허망한 말장난에 지나지 않는다. 이제 갈수록 문명사회의 존립 자체가 흔들리는 위기상황이 일상화될 것이다. 그러한 상황에서 가장 중요한 것이 농업기반의 확보임은 두말할 나위도 없다. 화석연료에 기반한 경제성장시대는 이제 끝났음을 직시해야 한다. 성장을 전제로 한 복지국가의 설계도 이 상황에서는 결국 망상에 불과할 것이 분명하다.

이번 선거에서 유일하게 이 상황을 주목하고, '농민기본소득'이라는 획기적인 정책을 제시한 정당이 있었는데, 그것은 녹색당이었다. 녹색당은 당의 존속을 위한 최소한의 표도 얻지 못한 '군소 정당'이지만, 사상과 이념에서는 가장 선진적인 정치결사체라고 할 수 있다. 녹색당이 표방하는 가치의 때늦지 않은 실현 여부에 우리 모두의 사활이 걸려 있음은 길게

말할 필요가 없다. (시사IN, 240호 2012-4-21)

'성장의 한계' 40년

《성장의 한계》라는 책이 출판된 것은 1972년이었다. 이 책은 현재의 추세가 그대로 계속된다면 2020~2050년 사이에 인구, 산업 및 식량생산, 자원공급과 환경오염이 한계에 도달하여 더이상 근대적 산업문명체제가 지속될 수 없다는 것을 컴퓨터 시뮬레이션을 통한 데이터를 근거로 예측했다. 이러한 예견(혹은 경고)은 당시의 상황에서 매우 충격적인 것이어서 세계적으로 큰 파문을 일으켰다. 그리하여 그 후 30개 이상의 언어로 번역된 이 책은 지금까지 1천만 부 이상이나 팔린 것으로 알려지고 있다.

최근 다시 이 책이 화제가 된 것은 출판 40주년을 기념하여 '스미소니언협회'가 주최한 심포지엄 때문이다. 지난 3월 워싱턴에서 열린 이 모임에는 저자들 중 아직 생존해 있는 두 사람이 참석했고, 그들은 자신들의 경고에도 불구하고 여전히 '성장'을 추구하는 데 여념이 없는 오늘날의 세계현실을 개탄한 것으로 전해졌다. 이제는 은퇴 교수인 데니스 메도즈는 어느 인터뷰에서 "그 책을 쓸 때 우리는 너무 낙관적이었다. 우리가 작업의 결과를 내놓으면 정책결정자들이 그것을 참조하여 행동을 바꿀 것이라고 믿었다"고 40년 전의 자신들의 '순진함'을 돌아보며 자책하는 심정을 토로했다. 그러면서 그는 1970년대라면 가능했을지 모르지만, 지금은 "너무 늦어버렸다"는 매우 비관적인 견해를 표명했다. 그의 추산으로는 현재 인류의 산업 및 소비생활의 규모는 이미 지구가 용납할 수 있는 수용능력의 150퍼센트 이상을 초과했다는 것이다.

주목할 것은 《성장의 한계》의 저자들이 지금 드러내는 비관주의의 근거가 점점 더 확실한 것으로 판명되고 있다는 점이다. '스미소니언 심포지엄'에서 밝혀진 중요한 사실은 지금부터 40년 전의 예견이 단순한 예측이 아니라 갈수록 현실이 되고 있음을 보여주는 증거가 많다는 것이다. 대표적인 예는 오스트레일리아의 물리학자 그레이엄 터너가 2008년에 발표한 논문이다. 이것은 1970년에서 2000년까지의 인구, 공업제품, 자원, 오염, 식량생산 등에 관한 데이터를 분석한 결과, 그 추세가 《성장의 한계》에서 예견된 시나리오와 거의 정확히 일치하고 있다는 것을 입증한 연구 결과이다. 1970~2000년이라는 30년간의 동향이 《성장의 한계》가 예측한 추세와 일치한다면, 이른 시기 안에 급진적인 방향전환이 없다면 이 책이 경고한 '산업문명의 붕괴'는 결국 현실이 될 것이 틀림없다. 그렇다면 지금과 같이 성장논리에 기반을 둔 우리들의 생활방식은 앞으로 수십 년 내에 어떤 식으로든 끝날 것임은 쉽게 예측할 수 있다.

아직도 '지속가능한 성장' 혹은 '지속가능한 발전'을 운위하는 사람들이 있지만, 그것은 불가능한 환상이라는 것을 잊어서는 안된다. 효율적인 자원이용이라는 방법으로, 혹은 과학기술의 발전으로 '성장'을 지속할 수 있으리라고 믿는 것도 심히 어리석은 생각임이 분명하다. 낭비와 파괴와 오염을 구조적으로 강요하는 근본적인 틀 자체가 혁파되지 않는 상황에서는 혁신적인 과학기술이란 결국 파멸을 앞당기는 데에 기여할 수 있을 뿐이기 때문이다.

예를 들어, '녹색혁명'이라는 '과학적 영농방법'의 도입이 바로 그렇다. 1950년대 이래 '녹색혁명'으로 세계의 식량생산은 비약적으로 증대되었으나 그것이 기계와 화학물질에 대한 과도한 의존을 불가피하게 함으로써 반세기가 흐른 지금 세계 전역의 농토는 대부분 사막화 현상을 드러내고, 농산물 증산도 더이상 가능하지 않은 국면에 직면하고 말았다.

설상가상으로 기계화·화학화가 대대적으로 적용된 농법의 영향으로 세계적인 물 부족 현상이 심각한 현안으로 대두되고 있다. 오랫동안 세계 식량문제를 중점적으로 다루어온 '월드워치연구소'의 창설자 레스터 브라운이 현재 가장 우려하고 있는 게 바로 이 문제이다. 그는 물 부족 문제는 석유 고갈 문제보다도 곧 더 심각한 문제로 대두될 될 것이라고 내다보고 있다. 실제로, 오늘날 석유 없이는 불가능한 게 현대적 농사라는 것을 생각하면, '피크오일' 이후의 상황에서 가장 심각한 문제가 식량생산이 될 것이 틀림없다. 그러나 석유에 못지않게 물 부족 문제 또한 식량생산에 큰 위협이 될 것이고, 그 결과 우리는 조만간 전대미문의 대량 기아사태에 직면할지도 모른다.

어쩌다 이렇게 바로 코앞에 닥칠 일도 보지 못하고, 오로지 성장논리에 갇힌 채 아무 대비 없이 이 지경까지 왔을까? 1973년에 나온 책《작은 것이 아름답다》는《성장의 한계》가 예견한 문제를 회피하기 위해서 어떻게 해야 할 것인가에 대한 훌륭한 해답을 제시한 책이었다고 할 수 있다.《작은 것이 아름답다》의 저자 E. F. 슈마허는 동남아시아 전통사회에서 1년간 체류했던 경험을 통해서 "유한한 지구상에서 무한한 성장"을 맹목적으로 추구하는 서구식 근대문명과 그것을 정당화하는 현대경제학의 근원적인 어리석음을 통절히 깨닫고, '성장'과 '진보'가 아니라 인간조건의 한계에 대한 성숙한 인식 위에서 자족(自足)할 줄 아는 '불교경제학'을 제창했다.

슈마허의 메시지는 중요한 것이었지만, 성장논리에 중독돼 있는 허다한 정책결정자와 경제학자들로부터《성장의 한계》못지않게 냉대를 당했다. 그러나 미국 대통령 지미 카터를 포함한 상당수의 사람들은 이 책을 주목했다. 카터는 슈마허를 백악관으로 초청하여 한 시간 동안 경청했다. 그리고 곧 백악관 지붕에 태양광발전 패널을 설치하고, 참모들에게 지구환경에 관한 종합적인 보고서를 작성할 것을 지시했다. 그런데 카터가 물러나고 새로이 대통령이 된 레이건이 백악관에 들어온 첫날, 최초의 지시 사항이 지붕 위의 태양광 패널을 제거하라는 것이었다고 한다. 이 에피소드는 지금에 와서 생각하면 매우 상징적이다. 레이건 이후 이른바 신자유주의 경제논리에 의해 전세계가 걷잡을 수 없이 황폐화된 것은 우리가 다 아는 사실이지만, 그 퇴영적 정치의 출발점이 바로 《성장의 한계》나 《작은 것이 아름답다》처럼 인류의 장래를 위해서 결정적인 중요성을 갖는 메시지를 난폭하게 짓밟는 행위였던 것이다.

《성장의 한계》이후 40년의 세월이 완전히 허비되어버린 것은 생각할수록 통탄스럽다. 더욱 통탄스러운 것은 이제 완전히 벼랑 끝에 이른 상황에서도 아직도 성장논리가 이 세상을 압도하고 있다는 사실이다. (경향신문, 2012-5-17)

성장시대의 종언

월터 프레스콧 웹(1888-1963)이라는 역사가가 쓴 《거대한 프런티어》(1951)라는 책이 있다. 저자는 일찍이 미국역사학회의 회장을 역임한 중진 학자로서 이 책 이외에 여러 권의 주목할 만한 노작을 썼다. 그런데도 오늘날 그의 이름을 기억하는 사람은 별로 없는 모양이다. 그러나 내가 보기에 이 책은 이미 60년 전에 오늘날 우리가 직면한 위기상황의 본질을 명료하게 꿰뚫어 본 희귀한 책이다.

책의 요지는 간단하다. 지난 450년 동안 서구식 근대문명을 뒷받침해왔던 근본적인 물질적 기반이 사라졌다는 것이다. 저자에 의하면 그 물질적 기반은 바로 '거대한 프런티어'라고 명명할 수 있는 것인데, 20세기 중반의 시점에서 이것이 사실상 소멸하고 말았다는 것이다.

15세기 말, 즉 중세 말기의 서구사회는 여러 의미에서 큰 위기에 봉착해 있었다. 단일한 기독교문화권을 형성하고 있던 서구사회는 토지에 비해 인구는 많고, 일반적인 경제생활의 정체 이외에 화폐 부족 현상으로 교역활동이 매우 제한되어 있었다. 그 결과 빈곤과 폐색감이 만연해 있었다. 봉건적 위계질서로 조직된 사회에서 새로운 삶의 가능성을 찾는다는 것도 쉬운 일이 아니었다. 자유니 진보니 하는 개념은 아직 낯선 것이었다. 그러나 이 상황에 돌연히 출구가 열렸다. 결정적인 계기는 1492년 콜럼버스에 의한 신대륙의 '발견'이었다. 신대륙을 점유함으로써 서구사회는 오랜 폐색상황을 벗어나서 매우 역동적인 근대 자본주의문명 사회로 탈바꿈할 수 있었다. 신대륙은 일찍이 유럽인이 꿈도 꿀 수 없었던 풍부한 자원, 금은, 농토를 무제한적으로 제공하는 원천이 된 것이다. 오랜 세월 신대륙에서 살아온 토착민의 존재는 유럽인에게는 거추장스러운 장애물에 지나지 않았다. 유럽인은 가차 없이 이 장애물을 제거하고, 광활한 남북 아메리카를 마음껏 농단하고 약탈하기 시작했다.

그러나 《거대한 프런티어》의 저자는 이 '프런티어'를 단순히 아메리카 대륙에 한정된 것으로 보지 않는다는 점에서 독특한 시각을 드러낸다. 저자는 이 '프런티어'가 결국은 오스트레일리아, 뉴질랜드, 아프리카, 아시아까지를 포괄하는 것으로 간주한다. 서유럽인의 관점에서는 이 '거대한 프런티어'는 근대 자본주의문명의 발전과 번영을 도모하는 데에 없어서는 안 될 재료이자 수단일 뿐이었다. 요컨대 지난 수백 년간 세계의 주인 노릇을 해온 서구문명은 하나의 전체로서 비서구세계에 대한 경제적·군사적·정치적 지배와 정복을 통해서만 번영을 누리고, 확장되어올 수 있었던 것이다.

그러니까 서구 혹은 서구식 문명사회가 누려온 번영과 자유라는 것은 결국 비서구세계가 겪어온 빈곤과 억압의 산물이라고 할 수 있다. 이 사실을 60년 전에 미국의 역사가가 명쾌하게 지적했다는 것도 흥미롭지만, 더 중요한 것은 이 책의 저자가 이런 식으로 확장돼온 지난 450년간의 근대문명은 인류 역사 전체 맥락에서 심히 '비정상적인' 것이라고 단언하고 있다는 점이다.

하지만 무엇보다 중요한 것은 그 '비정상적인' 상황이 이제는 끝났다는 저자의 판단이다. 그는 아마도 2차대전 후의 식민지 독립 상황을 염두에 두고 이런 판단을 내렸는지 모른다. 물론 그의 예견보다 서구식 자본주의문명은 더 오래 지속되고, 지금도 계속되고 있다. 그러나 그것은 이 책의 저자가 석유의 역할을 고려하지 못한 결과임이 분명하다. 식민지 못지않게 석유라는 '마법의 물질'이 또하나의 '거대한 프런티어'가 될 수 있음을 그가 간과했을 가능성이 크다. 하지만 오늘날 거의 모든 산업활동에 불가결한 요소, 즉 석유가 값싸고 풍부하게 공급되던 시대는 이제 끝나가고 있다는 사실을 생각하면, 기본적으로 《거대한 프런티어》의 메시지는 어쩌면 시대를 뛰어넘은 탁월한 선견지명이었다고 평가할 수 있다.

온갖 징후로 보아서 '거대한 프런티어'에 의지하여 구축돼온 자본주의문명, 즉 '성장의 시대'는 이제 마지막 국면에 들어섰음이 확실한 것으로 보인다. 그러므로 '성장'을 삶의 암묵적인 대전제로 하여 형성, 유지돼온 온갖 제도·조직·이념·사상의 유효성도 이제 끝나가고 있다는 것을 우리는 냉정히 고려할 필요가 있다. 이것을 외면하는 정치·경제·사회적 기획과 비전은 모두 부질없는 말장난으로 끝날 공산이 매우 크다. 《거대한 프런티어》의 저자는 성장시대의 종언과 함께 당연히 농경의 중요성이 증대될 것이라고 내다보았다. (시사IN, 244호 2012-5-19)

IAEA와 도덕적 감수성

국제원자력기구(IAEA) 소속 전문가들에 의한 고리원전 1호기 안전점검 결과가 발표되었다. 이들은 발전소의 '안전문화'에는 문제가 없지 않지만, 설비 상태는 양호하다는 결론을 내렸다. 후쿠시마 이후 안전성 강화 대책이 착실히 이행되고 있다는 점도 덧붙였다. 이런 발표에 반발할 지역주민이나 탈핵활동가들을 의식해서인지 이들은 또한 자신들이 한국 원전당국의 '들러리'가 아니라 '독립적인 전문가'라는 사실을 강조했다.

이게 사실이라면 환영해야 할 뉴스이다. 고리원전 상태에 대한 심각한 불안으로 불면의 밤을 보내는 사람들에게는 이보다 더 반가운 소식이 없을 테니까. 그러나 그게 그렇지 않다는 게 문제이다.

한국의 원전당국은 평판이 매우 나쁜 고리원전 문제를 '국제기구'의 도움으로 척결하려고 의도했을지 모른다. 그러나 다른 기관도 아니고 IAEA 점검단을 초빙해서 조사를 맡겼다는 것은 처음부터 이 문제를 공정하게, 객관적으로 처리할 의사가 없었음을 스스로 폭로한 것이라고 할 수 있다.

원전당국의 설명에 의하면, IAEA는 "국제연합 산하의 중립적 비영리 독립기구로서 모든 나라가 공인하는 원자력 안전 관련 최고, 최후의 기관"이다. 한국수력원자력 관계자의 이 말은 사정을 잘 모르는 일반시민들에게는 그럴듯하게 들릴지 모르지만, 원자력문제에 대해서 조금이라도 지식이 있는 사람들에게는 매우 수준 낮은 농담에 불과하다. 보통 IAEA는 핵 확산 방지를 위해 존재하는 국제기구라는 인식 때문에 사람들은 이것을 원자력 일반에 대해서 다소 비판적인 입장에 서 있는 기관으로 오인할 수 있다.

하기는 핵무기를 반대하면, 핵무기와 쌍둥이인 원자력발전소를 반대하는 것이 논리적으로는 당연하다. 그러나 오늘날 이 세계의 핵심적인 비극의 하나는 핵 주도세력이 핵을 군사용과 민수용으로 구분한 다음에, 한편으로는 핵무기 확산을 막는다고 하면서 다른 한편으로는 '핵의 평화적 이용'이라는 이름으로 원자력시설을 세계 전역으로 확대하는 모순적인 행동을 위선과 거짓언어로 치장하여 되풀이해왔다는 데에 있다.

바로 그 위선과 거짓을 집약하고 있는 대표적인 조직이 IAEA라고 할 수 있다. 1957년에 미국정부의 주도로 국제연합 산하 기구로 창설된 IAEA는 그 헌장에서 이미 "세계 전역에 걸쳐 평화와 건강과 번영을 위해서 원자력의 공헌을 가속화·확대한다"는 자신의 목적을 천명했다. 이 창설목적을 보더라도 IAEA는 자신이 군부와 원자력산업계를 위한 명백한 '로비단체', 그것도 미국정부의 비호를 받는, 유엔 산하 조직 중에서도 가장 막강한 로비단체임을 인정하고 있는 셈이다. 따라서 IAEA가 원자력이나 방사능에 관련된 치명적인 문제에 대해서 늘 눈을 돌리고, 무관심한 자세를 취해온 것은 당연한 일인지 모른다.

무관심한 정도가 아니라, IAEA가 방사능문제에 대해 취해온 행동의 역사는 완전히 범죄적인 것이라고 할 수 있다. 그 대표적인 사례가 1959년에 세계보건기구(WHO)와 맺은 협정이다. 이 협정은 상대편 기관이 관심을 갖고 있는 문제에 대해서는 반드시 "상호 합의에 따라" 계획하거나 행동하지 않으면 안된다고 규정하고 있다. 결국 이것은 원자력에 관한 WHO의 권한, 즉 방사능의 위험에 대해 조사하거나 경고해야 할 WHO의 고유한 역할을 저지하기 위한 '협정'이었다. 원래 1956년까지 WHO는 "원자력산업과 방사능의 증대에 의해서 미래세대의 생명이 위협받고 있다"는 공식 입장을 견지하고 있었다. 그러나 1959년의 협정 이후 WHO는 방사능의 영향 문제에 관해서 사실상 침묵을 지키거나 극히 소극적인 관심밖에 보여주지 않았다. 이 비겁한 행동은 후쿠시마 원전사고에서도 반복되고 있다.

방사능문제에 관한 한, 세계 최고의 국제적 권위기관이라고 하는 WHO가 IAEA와 다름없는 원자력 홍보기구로 전락한 것을 보여주는 단적인 예는 체르노빌 원전사고에 대한 우스꽝스러운 평가이다. 2005년 WHO와 IAEA 합동회의에서 발표된 체르노빌 피해상황에 대한 최종 결론에 의하면 사망자 56명, 갑상샘암 사망 아동 9명 그리고 사망으로 이어질 암에 걸린 사람 4천 명뿐이었다. 적잖은 독립적 과학자와 의료인들이 지적해왔듯이, 이것은 많은 독립적 자료와 조사를 철저히 외면하고, 계속해서 고농도 방사능 지역에 거주하면서 치명적인 피해를 가져올 오염식품을 먹을 수밖에 없는 900만 명 이상의 인간을 완전히 무시한 결론이었다(《르몽드디플로마티크》, 2009년 5월).

생각해보면, 후쿠시마는 물론이고 체르노빌로 인한 재앙도 아직까지 계속되고 있다. 오랜 잠복기간이 있고, 오염된 토양에서 자란 농산물로 인한 방사능 섭취에 따라 앞으로 몇 세대에 걸쳐 발생할 유전자 손상을 고려하면 IAEA와 WHO의 합동 결론은 과학이라기보다 저열한 수준의 은폐 공작이라는 것은 말할 필요도 없다. 그런데도 방사능의 위험을 이처럼 비상식적으로 은폐하고, 과소평가하는 행위가 버젓이 과학과 국제기구의 이름으로 행해지고 있는 게 오늘의 현실이다.

이런 공식적인 자료나 문헌에 의존하는 게 얼마나 허망한 일인지는 프랑스의 과학철학자 장 피에르 뒤퓌의 증언에서도 드러난다. 그는 체르노빌 사고 20주년인 2006년에 우크라이나를 직접 방문해본 결과, 그동안 접했던 자료와 현지 사정 사이에 엄청난 괴리가 존재함을 발견했다. 돌아와서 그는 《체르노빌로부터의 귀환 ― 분노한 한 남자의 수기》(2006)라는 책을 썼다. 이 책에서 그는 관련 과학자와 기술관료들이 원자력에 대한 경계심이 없는 이유를 찾아보려 했다. 그 과정에서 그는 일찍이 〈직업으로서의 학문〉(1917)에서 막스 베버(1864-1920)가 지적한 문제, 즉 현대적 학문의 운명인 과잉 전문화로 인한 과학의 왜소화, 그리고 시야가 협소해진 과학자의 '근본적인 무교양'에 연유하는 도덕적 감수성의 결여를 무엇보다 주목하고 있다.

참고로 덧붙이면, 장 피에르 뒤퓌는 현재 '프랑스 방사선 방호 및 원자력안전연구소(ISRN)'라는 준(準)국가기관의 윤리위원회 위원장이기도 하다. 원자력에 비판적인 견해를 가진 지식인이 원자력 관련 중책을 맡게 하는 것, 이게 진정으로 원자력의 안전관리를 생각하는 사회의 상식일 것이다.(경향신문, 2012-6-14)

경제성장으로부터의 해방

갈수록 세계경제 상황이 심상치 않다. 논자들 사이에는 이 상황을 경기침체로 봐야 할지, 아니면 공황으로 봐야 할지에 대한 의견차이는 있지만, 이것이 극히 심각한 위기상황이라는 점에 대해서는 이견(異見)이 없는 듯하다. 그러나 자본주의란 본래 호황과 불황을 반복하는 시스템이라고 하지만, 현재의 글로벌 금융 및 경제 위기는 그러한 주기적인 경기순환 논리만으로는 설명할 수 없는 차원을 내포한 사태일 가능성이 높다. 그리하여 아마도 이 사태는 '성장경제시대' 혹은 심지어 '자본주의문명'의 종말을 알려주는 신호로 해석되는 게 옳을지도 모른다.

2008년 미국의 금융계에 들이닥친 파산위기에서 비롯된 지난 몇 년간의 상황을 되돌아보면, 파국의 일차적 원인은 물론 금융자본가의 탐욕과 사기와 협잡, 그리고 이들과 연계된 부패한 정치에 있다고 할 수 있다. 하지만 더 깊이 생각해보면, 보다 근본적인 문제는 끊임없는 '거품'을 조장하는 금융 사기술(詐欺術)이 아니고는 더이상 자본주의가 자기증식을 계속할 수 없는 상황이 언제부터인가 시작되고 있었다는 점이다. 즉, 구조적으로 더이상의 '성장'을 용납하지 않는 상황임에도 소위 '금융화 경제'를 통해서 무리하게 '성장'을 계속함으로써 빚어진 필연적인 결과가 지금 세계가 직면한 치명적인 위기상황인지도 모른다는 것이다.

유한한 세계인 지구상에서 무한한 성장이란 처음부터 성립할 수 없는 것임에도 이것을 무시하고 끝없는 성장을 추구하는 자본주의시스템의 기본적 모순과 지속 불가능성은 기실 오래전부터 주목돼왔다. 가장 대표적인 문헌은 1972년에 발간된 로마클럽의 보고서 《성장의 한계》일 것이다. 이 책은 세계경제가 근본적인 방향전환을 하지 않는다면, 세계인구, 식량 및 산업 생산력, 환경오염, 비재생자원의 활용 가능성 등등 중요한 요인들에 의해 2030년에서 2050년 사이에 '성장'이 명백한 한계에 봉착할 것임을 예측했다. 그리고 그 예측된 시나리오는 40년이 경과한 지금 다수 연구자들에 의해 갈수록 그 현실성이 재확인되고 있다.

생각하면, 지구의 생물물리학적 한계 때문에도 경제성장이 더 계속될 수 없지만, 사회윤리적인 관점에서도 경제성장은 계속될 수 없다. 사람들은 '성장'에 의해 삶이 나아진다고 흔히 믿고 있지만, 따지고 보면 성장에 의한 혜택은 매우 제한적인 것임을 기억할 필요가 있다. 칠레의 환경경제학자 만프레드 막스-니프는 경제성장을 통해서 어떤 사회든 어느 기간 동안은 삶이 개선되지만 일정한 지점을 지나면 성장이 도리어 삶의 질적 퇴화를 초래한다는 것을 여러 자료로써 입증했다.

중요한 것은 경제성장이 도를 넘으면 삶이 정체되는 게 아니라 오히려 삶이 질적으로 '후퇴'한다는 사실을 분명히 인식하는 것이다. 이것은 가령 고도의 성장을 경험해온 서구사회에서 삶의 질이 1970년대 중반에 최고 수준에 달했다가 이후에는 지금까지 계속해서 악화일로였음을 보여주는 연구들에 의해서도 증명되고 있다.

하기는 멀리 갈 것도 없이 지금 한국사회만 하더라도 그렇다. 지금 이 사회에서 '성장'의 혜택을 과연 누가 얼마만큼 누리고 있는지 모르지만, 대다수 서민들은 날이 갈수록 인간다운 존엄성은 물론이고 기본적인 인권마저 보호받지 못하는 상황에서 온갖 모욕과 고통을 겪으며 살아가고 있다. 현실이 이런데도 아직도 이 사회는 경제성장이라는 주술에 사로잡힌 채 우리가 지금 탄 배가 '타이타닉'호라는 명백한 사실도 인식하지 못하고 있다.

내 생각에 이 부조리한 상황에 대한 가장 큰 책임은 경제학자들에게 있다. 보수파, 진보파를 막론하고 오늘날의 경제학자들에게 의문의 여지가 없는 대전제가 있다면 그것은 '계속적인 성장'일 것이다. 그들이 대체로 성장 없는 경제(혹은 사회)를 상정하는 것을 완강히 거부하는 것은 이 때문이다. 현재의 지배적인 경제학은 결국 부분적인 합리성에 집착하면서 전체적 합리성은 망각하고 있고, 그런 의미에서 오늘의 경제학은 '균형을 잃은 자폐적인 학문'이라고 하지 않을 수 없다. 이 점에 관해서는 일찍이 케네스 볼딩(1910-1993)이라는 선각자에 의한 통렬한 일갈이 있었다. "무한한 경제성장을 믿는 자는 광인이거나 경제학자뿐이다."

그러나 결국, 문제는 생활의 주체인 우리들 자신이다. 지금 필요한 것은, 성장시대의 종식을 오히려 반기면서, '성장 없는 사회'가 오히려 더 인간적으로 건강하고 풍요로운 사회가 될 수 있음을 자각할 수 있는 정신적 능력이다. (시사IN, 248호 2012-6-16)

민주주의, '국민행복'의 선결 조건

여당 대선 후보가 출마를 공식화하면서 '국민이 행복한 나라'를 만들겠다고 선언했다. 선거용임을 감안하면 귀담아들을 필요가 없는 말일지도 모른다. 하지만 헛소리로 끝나게 될 말이라 할지라도 정치가가 선택하고 사용하는 언어에는 그 자신의 세계관이나 현실인식이 얼마간 반영되어 있을 것이다.

그런 점에서 차기 집권의 가능성이 높은 유력 후보가 '국민의 행복'을 언급한 것은 어쨌든 다행스럽다. 자살률이 세계 최고 수준을 기록하고, 국민의 80퍼센트가 불행을 느끼며 살아가고 있는 절망적 현실을 적어도 외면하지 않고 있다는 증거가 되기 때문이다.

그러나 생각해보면 어이없는 발언이라고 하지 않을 수 없다. '국민의 행복'에 진정으로 관심이 있다면, 단지 미래의 일로 약속만 할 게 아니라 집권을 하기 전이라도 지금 당장 해야 하고, 할 수 있는 일이 산적해 있기 때문이다. 무조건 자신을 지지하는 확고부동한 유권자를 30퍼센트 이상 확보하고 있는 여당 정치지도자는 그 자체로 이미 강력한 권력자이다. 그런데도 이 지도자는 '국민의 행복'에 관계된 중대한 현안들에 대해서 늘 침묵하거나 기껏해야 '안타깝다'는 모호한 말 이외에는 아무것도 하지 않는 특이한 정치적 행동을 줄곧 보여주었을 뿐이다. 그러다가 뜬금없이 '국민의 행복'을 운위한다는 것은 보기에 따라 극히 희극적일 수 있다.

그러나 그보다 더 중요한 문제는 민주주의에 대한 철학과 신념이다. 이것은 '독재자의 딸'에게만 한정된 문제가 아니다. 지금 이 나라 정치엘리트들은 여야를 막론하고 '경제민주화'를 얘기하고 있지만, 그들이 민주주의의 중요성에 대해 어느 정도의 확신을 가지고 있는지는 매우 의심스럽다. 갈수록 심화되는 양극화를 극복하고 대중적 빈곤화와 실업문제를 해소하기 위한 대책으로 성장보다 분배의 중요성을 강조하고, 일자리 창출, 복지를 주요 정책으로 내세우는 것은 물론 자연스러운 일이다. 그렇지만 문제의 본질이 어디까지나 '민주주의' 그 자체에 있다는 사실을 그들은 잊고 있는 것처럼 보인다.

경제민주화라는 과제는 실제로 경제문제라기보다 정치·사회적인 차원에서 얼마나 실질적인 민주주의가 실천되느냐에 달린 문제이다. 오늘날 뒤틀린 경제의 핵심 문제는 극심한 경제적 불평등 현상으로 요약될 수 있지만, 이 현상을 극복하기 위해서 무엇보다 필요한 것은 금권정치가 종식되고, 사회정의가 실현되어 '작은 사람들'이 자신들의 운명을 결정하는 문제에 대해서 발언할 권리를 회복하는 일이다. 중요한 것은 '국민을 위한' 정치를 한답시고 선정을 베풀고자 하는 게 아니다. 올바른 정치는, 요컨대, 민중이 스스로를 다스릴 수 있는 공간을 확보하고 넓히는 데 기여하는 노력일 뿐이다.

민주주의란 까다롭고 복잡한 게 아니라 글자 그대로 민중의 자기통치를 뜻한다. 그런 점에서 대의제 민주주의는 어떤 경우에도 근본적인 결함을 벗어나지 못한다. 게다가 오늘날 선거에 의해 돌아가는 의회제 정당정치는 심각한 불의 혹은 부조리를 바탕으로 하고 있다. 선거란 어차피 돈과 권력이 판을 좌우하는 게임인 이상, 정당한 대표자를 선출한다는 것은 지난한 일이기 때문이다. 아무튼 대의제 민주주의하에서 민중이 자신의 의사를 국가정책에 반영시킬 수 있는 여지는 지극히 좁을 수밖에 없다. 지금 세계가 직면하고 있는 온갖 위기의 궁극적인 원인은 결국 이러한 대의제 민주주의가 가진 결함 때문이라고 해도 과언이 아닐 것이다.

그럼에도 흥미로운 것은 나라에 따라 민주주의의 질적 수준이 다양하다는 사실이다. 이것은 근본적인 한계에도 불구하고, 다양한 보완장치에 따라 민주주의가 얼마든지 질적으로 높거나 낮은 것이 될 수 있다는 것을 알려준다. 왜 민주주의가 중요한가? 한마디로, 인간이라면 누구나 노예가 아니라 자유인으로 살고 싶어 하는 근원적인 욕망을 갖고 있기 때문이다.

국제기관들이 매년 발표하는 세계 각국의 '행복지수'를 보면, 최상위는 항상 덴마크나 스위스다. 안정된 복지국가이기 때문에 그럴 것이라고 우리는 쉽게 추측하지만, 덴마크나 스위스인들 자신은 그렇게 생각하지 않는다. 그들은 그 원인이 높은 국민소득이나 빼어난 경관이 아니라 자신들이 향유하는 '민주주의'에 있다고 생각한다. 거의 직접민주주의에 근접한 정치시스템을 유지하고 있는 스위스는 더 말할 것도 없지만, 덴마크의 경우도 사정은 마찬가지이다.

덴마크는 원래 민중의 자치적 협동운동으로 부흥을 이룬 나라이다. 그 전통은 여전히 살아있는데, 오늘날 특히 흥미로운 것은 '시민합의회의'라는 제도이다. 1985년에 세계 최초로 창설된 이 제도는 새로운 과학기술을 도입하는 문제를 시민들의 주체적인 참여에 의해 결정하도록 고안된 것이다.

여기서 핵심적인 것은 첨단 과학기술에 관련된 최종 결정권이 전문가들이나 업계, 정부당국이 아니라 일반시민들에게 있다는 사상이다. 회의는 먼저 국회의 '기술위원회'가 주관하여 전국적 언론을 통해 자원자를 모집한 뒤에 무작위로 15~20명을 선정한다. 선정된 이들은 대개 주부, 공장노동자, 환경미화원, 샐러리맨 등 평범한 시민들이다. 그들은 주말을 이용하여 몇 차례 준비모임을 거친 다음에 며칠간 전문가들을 불러서 경청, 질의응답의 결과를 근거로 해서 의견을 모아서 보고서를 만든다. 그리고 마지막 날 국회의사당에서 일반 방청객과 의원들 그리고 TV를 통해 전 국민이 지켜보는 가운데 보고서 작성 경위를 설명하고 답변한다. 그동안 이 회의에서 취급된 주제는 유전자조작식품, 방사선식품조사, 인간게놈계획, 전자신분증명서, 유전자치료 등 다양했다. 시민합의회의의 결론은 법적 구속력이 있는 게 아니어서 반드시 따를 필요는 없지만, 대체로 국가정책은 그 결론을 존중하는 방향으로 간다.

원래 시민합의회의는 원자력발전소 건설 여부를 두고 1980년대 전반기에 치열하게 벌어진 논쟁의 산물이다. 덴마크는 핵분열을 최초로 실험적으로 확인했던 핵물리학자 닐스 보어의 고국이다. 그런데도 1970년대의 석유위기 이후 격렬한 논쟁 끝에 덴마크 시민들은 원전 불가라는 결론을 내렸고, 의회는 그 결정을 따랐다. 그 대신 덴마크는 자연에너지 개발에 전력을 기울여 현재 세계 최대의 풍력발전 수출국가가 되었다. 밥을 제대로 먹기 위해서도 필요한 것은 밀도 높은 민주주의임이 분명하다. (경향신문, 2012-7-12)

원자력문제에 관한 결정권

원자력안전위원회가 고리원전 1호기의 재가동을 허가했다. 예상했던 대로이다. 이 정부와 원전 관계자들의 정신구조가 환골탈태를 했다면 모를까, 이와 다른 결론이 나올 것이라고 믿었던 사람은 거의 없을 것이다.

지난 3월 일시적이지만 '전원(電源) 상실'이라는 중대한 사고가 발생했던 사실이 폭로된 이후 가동정지 상태에 들어간 고리원전 1호기에 대한 안전점검을 국제원자력기구(IAEA)의 전문가들에게 맡기기로 결정했을 때부터 이 시나리오의 결론은 불을 보듯 뻔했다. 한국 원전당국은 IAEA라는 '세계적 권위기관'에 의뢰하면 국민이 믿어줄 것으로 기대했을 것이다. 하지만 원자력의 세계적 진흥이라는 목표에 따라 일관되게 행동해온 IAEA의 정체를 알고 있는 사람들에게는 그것은 얄은 꼼수에 불과한 것이었다(256쪽 참고).

생각하면, 한심하고 답답하기 이를 데 없다. 만일 우리나라에서 대규모 원전사고가 터지면 그날로 모든 게 끝이라는 것을 정말 모를까? 고리원전 1호기는 설계수명을 무시하고 무리하게 가동을 계속해온 심히 노후화된 원전이다. 그 결과 그동안 소소한 사고가 끝없이 발생했고, 그 연장선에서 지난 2월에 냉각기능 상실이라는 중대사고가 발생했던 것이다. 게다가 일상적인 원전 관리에 있어서도 관계자들의 도덕적 해이 상태는, 언론에 보도된 것에 국한하더라도, 충격적일 만큼 그 정도가 심각하다. 이런 상황에서 이번에 재가동 허가 결정을 내린 것은, 한국인들이 모두 바보가 아닌 한, 도저히 설득력이 있다고 말할 수 없다.

객관적으로 보면, 그동안 당국이 취해온 행동은 진정으로 나라의 장래를 생각하기보다는 이미 정해진 시나리오에 따라 원전 재가동에 필요한 법적 요건을 갖추기 위한 절차를 밟아온 것에 지나지 않는다고 할 수 있다. 그리하여 늘 그래왔듯이 정부와 원전당국은 '합법'을 가장하여 아마도 '정면 돌파'를 결행하기로 작정했음이 분명하다.

그러나 여기서 우리가 진지하게 숙고해봐야 할 매우 근본적인 문제가 있다. 그것은 원자력처럼 나라 전체의 존망이 걸린 중대한 문제에 관한 최종적인 결정권이 과연 누구에게 있느냐 하는 것이다. 지금까지 우리는 원자력이나 기타 과학기술에 관계된 문제는 이른바 전문가와 업계와 정부 관계자의 결정에 맡겨놓은 채 속수무책으로 구경만 해왔다. 민주주의를 표방하고 있는 사회에서 이게 과연 옳은 일일까? 아마도 첨단 과학기술에 관한 문제에 대해서는 '무지한' 아마추어들은 개입할 '자격'이 없다는 생각이 깔려 있는지도 모른다. 하지만 적어도 원전문제는, 순전히 과학기술만의 문제도 아니지만 설령 그렇다 하더라도 그것이 긍정적이든 부정적이든 모든 사람에게 영향을 주는 것이라면, 그것의 수용 여부는 시민들 자신이 선택하고 결정해야 하는 게 당연하지 않은가? 그렇지 않다고 주장하려면 먼저 민주주의를 명시한 헌법을 폐기해야 한다.

분명히 기억해야 할 게 있다. 그것은 국가의 본질은 평소에는 잘 드러나지 않지만 후쿠시마 사태에서 보듯 일단 유사시에는 기민(棄民)정책 말고는 아무것도 하지 않는 게 국가권력이라는 사실이다. 민중이 자신과 가족의 생명과 건강에 관계된 일을 이러한 권력에 위임해두고 있는 것은 실로 어리석은 짓이다. 원자력은 대표적인 경우이다. 이제 우리는 원자력에 관한 최종 결정권은 권력이나 어용학자들이 아니라 어디까지나 민초들에게 있다는 것을 명확히 천명할 필요가 있다.

이것은 비현실적인 몽상이 아니라 독일이 보여준 훌륭한 선례가 있다. 후쿠시마 사고 직후 원전 폐기를 결정하기 전에 메르켈 총리는 17명으로 된 윤리위원회를 구성했는데, 그 위원회에는 원자력 관계 전문가는 단 1명도 포함되지 않았다. 그 대신 위원회는 다양한 분야의 학자, 전문가들을 불러 충분히 의견을 듣고, 전국으로 방영되는 텔레비전에서 장시간 공개토론을 했다. 그리고 모든 관련 사항을 숙의한 뒤에 원전 폐기라는 결론을 내렸던 것이다. 이 윤리위원회에 왜 전문가는 한 명도 포함되지 않았느냐는 어느 외국인의 질문에 대해 한 위원은 "과학기술에 관한 문제일지라도 최종 선택권은 일반시민에게 있다고 생각하는 게 독일의 상식"이라고 대답했다. 게다가 놀랍게도 그 윤리위원회의 위원장은 메르켈 총리와 정치적으로 대립하는 인물이었다. 원자력처럼 사회 전체의 사활이 걸린 문제는 정파적 이해관계를 벗어나 접근해야 한다는 상식이 살아있었기 때문이다. (시사IN, 252호 2012-7-14)

'언덕 위의 구름'에서 '하산의 사상'으로

일본이 달라지고 있다. 평소에 자기의사를 명확히 잘 표현하지 않는 일본인들이 데모를 하기 시작한 것이다. 1960년 안보투쟁 이후 50년 동안 자취를 감췄던 대규모 항의집회가 지금 일본의 주요 도시들에서 가열하게 전개되고 있다. 물론 후쿠시마 원전사고 때문이다. 그러나 '사요나라 원전'이라는 슬로건 밑에서 진행되는 이 데모는 후쿠시마 사고 직후보다도 사고 1년이 넘은 지금 훨씬 더 강도 높게, 끈질기게 계속되고 있다.

데모에 익숙한 한국인들의 감각으로는 일본의 데모가 별것 아닌 것처럼 생각될지도 모른다. 또, 그동안 일본이라고 해서 가두에서 전혀 시위가 없었던 것도 아니다. 하지만 그것들은 흔히 극우단체들에 의한 시대착오적인 일탈행동의 표출에 지나지 않았다. 그랬기 때문에 양심적인 일본 지식인들 중에는 민주화 투쟁을 통해서 군사정권을 종식시킨 한국의 경우를 내심 부러워하며 콤플렉스를 느낀 사람이 적지 않았다. 그들의 생각으로는 데모를 할 줄 아는 한국사회야말로 어떤 점에서 일본인들이 본받아야 할 '선진사회'였다.

사실, 일본이 경제적으로는 대국이 되었는지 모르지만, 인권의식과 민주주의가 깊게 뿌리를 박은 성숙한 선진사회라고 말하기는 매우 어려운 나라로 존재해왔음이 분명하다. 말할 것도 없지만, 일본의 전후 민주주의는 패전의 결과로 외부에서 주어진 선물이라는 측면이 강한 것이었다. 그런 점에서 그것은 근원적으로 한계가 명백한 민주주의였다. 일본이 식민지 침략과 전쟁책임에 대해서 언제나 머뭇거리고, 아시아 이웃 나라들과 선린관계를 유지하는 문제에서 늘 애매한 태도를 취해온 것은 무엇보다 그러한 한계 때문이라고 할 수 있다. 자기 손으로 민주주의를 만들지 못한 사회가 어른스럽게, 책임 있게 행동한다는 것은 쉽지 않기 때문이다.

그러나 일본 민주주의의 미성숙 혹은 취약성을 생각할 때, 결코 빠뜨릴 수 없는 것은 한때 '재팬 넘버원'이라고 자타가 공인한 경제적 번영일 것이다. 전후 일본사회에서 드물게 '불량정신'의 고귀함을 늘 역설했던 정치사상가 후지타 쇼조(藤田省三, 1927-2003)의 용어를 빌리면 일본 민주주의의 성장을 가로막아온 결정적 저해 요인은 '안락을 위한 전체주의'였다. 다시 말해서, 한국전쟁으로 인한 특수(特需)와 미국의 동아시아 냉전전략 덕분에 빠른 속도로 경제적 번영을 달성한 일본사회는 '안락'에 취했고, 그 '안락'의 유지를 위해서 국내외적 모순과 불의, 사회적 약자와 소수자에 대한 구조적 차별에 대해서 대체로 침묵하거나 무관심으로 일관하는 습성이 굳어졌던 것이다. 예를 들어, 일본인들은 자신들이 사용하는 나무젓가락 때문에 필리핀의 산들이 민둥산이 되고 있다는 극히 기초적인 사실도 생각하지 않았고, 알려고도 하지 않았다.

그러다가 후쿠시마 원전사고라는 대참사가 발생했고, 이로 인해 다수 일본인은 자신들이 누려왔던 — 그러나 근년에 이르러 점점 멀어져가는 — 번영과 안락이 근본적으로 허구적 토대 위에 구축된 것임을 깨닫게 된 것이다.

물론 일차적으로 지금 일본에서 벌어지고 있는 데모는 원전 재가동을 허용하려는 정부정책에 대한 시민들의 강한 이의제기이다. 그래서 작년에 방사능이 대량 방출된 사고 이후 원전 54기가 전면적으로 가동 중단된 상황에서도 우려했던 것처럼 전력대란 사태는 일어나지 않았다는 지적도 나오고, 정부가 국민의 이익보다 산업계와 보수언론의 의사를 더 중시한다는 비판적 목소리도 커지고 있다. 이 상황에서 많은 사람들이 원자력처럼 위험한 전력생산 시스템은 이제 그만두고 장기적으로 안심하고 살 수 있는 재생가능에너지 시스템을 구축할 것을 요구하고 있는 것은 매우 자연스럽다.

그러나 주목할 것은 단순한 전력생산 시스템의 변경에 지금 일본사람들의 관심이 집중되어 있는 것은 아니라는 점이다. 원전 반대 데모 참가자들이 인터넷을 통해서 드러내는 의견이나 최근 일본에서 쏟아져 나오는 관련 자료와 문헌을 보면, 이미 많은 사람들이 문제의 근원은 에너지문제가 아니라 지금까지의 생활방식 그 자체임을 의식·무의식적으로 인지하기 시작했다는 것을 느낄 수 있다.

예를 들어, 현재 일본에서 높은 판매 부수를 기록하고 있는 《하산(下山)의 사상》(2011)이라는 책이 있다. 이 책의 핵심적 내용은 요컨대 일본사회가 끝없는 진보와 성장이라는 환상을 좇는 것을 그만두고 이제부터는 '성숙' 사회를 지향할 필요가 있다는 메시지이다. 근대국가 형성 초기부터 줄곧 계속된 부국강병 혹은 대국 지향 논리를 이제는 단념하고 어떻게 하면 평화로운 공생의 삶이 가능할 것인가를 생각해보자는 이 메시지는, 따져보면 별로 새로운 것은 아니다. 하지만 한때는 근대 일본의 '웅비' 과정을 묘사한 시바 료타로의 유명한 소설 《언덕 위의 구름》(1969~1972)에 열광했던 일본사회가 이제는 그

'웅비'가 결국 '후쿠시마'로 귀결되었다는 사실을 인식하게 되었다는 게 중요한 것이다.

《언덕 위의 구름》에서 《하산의 사상》으로 방향을 전환해야 한다는 생각에 공감하는 사람이 갈수록 증가하고 있다는 사실이야말로 일본의 변화를 가리켜주는 중요한 증거이다. 지난 7월 17일 총리 관저 앞에서 17만 명의 데모 참가자들을 향해 세계적인 음악가 사카모토 류이치(坂本龍一)는 "알고 보면 시시한 것, 시시한 전기 때문에 목숨을 위태롭게 하고 아름다운 나라와 아이들의 미래를 망쳐야 하는가"라고 절규했다. 여기서 '시시한 전기'라는 말은 결코 간단한 표현이 아니다. 따져보면 그동안 일본을 포함한 이른바 선진 산업사회를 뒷받침해온 것은 한마디로 전기의 힘이라고 할 수 있다. 그런 전기를 '시시한' 것이라고 통매(痛罵)한다는 것은 그 산업체제의 근원적인 허구와 비윤리성을 꿰뚫어 보는 강인한 정신력 없이는 불가능한 일이다.

비슷한 강인성을 드러내는 인상적인 예는 또 있다. 그것은 일찍이 태평양전쟁에 끌려갔다가 생환한 후 근대국가의 야만적인 본성을 통절히 깨닫고 자주적 정신으로 자급농사에 평생 전념해온 90세의 현역 농부 나카시마 다다시(中島正)의 발언이다. 그는 최근 출판된 대담집에서 이렇게 말했다. "지금은 대체에너지 따위를 말할 때가 아니다. 전력 부족으로 산업이 후퇴하면 수출경쟁이 안되겠지만, 인력은 더 필요해지고 그러면 실업자도, 취직난도 해소될 것이다. 그리고 에너지 부족으로

생활이 불편해지면 인류의 존속에 유리한 라이프스타일이 부흥할 것이다." (경향신문, 2012-8-9)

'자유도시' 크리스티아니아

수년 전부터 틈나는 대로 덴마크에 관한 자료와 문헌을 보고 있다. 국제기관들이 매년 발표하는 '행복지수'에서 늘 최상위를 차지하는 덴마크가 과연 어떤 나라인지 조금이라도 더 알고 싶기 때문이다. 나는 아직 덴마크도, 유럽도, 가본 적이 없다(원거리 항공여행을 단념했기 때문에 유럽까지 기찻길이 열린다면 모를까 아마 죽을 때까지 나의 유럽행은 실현될 것 같지 않다). 그런 까닭에 이해력에 명백한 한계가 있겠지만, 그래도 자료와 책을 보는 것만으로도 덴마크의 사회와 정치, 문화에 감탄할 때가 많다.

내 생각에 오늘날 덴마크인이 누리는 행복의 원천은 단지 잘 정비된 복지국가 시스템에 있는 게 아니다. 조금씩 더 들여다볼수록 덴마크는 기본적으로 '폭력의 원리'에 입각한 근대국가의 일반적 상식으로는 이해하기 어려운 매우 독특한 '인간적' 논리와 상식에 의해 움직이는 사회라는 생각이 들기 때문이다.

예를 들어서, 코펜하겐 중심부에 있는 크리스티아니아라는

'자유도시'만 하더라도 그렇다. 현재 12만 평 정도 면적을 가진 이 지역은 덴마크 국가 내에 존재하면서도 국가의 행정 바깥에서 자치적 삶을 누리는 약 1천 명의 주민들로 구성된 해방구(코뮌)이다. 원래 이곳은 덴마크의 오래된 해군기지였지만, 1970년대 초 기지가 폐쇄된 이후 집 없는 사람들과 자유로운 삶을 원하는 젊은이들이 모여들어 방치된 기지 건물 여기저기를 점유, 거주하기 시작함으로써 자연스럽게 '자유도시'가 형성되었다. 그리하여 그들은 전원 합의제에 의한 의사결정 체제를 유지함으로써 직접민주주의를 실천하고, 공동체를 상징하는 깃발과 화폐도 독자적으로 만들어 사용해왔다. 그리고 지금까지 40년 동안이나 이 자유도시는 지속돼왔고, 덴마크의 관광명소의 하나가 되었다.

관광명소라고는 하지만, 물론 단순히 옛 해군기지 터를 보러 사람들이 오는 것은 아니다. 무엇보다도 이곳에 국내외의 방문객들이 끌리는 이유는 자본주의 산업문명이 강요하는 것과는 전혀 다른 방식으로 살기를 선택한 사람들의 소박한 생활현장이 거기에 있기 때문이다. 지난 40년 동안 이곳 주민들의 삶을 지배해온 원리는 원래 이 기지를 점거했던 젊은이들이 공유하고 있던 ─ 68학생운동 세대의 ─ 반자본주의·반권위주의적인 '히피문화'의 정신과 감수성이었다. 실제로 이곳 주민들은 다양한 방식으로 생계문제를 해결하고 있지만, 그들의 일상생활에서 불가결한 요소는 요가와 명상 그리고 비폭력주의의 실천이다.

이 자유도시를 규율하는 규칙은 단순하다. 도둑질, 일체의 무기 휴대 및 중독성이 강한 마약과 담배 그리고 자동차가 금지되는 것 말고는 모두 자유이다. 통행 수단은 보행이거나 자전거이다. 그리고 주민들의 약 30퍼센트는 텃밭농사, 자전거 조립, 목공, 공예, 문예활동, 관광객 상대 장사에 종사하고, 다른 30퍼센트는 코펜하겐 시내의 직장에 다닌다. 나머지는 일정한 직업 없이 빈둥거리며 지낸다. 물론 독자적인 학교, 도서관, 극장, 공연장도 있다.

특기할 것은 마리화나의 자유로운 사용과 판매이다. 이곳의 마리화나 가게에서는 마리화나의 종류와 성질에 관해 언제나 자세하고 친절한 설명을 들을 수 있다. 지난 40년 동안 이 '비합법적'인 코뮌에 대해서 덴마크정부는 대체로 너그러운 무관심으로 대해왔다. 그러나 때때로 주로 마리화나 문제로 국가공권력(경찰)과의 사이에 갈등과 마찰이 빚어지곤 했는데, 그때마다 공권력은 주민들과 이들을 지지하는 덴마크 시민들의 완강한 저항으로 물러났다.

최근 덴마크 대법원은 크리스티아니아 주민의 점거상태가 '불법'이라는 최종 판결을 내렸다. 하지만 정부는 주민들의 퇴거를 강요하지 않는 대신에, 이들이 시세보다 훨씬 싼 값으로 땅을 매입하여 합법적 지위를 획득할 것을 제안하고 있다. 우여곡절 끝에 주민들은 이 제안을 받아들이기로 했으나 아직 돈을 마련할 전망이 서지 않아 불안한 상태인 듯하다.

그러나 결말이 어떻게 나든, 이것은 국가폭력에 끊임없이 시달려온 가령 한국의 민초들의 감각으로는 이해하기 힘든 상황이다. 덴마크라고 해서 성장과 개발의 이익을 탐하는 자들이 없을 리 없다. 하지만 덴마크는 수도 한복판에 '가난하게' 그리고 자유롭게 살고자 하는 사람들의 서식지를 어쨌든 인정하고 있다. 덴마크정부가 특별히 착한 정부여서가 아니다. 자신은 그렇게 살지 못하지만 그러한 '해방된' 삶에 공감하는 다수 시민들이 덴마크에 존재하고 있기 때문이다. 이런 사실이야말로 덴마크가 진정으로 좋은 나라임을 알려주는 확실한 증표라고 할 수 있다. (시사IN, 256호 2012-8-11)

발언 I

김종철 칼럼집
2008. 5. ~ 2012. 8.

초판 제1쇄 발행 2016년 1월 11일
　　　제4쇄 발행 2022년 1월 3일

저자　김종철
발행처　녹색평론사

주소　서울시 종로구 돈화문로 94 동원빌딩 501호
전화　02-738-0663, 0666
팩스　02-737-6168
웹사이트　www.greenreview.co.kr
이메일　editor@greenreview.co.kr
출판등록　1991년 9월 17일 제6-36호